[Administração da produção e serviços]

O selo DIALÓGICA da Editora InterSaberes faz referência às publicações que privilegiam uma linguagem na qual o autor dialoga com o leitor por meio de recursos textuais e visuais, o que torna o conteúdo muito mais dinâmico. São livros que criam um ambiente de interação com o leitor – seu universo cultural, social e de elaboração de conhecimentos –, possibilitando um real processo de interlocução para que a comunicação se efetive.

[Administração da produção e serviços]

EMERSON DA SILVA SEIXAS

Rua Clara Vendramin . 58 . Mossunguê
CEP 81200-170 . Curitiba . PR . Brasil
Fone: (41) 2106-4170
www.intersaberes.com
editora@editoraintersaberes.com.br

Conselho editorial

[Dr. Ivo José Both (presidente)

Drª. Elena Godoy

Dr. Neri dos Santos

Dr. Ulf Gregor Baranow]

Editora-chefe [Lindsay Azambuja]

Supervisora Editorial [Ariadne Nunes Wenger]

Analista editorial [Ariel Martins]

Preparação de originais [Luiz Gustavo Micheletti Bazana]

Edição de texto

[Luiz Gustavo Micheletti Bazana

Palavra do Editor]

Capa [Débora Cristina Gipiela Kochani (*design*)

P-fotography/Shutterstock (imagem)]

Projeto gráfico [Raphael Bernadelli]

Diagramação [Maiane Gabriele de Araujo]

Equipe de *design*

[Débora Cristina Gipiela Kochani

Sílvio Gabriel Spannenberg]

Iconografia

[Sandra Lopis da Silveira

Regina Claudia Cruz Prestes]

Dados Internacionais de Catalogação na Publicação (CIP)
(Câmara Brasileira do Livro, SP, Brasil)

Seixas, Emerson da Silva
   Administração da produção e serviços/Emerson da Silva Seixas. Curitiba: InterSaberes, 2020. (Série Administração da Produção)

   Bibliografia.
   ISBN 978-85-227-0210-7

   1. Administração de produção 2. Engenharia de produção 3. Organizações – Administração 4. Produtos – Controle de qualidade 5. Produção – Planejamento 6. Serviços (Indústria) – Administração I. Título. II. Série.

19-30928   CDD-658.5

Índice para o catálogo sistemático:
1. Administração da produção e serviços: Administração de empresas   658.5

Cibele Maria Dias – Bibliotecária – CRB-8/9427

1ª edição, 2020.
Foi feito o depósito legal.
Informamos que é de inteira responsabilidade do autor a emissão de conceitos.
Nenhuma parte desta publicação poderá ser reproduzida por qualquer meio ou forma sem a prévia autorização da Editora InterSaberes.
A violação dos direitos autorais é crime estabelecido na Lei n. 9.610/1998 e punido pelo art. 184 do Código Penal.

[sumário]

apresentação [8]

como aproveitar ao máximo este livro [9]

1 Introdução à administração da produção e serviços [11]
1.1 Evolução histórica da administração da produção e serviços [13]
1.2 Divisão do trabalho [16]
1.3 Administração científica [20]
1.4 Teoria clássica da administração [29]

2 Administração estratégica da produção [47]
2.1 Administração eficaz da produção [49]
2.2 Fronteiras das funções centrais do sistema de produção [54]
2.3 Modelo de administração da produção [57]
2.4 Modelo de transformação [58]
2.5 Tipos de operação de produção [63]

3 Estratégia de produção [69]
3.1 Estratégias da produção [71]
3.2 Papel estratégico e objetivos da produção [87]
3.3 Objetivos da função produção [91]
3.4 Perspectivas da estratégia [99]
3.5 Processos e perspectivas da estratégia de produção [107]

4 Arranjo físico e fluxo da produção [115]

4.1 Teoria das restrições (*theory of constraints* – ToC) [117]
4.2 Arranjo físico e fluxo da produção: conceitos iniciais [119]
4.3 Objetivos básicos de arranjos físicos [125]
4.4 Tipos básicos de arranjos físicos [128]
4.5 Características dos tipos de arranjos físicos [138]
4.6 Projetos detalhados de arranjos físicos [139]

5 Tecnologia de processo [155]

5.1 Metas tecnológicas [157]
5.2 Processamento de informações [178]

6 Projeto e organização do trabalho [185]

6.1 Trabalho e suas responsabilidades [187]
6.2 Ergonomia [197]
6.3 *Empowerment* [206]
6.4 Trabalho em equipe [207]
6.5 Trabalho flexível [209]

para concluir... [214]
referências [215]
respostas [226]
sobre o autor [231]

Agradeço ao meu Deus Criador; aos meus pais Alcir e Nedy Seixas; à minha esposa Miria e ao meu filho Lucas; e aos meus irmãos Paulo, Rosângela e Karine Seixas, que sempre me apoiaram para a elaboração deste livro.

[apresentação]

O ser humano sempre se preocupou em aprimorar suas ferramentas de trabalho e de sobrevivência. Com o passar do tempo, os processos de fabricação destes instrumentos foram evoluindo. Ferramentas simples de trabalho foram adaptadas a outras ainda maiores, mais potentes e precisas. Com isso, a era da manufatura foi sucedida pela maquinofatura. Podemos observar que a evolução industrial foi conduzida com a utilização de ferramentas de gestão e controle; a divisão do trabalho; a especialização e a destreza individual; a administração científica; a invenção de máquinas; o aprimoramento e a aplicação da matemática, da física e da estatística em processos produtivos ou em controles de qualidade; e a otimização das máquinas e da mão de obra, dos processos e do *layout*.

Ao observar a função produção, inúmeras derivações de planos estratégicos podem ser ressaltadas. Dessa forma, a estratégia de produção nas mais variadas áreas de processos de fabricação faz com que se cumpram as metas de desempenho, gerando novas perspectivas de redução de tempo de processamento e de custos. Assim, os clientes percebem a evolução da empresa perante seus concorrentes.

As empresas têm buscado a cooperação nacional e internacional na administração da produção e traçado objetivos e estratégias. Tornaram-se comuns práticas como definição de processos, desenho de arranjos físicos, uso de novas tecnologias, aplicação de noções de ergonomia nas áreas de manufatura, formação de *empowerment* e administração científica dos processos.

Ter habilidade na visão holística das áreas de processo, de trabalho em grupo e no desenvolvimento de novas metodologias e buscar no mercado novas tecnologias aplicadas à área para alcançar os objetivos traçados são aspectos que tornam o profissional capacitado a tomar decisões nas mais variadas áreas da empresa, independentemente de seu nível hierárquico.

Ao levar em consideração as dez demandas necessárias para a manufatura flexível, baseadas nos princípios da abordagem sociotécnica, o profissional começa a agir considerando formas alternativas que possibilitem otimizar o sistema produtivo e interagir com diversos setores da empresa para solucionar problemas complexos.

[como aproveitar ao máximo este livro]

Empregamos nesta obra recursos que visam enriquecer seu aprendizado, facilitar a compreensão dos conteúdos e tornar a leitura mais dinâmica. Conheça a seguir cada uma dessas ferramentas e saiba como elas estão distribuídas no decorrer deste livro para bem aproveitá-las.

- *Conteúdos do capítulo*
  Logo na abertura do capítulo, relacionamos os conteúdos que nele serão abordados.

- *Após o estudo deste capítulo, você será capaz de:*
  Antes de iniciarmos nossa abordagem, listamos as habilidades trabalhadas no capítulo e os conhecimentos que você assimilará no decorrer do texto.

- *Síntese*
  Ao final de cada capítulo, relacionamos as principais informações nele abordadas a fim de que você avalie as conclusões a que chegou, confirmando-as ou redefinindo-as.

- *Questões para revisão*

Ao realizar estas atividades, você poderá rever os principais conceitos analisados. Ao final do livro, disponibilizamos as respostas às questões para a verificação de sua aprendizagem.

- *Questões para reflexão*

Ao propor estas questões, pretendemos estimular sua reflexão crítica sobre temas que ampliam a discussão dos conteúdos tratados no capítulo, contemplando ideias e experiências que podem ser compartilhadas com seus pares.

1 Introdução à administração da produção e serviços

Conteúdos do capítulo

- Pré-História.
- Era do artesão.
- Decadências da produção artesanal.
- Primeira Revolução Industrial.
- Divisão do trabalho (Adam Smith).
- Segunda Revolução Industrial.
- Administração científica (Frederick Winslow Taylor).
- Terceira Revolução Industrial.
- Princípios fundamentais da administração científica.
- Carl Georg Lange Barth, Henry Laurence Gantt e Harrington Emerson.
- Princípios de rendimento ou eficiência de Emerson.
- Frank e Lillian Gilbreth.
- Therblig (anagrama de Gilbreth).
- Morris Cooke.
- Teoria clássica da administração (Jules Henri Fayol).
- Controle estatístico da qualidade (CEQ).
- Controle estatístico de processo (CEP).
- Japanese Union of Scientists and Engineers (Juse).
- Administração baseada nas relações humanas.
- Sistema reflexivo de produção (sistema Volvo).
- PDSA/PDCA/OPDCA.
- Lean Manufacturing Toyota Production System (TPS).
- Quarta Revolução Industrial.
- Setores primário, secundário e terciário.

Após o estudo deste capítulo, você será capaz de:

1. compreender a evolução histórica da administração da produção;
2. identificar as características da administração da produção em cada momento histórico.

1.1 Evolução histórica da administração da produção e serviços

Para entendermos os aspectos científicos que deram origem à administração da produção e serviços, é importante fazermos uma rápida revisão de seus primórdios. Veremos em qual momento a arqueologia identifica o surgimento dos sistemas produtivos, e como eles se desenvolveram até sua incorporação à indústria.

1.1.1 Pré-História

Silva e Penna (1872) observam que os sistemas produtivos foram criados ao longo do tempo, à medida que as civilizações se desenvolveram. Os trabalhos arqueológicos indicam que, desde o surgimento do ser humano na Terra até cerca de 4000 a.C., há indícios do uso de métodos para a prática da manufatura e da utilização de ferramentas nas Idades da Pedra, do Bronze e do Ferro. Na Idade Antiga (4000 a.C. a 476 d.C.), por exemplo, houve a construção de grandes obras, como as pirâmides do Egito; o Parthenon, na Grécia; e o Fórum e as estradas do Império Romano.

1.1.2 Era do artesão

A Idade Média (476 d.C. a 1453) é marcada pela queda do Império Romano e pela conquista de Constantinopla. O comércio e a economia, nessa época, foram bastante afetados, pois as migrações bárbaras entre os séculos IV e V obstruíram grande parte das rotas comerciais no Mediterrâneo, o que fez descontinuar a exportação de mercadorias africanas para a Europa. A partir do século VII, com a escassez de bens importados e pelo fato de as invasões muçulmanas terem feito cessar os intercâmbios comerciais, aumentou a procura pela produção local. Esses fatores contribuíram para o desenvolvimento de técnicas que hoje chamamos de *gerenciamento da produção* (Wickham, 2009).

A Idade Moderna teve início com a tomada de Constantinopla em 1453 pelos turcos otomanos e terminou com a Revolução Francesa, em 1789. Caracteriza-se pelo domínio náutico português, pelos descobrimentos marítimos, pela viagem de Cristóvão Colombo ao continente americano em 1492, pela viagem de Vasco da Gama à Índia em 1498 e pela chegada da frota portuguesa comandada por Pedro Álvares Cabral ao Brasil em 1500. Durante esse período, foram criados diversos inventos que contribuíram para o desenvolvimento técnico e o progresso da ciência, como a bússola, inventada pelos chineses entre os séculos XIV e XV, e a imprensa, com a tipografia inventada pelo alemão Johannes Gutenberg no século XV, o que permitiu a reprodução dos livros. O dinheiro adquiriu valor e o comércio cresceu. Com isso, teve início a vida urbana e ocorreu o surgimento da burguesia, do artesanato e das feiras, bem como o aumento da população nas cidades.

1.1.3 Decadência da produção artesanal

A Idade Contemporânea, que compreende o período pós-Revolução Francesa até os dias atuais, teve seu início marcado pelo Iluminismo, pela consolidação do regime capitalista no Ocidente e pelas disputas das grandes potências europeias por territórios, com destaque para as Guerras Napoleônicas no século XVIII.

Em decorrência das guerras e das grandes epidemias, tornou-se necessário restringir custos, de modo que, em meados daquele século, foi preciso desenvolver processos de produção mais eficientes, passando a existir os processos seriados de manufatura, nos quais os artesãos trabalhavam por jornadas, de forma organizada e segundo critérios de divisão por tarefas.

1.1.4 Primeira Revolução Industrial

O sistema fabril com ênfase na inspeção do produto começou na Grã-Bretanha por volta de 1750. Espalhou-se para Portugal, França, Bélgica, Itália, Alemanha, Rússia, Japão e Estados Unidos. Por volta de 1760, James Hargreaves criou a máquina de fiar, Richard Arkwright criou o tear hidráulico, Samuel Crompton o aprimorou e, em 1785, Edmund Cartwright inventou o tear mecânico. Segundo os relatos históricos da época, a máquina a vapor já existia, mas necessitava de adaptações e, em 1763, James Watt fez as modificações com a inserção de um condensador de vapor para torná-la mais viável e econômica, duplicando o rendimento da máquina (Hobsbawm, 1996, p. 27-30).

A principal modalidade de manufatura da Revolução Industrial inglesa era a tecelagem da lã, com o tear mecânico, que, inventado em 1785, substituiu em pouco tempo o tear manual. As matérias-primas eram trazidas das colônias (Índia e Estados Unidos). Dessa forma, cerca de 90% dos tecidos produzidos eram exportados, o que aquecia significativamente a economia industrial inglesa. Alguns autores idemtificam esse momento como a transição da manufatura para a maquinofatura.

Essa revolução trouxe drásticas transformações sociais, a saber:

- criação de fábricas;
- utilização intensiva de máquinas;
- movimentos sindicais;
- separação do trabalho manual do intelectual;
- problemas sociais;
- mudanças na maneira como os produtos eram fabricados;
- padronização de produtos;
- padronização de processos;
- treinamento e habilitação de mão de obra;
- hierarquias de comando interno;
- desenvolvimento de técnicas de administração.

1.2 Divisão do trabalho

Em 1776, Adam Smith publicou a obra *A riqueza das nações*, na qual defende que a iniciativa privada só poderia crescer se houvesse total liberdade econômica, com o a redução de custos gerando aumento da demanda, sem a intervenção do Estado. Havia outros argumentos que aprimoravam a ideia de que a produção é resultado direto da divisão do trabalho.

Figura 1.1 – Adam Smith (1723-1790)

Everett Historical/Shutterstock

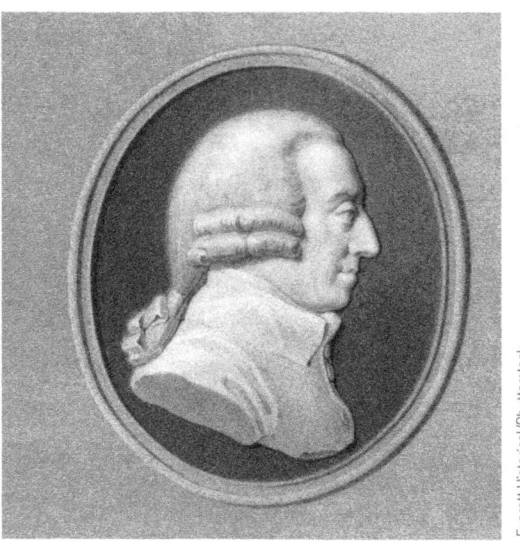

Smith, analisando uma fábrica de alfinetes, descreve que, onde anteriormente um homem produzia cerca de vinte alfinetes por dia, após a divisão do trabalho em etapas houve um aumento da produtividade. Nesse novo sistema, um homem era encarregado de puxar o arame, o segundo o endireitava, o terceiro o cortava, o quarto o aguçava, um quinto o afiava no topo para ser conformada a cabeça (em duas ou três operações distintas). Outro homem, mais especializado, polia o alfinete e outro o embalava, ou seja, cerca de dezoito operações diferentes eram executadas por dez operários. Mesmo com máquinas rudimentares, os processos eram melhorados de acordo com a destreza e o aperfeiçoamento de cada um. Assim, dez homens passaram a produzir cada um 4 800 unidades por dia, totalizando 48 mil unidades por dia:

> O grande aumento da quantidade de trabalho que, em consequência da divisão do trabalho, o mesmo número de pessoas é capaz de executar deve-se a três circunstâncias: primeira, o aumento da destreza de cada um dos trabalhadores; segunda, a possibilidade de poupar o tempo que habitualmente se perdia ao passar de uma tarefa a outra; e, finalmente, a invenção de um grande número de máquinas que facilitam e reduzem o trabalho, e tornam um só homem capaz de realizar o trabalho de muitos. (Smith, 1776, p. 79-83)

De acordo com Smith, com a lei da oferta e da procura, existiria a atuação de uma mão invisível do mercado, ou seja, a livre concorrência, que seria responsável pela autorregulação das atividades produtivas, provocando a queda de preços e o desenvolvimento de inovações tecnológicas.

Esse fato deu origem ao modo de produção capitalista, cujo sistema político, econômico e social tem como características:

- fabricação destinada ao mercado;
- sistema fabril;
- substituição da força humana e da água pela força mecanizada;
- relações monetárias;
- lucro;
- livre-iniciativa;
- produção assalariada;
- conceito de peças intercambiáveis;
- linhas de montagem flexíveis.

Para Smith (1996, p.71), "sem a ajuda e cooperação de muitos milhares não seria possível prover às necessidades, nem mesmo de uma pessoa de classe mais baixa de um país civilizado". O autor considera que o trabalho de uma nação é a principal fonte geradora dos bens de que a comunidade necessita e que a divisão do trabalho, quando reduzida a uma atividade ou a alguma operação simples, faz com que o trabalhador aumente sua destreza. Com isso, os trabalhadores não perderiam tempo executando diversas tarefas e sua mente ficaria voltada apenas para a atividade a eles atribuída. Essa destreza permitiria que a tarefa fosse realizada mais rapidamente e também seria possível a invenção de máquinas ou dispositivos para facilitar o trabalho. Isso fortaleceria todas as áreas da produção, o que levaria a riqueza universal às camadas mais pobres da população.

As ideias de Adam Smith (1996) podem ser sintetizadas como na Figura 1.2:

Figura 1.2 – Ideias de Adam Smith

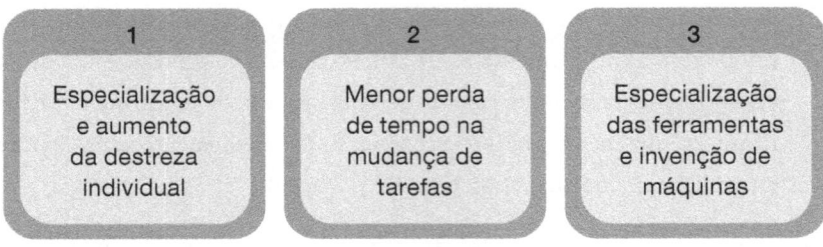

A origem da divisão do trabalho estaria na diferença de talentos demonstrada na fabricação e no estímulo para produzir, não mais que a demanda, e sim melhor. Com isso, haveria uma tendência de o preço do produto baixar se este fosse encontrado em abundância e, se outro produto fosse raro ou muito difícil de encontrar, os compradores concordariam em pagar mais caro por ele. De acordo com Smith (1996, p. 74), "não é da benevolência do açougueiro, do cervejeiro ou do padeiro que esperamos o nosso almoço, mas do interesse que têm no próprio lucro pessoal".

1.2.1 Segunda Revolução Industrial

Em 1832, o cientista, matemático, filósofo, engenheiro mecânico e inventor inglês Charles Babbage deu origem ao conceito de um computador programável. Na obra *Sobre a economia de máquinas e manufatura*, ele ampliou as ideias de Smith e indicou situações instigantes para a organização e a economia da produção.

Como o mundo comprava produtos industrializados de países como Inglaterra, França, Bélgica, Itália, Alemanha, Rússia, Japão e Estados Unidos, houve a necessidade de descobrir e aproveitar outras fontes de energia. Entre 1850 e 1945, ocorreu a Segunda Revolução Industrial, com a invenção do motor a combustão, (utilizando-se derivados de petróleo), das usinas elétricas (usando-se a força da água) e das usinas nucleares (utilizando-se o urânio). Essas descobertas revolucionaram ainda mais a produção industrial.

Entre as principais características da Segunda Revolução Industrial, destacam-se:

- mecanização e automação;
- divisão do trabalho;
- mecanização e criação de ferramentas e dispositivos para substituir as mãos;

- motorização para substituir a energia manual;
- melhorias focadas na operação.

Ao longo dos anos, algumas dimensões e preocupações têm sido adicionadas à concepção do trabalho, conforme indicado na Figura 1.3:

Figura 1.3 – Divisão do trabalho

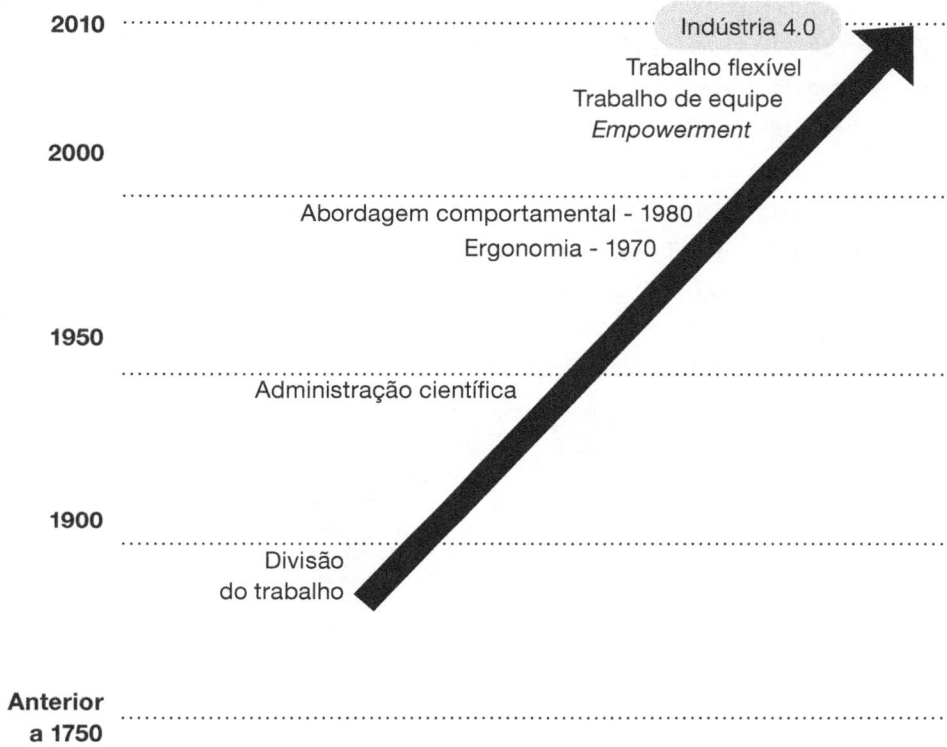

1.3 Administração científica

Nos Estados Unidos, no fim do século XIX, após a Guerra de Secessão, surgiram os trabalhos da administração científica, cujo mentor fora o engenheiro mecânico Frederick Winslow Taylor, considerado até os dias atuais o pai da administração científica, pois para ele a administração era concebida como uma ciência (Drucker, 1954, p. 280).

Nascido na Pensilvânia, nos Estados Unidos, Taylor formou-se pelo Instituto de Tecnologia de Nova Jersey, onde estudou engenharia mecânica por correspondência. Iniciou a vida profissional trabalhando na linha de produção e seguiu carreira até o posto de engenheiro na indústria Midvale Steel, na Filadélfia.

Figura 1.4 – Frederick Winslow Taylor (1856-1915)

Em 1903, publicou o livro *Administração de oficinas*, no qual demonstrava sua experiência de vida e seus objetivos profissionais, além de propor um estudo sobre **tempos e movimentos**: "A engenharia moderna quase pode ser chamada de ciência exata; a cada ano, isso o afasta do trabalho de adivinhação e dos métodos de regra geral, estabelecendo-o mais firmemente sobre a base de princípios fixos" (Taylor, 1911b, p. 63).

Figura 1.5 – Hierarquia organizacional

A teoria começou a ser formulada quando Taylor observava o desempenho do trabalho dos funcionários da Midvale Steel. Os operários dessa empresa acreditavam que, se trabalhassem mais depressa, outros operários perderiam o emprego. Por meio desse falho sistema administrativo, os trabalhadores eram forçados a produzir mais lentamente e, com isso, protegiam os próprios interesses. Dessa forma, Taylor acreditava que cada operário produzia um terço do que poderia produzir e denominava esse processo de *vadiagem sistemática* (Taylor, 1911a, p. 26). Essa análise foi realizada considerando-se as partes e o todo e por meio da análise de cada tarefa executada em um percurso hierárquico de baixo para cima.

O estudo tinha como propósito encontrar uma forma de obter maior rendimento na execução de uma tarefa e era constituído de duas fases: uma analítica (identificação e eliminação de movimentos inúteis e observação de operários habilidosos) e outra construtiva (seleção de movimentos elementares e do tempo padrão). Profissionais desqualificados significavam baixa produtividade e lucros decrescentes. Esses princípios mudaram o panorama e o conceito de produtividade e determinaram o melhor modo de um trabalho ser desenvolvido com o menor custo possível, objetivando o aumento da eficiência no nível operacional e a relação entradas/saídas (*input/output*).

Em 1911, Taylor publicou a obra *Princípios da administração científica*, na qual apresentou seus estudos sobre a administração geral. Nesse livro, Taylor contextualizou a ociosidade sistemática dos operários, o desconhecimento das rotinas do trabalho por parte dos gestores, o tempo necessário para a realização de determinada tarefa e a falta de padronização de técnicas e métodos de execução do trabalho pelos operários. O objetivo da obra era otimizar processos de produtividade por meio de uma análise científica sistemática do trabalho para que o operário pudesse realizá-lo. Essa visão assegurava a prosperidade para o empregador em conjunto com o empregado:

> Estabeleço como princípio geral [...] que, em quase todas as artes mecânicas, a ciência que estuda a ação dos trabalhadores é tão vasta e complicada que o operário, ainda mais competente, é incapaz de compreender esta ciência, sem a orientação e auxílio de colaboradores e chefes, quer por falta de instrução, quer por capacidade mental insuficiente. A fim de que o trabalho possa ser feito de acordo com leis científicas, é necessária melhor divisão de responsabilidades entre a direção e o trabalhador do que a atualmente observada em qualquer dos tipos comuns de administração. Aqueles, na administração, cujo dever é incrementar essa ciência, devem também orientar a auxiliar o operário sob sua chefia e chamar a si maior soma de responsabilidades do que, sob condições comuns, são atribuídas à direção. (Taylor, 1995, p. 34)

Segundo Taylor (1911a, p. 84), os quatro princípios fundamentais da administração científica são os seguintes:

- **Primeiro**: desenvolver para cada elemento do trabalho individual uma ciência que substitua os métodos empíricos.
- **Segundo**: selecionar cientificamente, depois treinar, ensinar e aperfeiçoar o trabalhador.
- **Terceiro**: cooperar cordialmente com os trabalhadores para articular todo o trabalho com os princípios da ciência que foi desenvolvida.
- **Quarto**: manter divisão equitativa de trabalho e de responsabilidade entre a direção e o operário.

Por conta dos princípios da administração científica, por cinco décadas as companhias estadunidenses tiveram vantagem competitiva em relação às estrangeiras, fortalecendo a produção e os lucros de suas organizações. Essas ideias básicas ficaram conhecidas como *taylorismo* (Marquis; Huston, 2010; McEwen; Wills, 2011, p. 332).

O objetivo do estudo era acelerar o método produtivo e ampliar o volume de produtos, mantendo-se ou melhorando-se a qualidade. O interesse não era o avanço tecnológico, mas o controle do trabalho por meio da tecnologia. Taylor propunha que a gerência precisava entender todo o processo e estabelecer o tempo necessário para a execução de cada função (distribuição do tempo de trabalho), além de não permitir que o controle do trabalho a ser executado fosse deixado nas mãos dos operários.

Com base nessa ideia, foi desenvolvida a organização racional do trabalho, cujo objetivo era a eliminação de movimentos desnecessários, de modo que o operário pudesse executar o trabalho de forma mais simples e rápida. Surgiu então o conceito de tempo padrão (*standard time*), que determinava o tempo médio necessário para executar uma atividade com qualidade e aumentar a produção de forma eficiente. Taylor também havia feito outros estudos, como:

- **Estudo da fadiga humana**: o cansaço do operário, resultado do ritmo desgastante do trabalho, causava perda de concentração. Assim, ocorriam erros que resultavam em baixa eficiência de produtividade, baixa qualidade, alto índice de acidentes, doenças ocupacionais e aumento da rotatividade de funcionários.

- **Divisão especializada dos operários**: cada operário deveria especializar-se em uma função para que ela fosse executada com maior habilidade.

- **Divisão de cargos e tarefas**: cada cargo deveria ter suas especificações com a descrição das atribuições a serem desempenhadas, bem como a relação existente com os demais cargos.

- **Incentivos salariais, condições de trabalho e prêmios por produtividade**: os salários fixos, acompanhados de um acréscimo variável, passaram a ser um estímulo para o aumento de produção por metas e iniciou-se o estudo ergonômico, em que o conforto do trabalhador e o ambiente físico ganharam importância.

- **Padronização**: emprego de métodos científicos para obter a uniformidade dos produtos e reduzir custos.

- **Supervisão funcional**: os trabalhadores são gerenciados por supervisores especializados, e não por uma autoridade centralizada.

- **Homem econômico**: o ser humano é motivado por gratificações salariais, econômicas e materiais.

Os benefícios obtidos com a aplicação do método de Taylor podem ser sistematizados conforme o Quadro 1.1:

Quadro 1.1 – Benefícios obtidos com a aplicação do método de Taylor

Empregados	• Receberam melhores salários e, em alguns casos, chegaram ao dobro do que recebiam anteriormente. • Sentiram-se mais úteis e, portanto, mais valorizados, cumprindo suas tarefas com mais prazer. • Trabalharam com jornadas diárias reduzidas. • Receberam o descanso semanal remunerado.
Empregadores	• Obtiveram produtos com qualidade superior. • Criaram um ambiente de trabalho mais agradável em todas as áreas da empresa. • Reduziram custos de produção e eliminaram processos onerosos.

As organizações eram apresentadas como um sistema fechado, sem controles externos. Segundo Araujo (2011, p. 179-180), "As organizações em sistema fechado não estão fechadas para o ambiente, mas não estão preocupadas com o ambiente, pois consideram que o seu trabalho compensa. Dessa forma nem mesmo buscam alguma alternativa para alguma mudança, qualquer mudança, porque acreditam que não precisam".

Nos tempos atuais, em virtude da globalização e da concorrência mundial, não é admissível que uma empresa utilize apenas o sistema fechado; a opção deve ser pelo sistema aberto e dialético, que leva em conta as condições internas e externas que impactam o negócio, de acordo com a visão da teoria geral dos sistemas e a gestão por processos.

Como explica Araujo (2011, p. 179-180), a abordagem dos sistemas abertos trouxe contribuições significativas para o campo da gestão nas organizações, a saber: entendimento segundo o qual o ambiente pode operar no sentido de novas ações, organizações e, especificamente, no estabelecimento e na aplicação de estratégias de toda ordem; mudanças internas considerando-se variáveis ambientais; e a certeza de que o ambiente em muitas oportunidades dita as ações internas e que a contingência pode alterar percursos, independentemente do projetado.

Entre os seguidores diretos do estudo de Taylor, podemos indicar os nomes contidos na Figura 1.6.

Figura 1.6 – Seguidores de Taylor

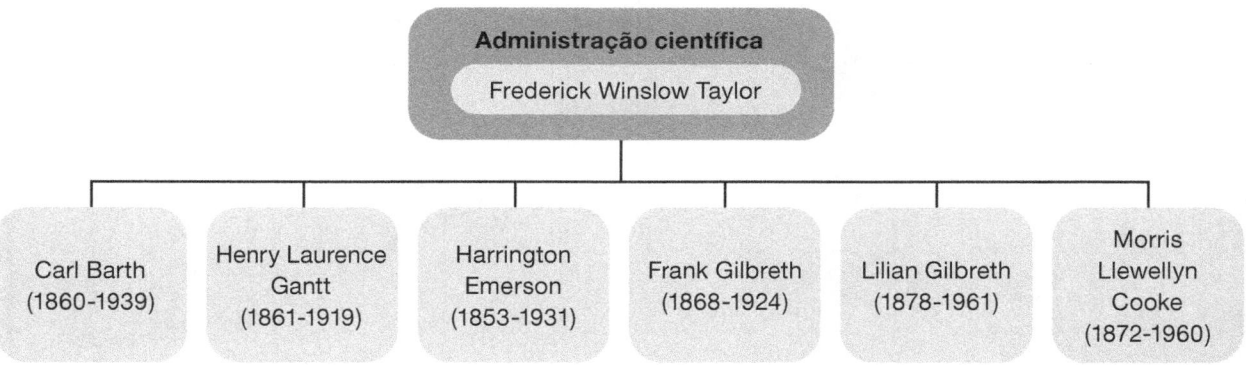

Fonte: Elaborado com base em Ribeiro, 2007, p. 73-76.

1.3.1 Carl Barth

Matemático e engenheiro mecânico nascido em Oslo, na Noruega, Barth otimizou e popularizou o uso industrial da régua de cálculo logarítmica em administração científica. Por ser matemático, trabalhava com Taylor e resolvia com facilidade problemas complexos matemáticos nos experimentos para o corte de metais na Bethlehem. Barth ensinou administração científica na Universidade de Chicago de 1914 a 1916 e em Harvard de 1911 a 1916 e, posteriormente, de 1919 a 1922.

1.3.2 Henry Laurence Gantt

Engenheiro mecânico e assistente de Taylor no Departamento de Engenharia da Midvale Steel, Gantt patenteou seis inventos com Taylor. Um deles foi o gráfico de Gantt para o sistema de pagamento por incentivo conhecido como *tarefa-bônus*, por meio do qual o trabalhador ganhava um bônus quando alcançasse determinado padrão.

Figura 1.7 – Gráfico tarefa-bônus de Gantt

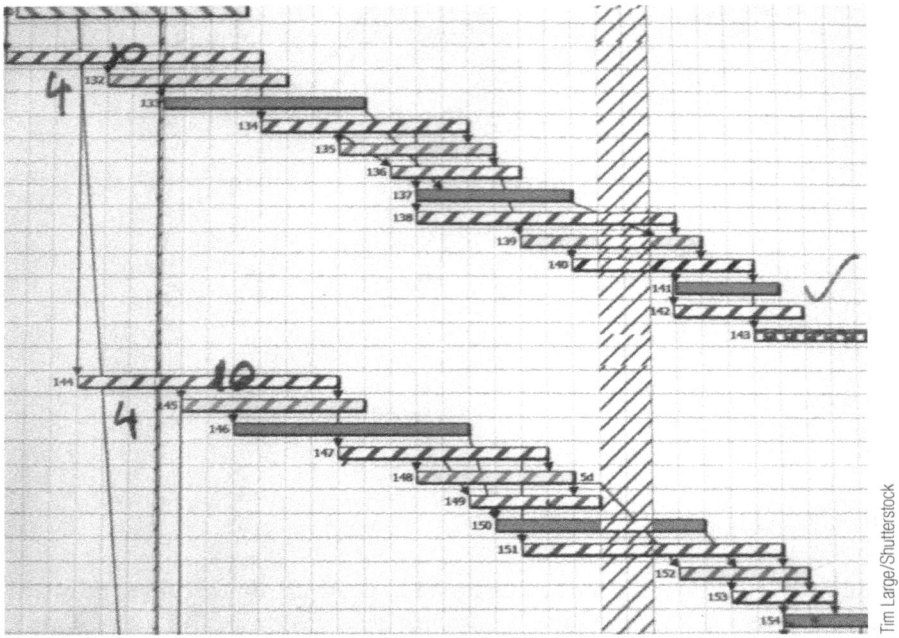

Gantt enfatizou a necessidade de haver tarefas específicas e recompensas adequadas para cada operário da organização. O gráfico de Gantt controlava o desempenho e o tempo de execução de cada operário em relação ao que havia sido planejado. Depois de ter sido provada sua validade como dispositivo de controle, o gráfico de Gantt é atualmente utilizado em inúmeras aplicações e variações na indústria ou em empresas de serviços.

1.3.3 Harrington Emerson

Engenheiro de ferrovias nascido em Trenton, na cidade de Nova Jersey, nos Estados Unidos, Emerson foi um dos principais seguidores de Taylor. Foi o precursor da administração por objetivos de Peter F. Drucker. Simplificou os métodos de trabalho, padronizou operações e enfatizou a importância da disciplina, do respeito e do planejamento como fundamentais para o sucesso organizacional. Desenvolveu os primeiros trabalhos sobre seleção e treinamento de empregados, referentes aos princípios de rendimento ou eficiência, os quais estão listados a seguir:

1. Traçar um plano bem definido, de acordo com os objetivos.
2. Estabelecer o predomínio do bom senso.
3. Oferecer orientação e supervisão competentes.

4. Manter disciplina.
5. Impor honestidade nos acordos, ou seja, justiça social no trabalho.
6. Manter registros precisos, imediatos e adequados.
7. Oferecer remuneração proporcional ao trabalho.
8. Fixar normas padronizadas para as condições de trabalho.
9. Fixar normas padronizadas para o trabalho em si.
10. Fixar normas padronizadas para as operações.
11. Estabelecer instruções precisas.
12. Oferecer incentivos ao pessoal para aumentar o rendimento e a eficiência.

1.3.4 Frank e Lillian Gilbreth

Frank e Lillian Gilbreth foram os pioneiros no estudo dos tempos e movimentos (ETMs) dos trabalhadores e no estudo da fadiga humana. Suas conclusões foram expressas na equação:

$$e = \frac{p}{r},$$

em que:

e = eficiência

p = produtos resultantes

r = recursos utilizados

O casal criou o anagrama Therblig (também chamado de *anagrama de Gilbreth*). O termo Therblig é o inverso de Gilbreth, porém com o th tratado como uma letra. O Therblig é usado no estudo da economia do movimento na área de trabalho.

Quadro 1.2 – Análise do trabalho e do estudo dos tempos e movimentos

Movimento	Símbolo	Therblig	Movimento	Símbolo	Therblig
Buscar	S	⌒	Inspecionar	I	◊
Selecionar	SE	→	Montar	A	#

(continua)

(Quadro 1.2 – conclusão)

Movimento	Símbolo	Therblig	Movimento	Símbolo	Therblig
Agarrar	G	∩	Desmontar	DA	#
Alcançar	RE	⌣	Usar	U	U
Mover	M	⌣	Demora evitável	UD	⌒₀
Segurar	H	⊓	Demora inevitável	AD	⌂
Soltar	RL	⌒	Planejar	PL	♀
Posicionar	P	9	Descansar	R	♀
Pré-posicionar	PP	8	Encontrar		👁

Fonte: Gilbreth; Gilbreth, 1924, p. 151-154, tradução nossa.

Os dezoito Therbligs são instrumentos básicos para racionalizar o trabalho dos operários.

1.3.5 Morris Llewellyn Cooke

Cooke aplicou os princípios da administração científica no governo e na educação, em especial na prefeitura da Filadélfia. Dessa forma, demonstrou que a administração científica podia ser empregada em todos os tipos de organização. Ele fez algumas considerações em relação às administrações universitárias e defendeu que estas deveriam dar mais ênfase à qualidade de ensino. Propôs, ainda, que os operários fossem incentivados a criar uma nova maneira de realizar uma tarefa, ao contrário da visão de Taylor, para quem isso somente poderia ser feito por um especialista em análise do trabalho.

1.4 Teoria clássica da administração

O engenheiro de minas francês Jules Henri Fayol, autor da obra *Administração industrial e geral* (1916), nasceu em Istambul (antiga Constantinopla) em 1841. Fayol introduziu o método experimental POCCC ou POC (planejar, organizar, comandar, coordenar e controlar) e foi o fundador da teoria clássica da administração. Segundo Fayol (1898, p. 10), "O fayolismo ainda elenca alguns princípios gerais da administração, como: a divisão do trabalho, a autoridade, a responsabilidade, a disciplina, a unidade de mando, a convergência de esforços, a estabilidade de pessoal e a remuneração adequadas às capacidades".

Fayol estabeleceu catorze princípios básicos que podem ser estudados de forma complementar aos de Taylor (Quadro 1.3):

Quadro 1.3 – Princípios de Fayol

Princípio	Descrição
1º Divisão do trabalho	Diz respeito à especialização de todos os funcionários, favorecendo a eficiência da produção e o aumento da produtividade.
2º Autoridade e responsabilidade	Consiste na autoridade para dar ordens que serão correspondidas. Responsabilidade é a correspondência da autoridade.
3º Disciplina	É a capacidade de se manter focado nas tarefas estabelecidas para a concretização de um trabalho.
4º Unidade de comando	Um empregado deve receber ordens de apenas um chefe ou líder.
5º Unidade de direção	Consiste no controle de um único diretor para dirigir todas as operações que têm o mesmo objetivo.
6º Subordinação do interesse particular ou geral	Devem prevalecer os interesses da organização sobre os dos funcionários.
7º Remuneração do pessoal	A remuneração do trabalho deve ser justa para funcionários e empregadores. O pagamento pode ser por dia, por tarefa ou por peça. Deve haver prêmios, participação nos lucros e subsídios em espécie.
8º Centralização	Concentração da autoridade no topo da hierarquia organizacional.
9º Hierarquia	A estrutura hierárquica vai do escalão mais alto ao mais baixo da organização.
10º Ordem	Deve ser mantida a ordem material e social em toda a organização, reservando-se um lugar para cada elemento.

(continua)

(Quadro 1.3 – conclusão)

Princípio	Descrição
11º Equidade	É preciso reconhecer o direito de cada um, e o bom senso e a justiça devem prevalecer em toda a organização.
12º Estabilidade do pessoal	A alta rotatividade dos funcionários, também conhecida como *turnover*, tem impactos negativos na *performance* da organização e no desempenho dos funcionários.
13º Iniciativa	É a capacidade de estabelecer um plano e assegurar que ele obtenha sucesso.
14º União do pessoal	O trabalho deve ser executado em harmonia e união e ser facilitado pela comunicação dentro da equipe.

Fonte: Elaborado com base em Fayol, 1989, p. 43-63.

Comparando as abordagens de Taylor na administração científica com a teoria clássica de Fayol, temos a síntese apresentada na Figura 1.8.

Figura 1.8 – Principais personagens da Escola Clássica

Frederick Taylor Administração científica	Henry Ford Linha de montagem	Henri Fayol Processo de administração	Max Weber Teoria da burocracia
• Ampliação de métodos pesquisas para identificar a melhor maneira de trabalhar. • Seleção e treinamento científicos de trabalhadores.	• Especialização do trabalhador. • Fixação do trabalhador no posto de trabalho. • Trabalho (produto em processo de montagem) passa pelo trabalhador.	• Administração da empresa é distinta das operações de produção. • Administração é processo de planejamento, organizar, comandar, coordenar e controlar.	• Autoridade tem a contrapartida da obediência. • Autoridade baseia-se nas tradições, no carisma e em normas racionais e impessoais. • Autoridade burocrática é base da organização moderna.

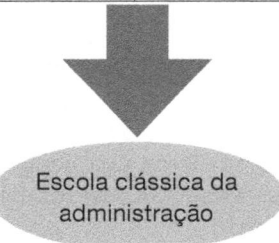

Escola clássica da administração

Fonte: Maximilano, 2000, p. 55.

No começo do século XX, deu-se início à produção em massa e, durante a Primeira Guerra Mundial, em virtude da grande demanda de material bélico, aumentou a quantidade de problemas com a falta da qualidade dos produtos. A solução encontrada foi a criação de um inspetor para realizar o controle da qualidade. Naquela época, eram inspecionados 100% dos produtos, o que impactava fortemente o custo de produção e gerava demora para a empresa entregar o produto. A inspeção tornou-se um gargalo para a produção.

Segundo Goldratt (1988), toda organização, em algum ponto do projeto, apresenta pelo menos uma restrição que reduz a execução do sistema em relação à sua meta. Essas restrições podem ser refentes ao tempo gasto, à forma de execução de um trabalho, ao uso de materiais e máquinas e à administração e gestão de pessoas, por exemplo. Assim, uma restrição ou gargalo é qualquer evento que impeça ou restrinja o processo de atingir seus objetivos.

Até então, a indústria automobilística era totalmente artesanal. Em 1913, porém, Henry Ford dividiu as tarefas de produção em pequenas operações especializadas e com mão de obra não qualificada, recrutada principalmente da região rural, para conduzir as tarefas de fabricação e montagem de um automóvel:

> Ford não se limitou a aperfeiçoar a peça intercambiável, como também aperfeiçoou o operário intercambiável. Por volta de 1915, com as linhas de montagem de Highland Park totalmente instaladas e a produção em sua plena capacidade, o número de trabalhadores na montagem excedia 7 mil. Muitos eram recém-chegados em Detroit, vindos do interior. Muitos inclusive tinham acabado de chegar aos Estados Unidos. Uma pesquisa em 1915 revelou que os operários de Highland Park falavam mais de 50 idiomas, e muitos não falavam o inglês. (Womack; Jones; Roos, 1992, p.18)

Depois que os Estados Unidos entraram na Segunda Guerra Mundial, a questão da qualidade tornou-se um componente crítico do esforço de guerra. Inicialmente, os projéteis e as armas eram 100% inspecionados, mas, ao longo do tempo, essa prática foi substituída pela inspeção por amostragem.

Figura 1.9 – Processo produtivo da Ford

Como consequência, os custos de inspeção foram reduzidos. A publicação de padrões de especificação militar e a qualificação da mão de obra com cursos de formação em técnicas de controle estatístico também contribuíram para isso. Surgiu então o controle estatístico da qualidade (CEQ), baseado em técnicas por amostragem e não mais na inspeção de todos os produtos. Walter A. Shewhart, dos Laboratórios Bell, na obra *Economic Control of Manufactured Product* (1931), conferiu pela primeira vez um caráter científico à pesquisa. Essa análise resultou no conceito de controle estatístico de processo (CEP), de tal modo que os problemas de produção podiam ser identificados com o uso das cartas de controle, ou seja, representações gráficas de valores que permitiam a tomada de ações e evitavam a fabricação de produtos fora do especificado. A indústria bélica, ao rever alguns conceitos em relação à qualidade, deu início à intercambialidade das peças. Com isso, as peças de reposição teriam o mesmo padrão de qualidade para que pudessem ser utilizadas em qualquer lugar do mundo.

Segundo Juran e Gryna (1993), o nascimento da qualidade total, nos Estados Unidos, veio como uma resposta direta à revolução da qualidade no Japão após a Segunda Guerra Mundial. Por meio de troca de informações, os membros da União Japonesa de Cientistas e Engenheiros (Juse) receberam os americanos Joseph M. Juran, W. Edwards Deming e Armand V. Feigenbaum, que detectaram a importância de relacionar o fator técnico com o fator humano, representado nas teorias de Maslow, Herzberg e McGregor, e ativeram-se ao princípio de planejar, administrar e melhorar todos os processos organizacionais por meio das pessoas diretamente envolvidas no processo produtivo. A Juse elegeu Kaoru Ishikawa, engenheiro que lecionava na faculdade de engenharia, para acompanhar Deming (que introduziu os métodos do CEP na indústria japonesa) e Juran. Com isso, os três foram os responsáveis pela grande transformação do Japão com a aplicação dos conceitos do controle de qualidade em toda a indústria japonesa (Deming, 1950, p. 12).

1.4.1 Terceira Revolução Industrial

Na década de 1940, a administração esteve voltada para a otimização dos sistemas produtivos. Surgiram, então, a pesquisa operacional (PO) e as ciências administrativas (CA), que propunham a resolução de problemas por meio da utilização de métodos quantitativos.

O livro *O lado humano do negócio* (1960), de Douglas McGregor, influenciou o surgimento de uma das teorias mais conhecidas na área de gestão de recursos humanos, denominada *teoria X e Y de McGregor*.

Conforme a teoria X, também chamada *hipótese da mediocridade das massas*, o trabalhador do tipo X apresenta o seguinte perfil:

- preguiçoso e indolente;
- necessita de premiação, punição e controle;
- é irresponsável e não tem ambição.

A teoria Y considera que os trabalhadores do tipo Y encaram as tarefas diárias como se estivessem em uma atividade prazerosa e parte do pressuposto de que o ser humano não é preguiçoso e:

- utiliza naturalmente o corpo e a mente;
- trabalha voluntariamente;
- trabalha mediante pagamento apropriado;
- assume responsabilidades;
- tem habilidade para resolver problemas;
- somente uma parte do intelecto é utilizada.

Em 1927, a fábrica automotiva da Volvo, instalada em Gotemburgo, na Suécia, passou por vários processos evolutivos. Em 1968, o engenheiro Emti Chavanmco criou o sistema reflexivo de produção, denominado *sistema Volvo*, *volvismo* ou *sistema de produção pós-fordista*. Os objetivos principais eram eliminar o tédio e o sentimento de repressão e promover um alto grau de automação.

Com o aumento da produção industrial, inspecionar totalmente os produtos manufaturados era praticamente impossível. Assim, houve a introdução da estatística como ferramenta da indústria. Surgiu, então, o controle estatístico da qualidade (CEQ), baseado em técnicas por amostragem e não mais na inspeção de todos os produtos.

Shewhart foi convidado por William Edwards Deming (importante idealizador do controle de qualidade dos cursos de curta duração que treinavam as indústrias estadunidenses para as novas técnicas durante a Segunda Guerra Mundial) para ministrar uma disciplina sobre o CEP na Escola de Pós-Graduação do Departamento de Agricultura dos Estados Unidos, onde Shewhart escreveu o livro *Método estatístico sobre o ponto de vista de controle de qualidade* (1939), que foi o resultado dessa palestra. Os graduados da Sociedade Americana de Controle de Qualidade elegeram Deming o primeiro presidente da organização. Em viagem ao Japão durante a ocupação aliada, Deming reuniu-se com a Juse para introduzir os métodos do CEP na indústria japonesa (Deming, 1950, p. 12).

A Juse elegeu Kaoru Ishikawa, um engenheiro que lecionava na Faculdade de Engenharia, para acompanhar Deming e Joseph Moses Juran, este último um consultor de negócios reconhecido por seus trabalhos com gestão da qualidade e criador do Juran Management System (JMS) – Sistema de Gestão Juran. Os três foram os responsáveis pela grande transformação que o Japão sofreu depois da Segunda Guerra Mundial com a aplicação dos conceitos do controle de qualidade em toda a indústria japonesa.

Shewhart (1980) introduziu outro importante conceito, tendo como base a execução cíclica e ordenada de melhoria contínua de processos e produtos. Trata-se do ciclo de Shewhart, círculo/ciclo de controle ou PDSA – acrônimo de *plan, do, study, act*, isto é, *planejar, fazer, estudar* e *agir*. Esse conceito também é conhecido como *círculo, ciclo, roda de Deming* ou PDCA – acrônimo de *plan, do, check, act/plan, do, check, adjust*, ou seja, *planejar, fazer* ou *executar, checar* ou *verificar* e *agir* ou *ajustar*. O ciclo é composto de quatro etapas de análise de um problema:

- **P (planejar)**: fase em que ocorre o planejamento e o treinamento dos profissionais e são definidas quais variáveis do problema serão acompanhadas.
- **D (executar)**: fase em que as medidas são coletadas.
- **C (checar)**: fase da verificação e análise dos dados coletados em relação aos problemas identificados e suas causas.
- **A (ajustar)**: fase na qual ocorre a ação sobre as causas, sua correção ou eliminação, para em seguida reiniciar o ciclo com uma nova etapa de planejamento.

Figura 1.10 – Ciclo de Shewhart

Segundo Seixas (2016), outra versão mais recente é o OPDCA, em que a letra agregada O significa *observação* ou *segure a condição atual*. A ênfase na observação e na condição atual é utilizada com muita frequência na produção enxuta do sistema Toyota de produção (STP), também chamado de *lean manufacturing/ Toyota Production System* (TPS).

Com a Guerra Fria, a qualidade ganhou uma nova dimensão, pois deixou de ser considerada uma questão da produção fabril e tornou-se uma questão mais gerencial. Estudos indicavam que os problemas de falta de qualidade eram, em 80% dos casos, resultado de falhas gerenciais, sobretudo na comunicação, e não de falhas técnicas, como se pensava.

Entre 1950 e 1960, destacam-se, na Escola de Recursos Humanos, os trabalhos de Abraham Maslow, Douglas McGregor e Frederick Herzberg no estudo da motivação humana. Assim, além da prevenção e das técnicas das ferramentas estatísticas, foram desenvolvidos novos conceitos e análises em relação às habilidades e técnicas gerenciais e vários trabalhos foram publicados no campo da qualidade.

As teorias de sistemas da administração da qualidade e os princípios do controle total da qualidade resultaram em uma garantia da qualidade ao cliente. Além disso, levavam os fornecedores a atender a todas as exigências técnicas, como as normas aplicáveis, os requisitos do contrato e as exigências organizacionais para os contratos de fornecimento. Esse princípio teórico era baseado na ideia de que, para conseguir a garantia de qualidade de um produto, o controle deveria iniciar-se pelo projeto, desdobrar-se para a área logística e ter como resultado a satisfação do cliente (Juran, 1999).

Feigenbaum (1951, tradução nossa) afirma que "a qualidade, que era um trabalho de todo mundo, acabava sendo um trabalho de ninguém". Ele defendia a ideia de criar nas empresas um departamento de engenharia da qualidade para coordenar e assessorar os demais setores. Para ele, era necessário fazer certo desde a primeira vez. Com isso, houve a evolução dos conceitos. O controle da qualidade total (TQC), do inglês *total quality control engineering and management*, envolve de maneira sistêmica todos os órgãos da empresa, passando por:

- *marketing*;
- projeto;
- desenvolvimento;
- aquisição;
- fabricação;
- inspeção e testes;
- expedição;
- instalação;
- assistência técnica.

Na era do TQC, o cliente tornou-se o centro das atenções das organizações, que passaram a satisfazer suas necessidades e expectativas. A empresa toda passou a ser responsável pela garantia da qualidade dos produtos e serviços e pela confiabilidade e manutenibilidade, ou seja, pela criação de produtos ou serviços confiáveis ou em condições de receber manutenção satisfatória. Dessa forma, todos zelavam pela qualidade de um produto ou serviço e o foco da gestão japonesa estava na preparação filosófica do profissional. A qualidade, portanto, passou a ser vista como algo vital, pois era exigida para atender às especificações, devendo estar presente nos produtos ou serviços e satisfazer os desejos e interesses do cliente.

Com a economia japonesa arrasada após a Segunda Guerra Mundial, o engenheiro japonês e proprietário da Toyota Motor Company, Eiji Toyoda, e o engenheiro industrial Taiichi Ohno destacaram três pilares básicos da filosofia de gestão:

- ênfase na qualidade do processo;
- combate total ao desperdício;
- respeito ao ser humano.

O destaque nos processos com qualidade está profundamente conectado com os dois outros pilares. Essa filosofia é bastante simples, porém precisou ser bem ajustada:

> Não causou surpresa o fato de que, quando Ohno iniciou suas experiências com essas ideias, sua linha de produção parasse toda hora, e os trabalhadores rapidamente se desanimassem. No entanto, conforme a equipe de trabalho adquiria experiência identificando os problemas e remontando-os às causas derradeiras, o número de erros começou a cair substancialmente. Hoje na Toyota o rendimento se aproxima do cem por cento. (Womack; Jones; Roos, 1992, p. 19)

Liker (2006) identifica sete tipos de desperdícios e propõe uma tática para eliminá-los. Esse conceito de eliminação de desperdícios tornou-se a base do sistema Toyota de produção (STP), que chegou ao Ocidente com o nome *lean manufacturing*. Os sete desperdícios identificados pela Toyota são:

1. superprodução;
2. espera (tempo sem trabalho);
3. transporte ou movimentação desnecessários;
4. excesso de processo ou processo incorreto;
5. excesso de estoque;
6. movimento desnecessário;
7. defeitos (retrabalho).

O *lean manufacturing* é uma metodologia que busca eliminar desperdícios. Trata-se de um importante sistema de gerenciamento da produção, cujo objetivo é o aumento do lucro por meio da redução dos custos. Esse objetivo, por sua vez, só pode ser alcançado por meio da identificação e eliminação das perdas, isto é, das atividades que não agregam valor ao produto:

> As origens do *Lean Manufacturing* remontam ao Sistema Toyota de Produção (também conhecido como Produção *Just-in-Time*). O executivo da Toyota Taiichi Ohno iniciou, na década de 50, a criação e implantação de um sistema de produção cujo principal foco era a identificação e a posterior eliminação de desperdícios, com o objetivo de reduzir custos e aumentar a qualidade e a velocidade de entrega do produto aos clientes. O Sistema Toyota de Produção, por representar uma forma de produzir cada vez mais com cada vez menos, foi denominado produção enxuta (*Lean Production* ou *Lean Manufacturing*)

por James P. Womack e Daniel T. Jones, em seu livro "A Máquina que Mudou o Mundo". Essa obra – publicada em 1990 nos Estados Unidos com o título original *The Machine that Changed the World* – é um estudo sobre a indústria automobilística mundial realizado nos anos 80 pelo *Massachusetts Institute of Technology* (MIT), que chamou a atenção de empresas de diversos setores. (Werkema, 2006, p.15)

Segundo Paranhos Filho (2007), nos dias atuais, uma empresa precisa eliminar suas perdas para obter lucro. Outros conceitos foram introduzidos na manufatura enxuta, como:

- ***Just in time* (JIT)**: o termo significa "ainda em tempo" e refere-se a um sistema da administração da produção que determina que tudo o que for produzido, seja industrializado ou não, deve ser comprado ou transportado na hora certa, no prazo certo e a um preço justo. Pode ser aplicado em indústrias ou em empresas de serviços, tendo como objetivo reduzir custos internos e de estoques (Paranhos Filho, 2007, p. 279).

- **Engenharia simultânea**: do termo em inglês *concurrent engineering* (CE), é um método que visa aumentar a capacidade produtiva, juntamente com os princípios do JIT, como requisito fundamental para materiais, componentes, subsistemas, sistemas integrados, produtos, serviços e reparos, ou seja, da manufatura ao consumidor, com melhorias na qualidade e nos tempos de ciclo produtivo, bem como na rentabilidade. Dessa forma, há a necessidade de desenvolver parcerias estratégicas compartilhadas entre fabricantes e fornecedores (Porter, 1985, p. 149-160).

- **Tecnologia de grupo**: é a filosofia de engenharia e manufatura que identifica as semelhanças físicas entre peças e componentes, com roteiros que determinam a produção mais eficaz (Mitrofanov, 1966, p. 7).

- **Células de produção**: caracterizam-se por uma ou mais estações de trabalho que integram os operadores envolvidos no processo com os demais postos de apoio, os quais podem ser diretos ou indiretos (Nyman, 1992).

- **Consórcio modular**: é uma formatação de *outsourcing*, ou seja, de terceirização de processos e mão de obra, em que os diversos parceiros de uma indústria trabalham juntos dentro de uma mesma planta (Porter, 1985).

- **Desdobramento da função qualidade (QFD)**: ferramenta criada na década de 1960 por Yoji Akao, também conhecida como *casa da qualidade*, o desdobramento da função qualidade (*quality function deployment* – QFD) é um método sistêmico de projeção da qualidade de um produto ou serviço (Akao, 1996, p. 187).

- **Comakership**: em português, o termo significa "cofabricação" e refere-se a uma parceria entre cliente e fornecedor que visa à participação ativa em gerenciar produtos, planejamento, fases do projeto, processos, custos, qualidade, pesquisas e desenvolvimentos de produtos, pois tem a garantia de contratos de fornecimento de longo prazo (Merli, 1994).
- **Manufatura integrada por computador**: também conhecida como CIM (*computer integrated manufacturing*), é a integração total da operação manufatureira por meio de sistemas de computadores (Groover, 2001, p. 12).
- **Benchmarking**: consiste no processo de busca de melhores práticas em determinada empresa que apresenta um desempenho superior. Dessa forma, uma empresa pode examinar como outra instituição realiza uma mesma função, a fim de melhorar seu processo (Bogan, 1994).
- **Produção customizada**: é um modelo de produção direcionado ao consumidor conforme suas exigências, de modo a resultar em um produto de seu gosto (Pine, 1994).
- **TQC (*total quality control*)**: o controle de qualidade total visa à satisfação dos desejos e dos anseios do cliente e da empresa, seja da indústria, seja de serviços (Juran; Godfrey, 1999, p. 15-16).
- **Sistemas flexíveis de manufatura**: são um conjunto de máquinas de controle numérico interligadas por um sistema central de controle e por um sistema automático de transporte, ou equipamentos que são utilizados para mais de uma finalidade (Pires, 1995, p. 64-69).

Nas décadas de 1980 e 1990, houve um maior comprometimento para promover o envolvimento do ser humano no esforço pela qualidade e garantia da qualidade. Surgiram os prêmios da qualidade e a Norma ISO 9000, o uso da informática em projetos de sistemas da qualidade com vários *softwares* desenvolvidos especificamente para o controle da qualidade e as leis de defesa de proteção ao consumidor.

"As organizações que tencionam criar visões compartilhadas estimulam continuamente seus integrantes a desenvolver suas visões pessoais. Se não tiver sua própria visão, restará às pessoas simplesmente "assinar em baixo" a visão do outro. O resultado é a aceitação, nunca o comprometimento" (Senge, 2006, p. 239)

1.4.2 Avanços que impactaram a administração da produção e serviços (1980 a 1990)

Os avanços que exerceram impactos na administração da produção foram:
- robótica e controle numérico (CNC);
- projeto auxiliado por computador (CAD);
- administração da qualidade total;
- manufatura *just in time*;
- *benchmarking*;
- padrões ISO;
- competição baseada no tempo;
- reengenharia do processo;
- *outsourcing*;
- administração da cadeia de suprimentos;
- organização "virtual".

1.4.3 Quarta Revolução Industrial

O desenvolvimento de fábricas inteligentes (*smart factories*) determinou o surgimento da Quarta Revolução Industrial, também conhecida como *indústria 4.0* (expressão utilizada em 2011 durante a Hannover Fair, feira tecnológica industrial de Hanôver, na Alemanha).

De acordo com Klaus Schwab, em *A Quarta Revolução Industrial* (2016), "Estamos a bordo de uma revolução tecnológica que transformará fundamentalmente a forma como vivemos, trabalhamos e nos relacionamos. Em sua escala, alcance e complexidade, a transformação será diferente de qualquer coisa que o ser humano tenha experimentado antes".

Essa revolução provocou mudanças significativas na industrialização, na engenharia genética e nas neurotecnologias, áreas desconhecidas para muitas pessoas. Ela não é definida como um conjunto de tecnologias emergentes, e sim em função de seu alcance e impacto nos sistemas de quase todas as indústrias mundiais.

A automatização total das fábricas é uma tendência e pode levar a uma produção independente da ação humana por meio do uso de: internet móvel; sistemas ciberfísicos e máquinas que aprendem (*machine learning*), que combinam máquinas com processos digitais, isto é, robôs e computadores capazes de tomar decisões por meio da inteligência artificial e que podem autoprogramar-se até chegar a soluções ótimas em curto intervalo de tempo; nanotecnologias; neurotecnologias; biotecnologia; sistemas de armazenamento de energia; drones; e impressoras 3-D. Tudo isso é possível graças à internet das coisas (*internet of things* – IoT) e à computação na nuvem (*cloud computing*).

Apesar de algumas tecnologias terem sido desenvolvidas na Terceira Revolução Industrial, como *softwares*, *hardwares* e a internet, ainda permanecem em constante evolução, adequando-se às novas tecnologias.

As nove principais tecnologias da indústria 4.0, segundo o relatório do Boston Consulting Group (BCG, 2015) são:

1. **Robôs automatizados (robôs colaborativos)**: têm capacidade de interação entre máquinas e seres humanos, são mais flexíveis e cooperativos.

2. **Manufatura aditiva**: consiste na produção de peças de difícil fabricação por meio de impressoras 3-D. Trabalha-se com a ideia do produto pelo produto, ou seja, o produto final baseado em um produto físico inicial. A peça é moldada por meio da adição de matérias-primas, sem o uso de moldes físicos.

3. **Simulação**: permite testar, corrigir e otimizar processos e produtos na fase inicial de concepção, minimizando os custos e o tempo de desenvolvimento.

4. **Integração horizontal e vertical de sistemas**: a cadeia de valor é automatizada pelos sistemas integrados de TI (tecnologia da informação), por meio da digitalização de dados.

5. **Internet industrial das coisas (*industrial internet of things* – IIoT)**: conecta máquinas, utilizando sensores e dispositivos, a uma rede de computadores, de modo a permitir a centralização e a automação do controle e da produção.

6. ***Big data & analytics***: detecta falhas de processo, otimiza a qualidade da produção, controla o consumo de energia e torna a utilização de insumos mais eficiente.

7. **Computação na nuvem (*cloud computing*)**: é um banco de dados criado pelo usuário e que pode ser acessado em qualquer lugar do mundo por meio de uma infinidade de dispositivos, como *smartphones*, *tablets* e computadores, bastando estar conectado à internet.

8. **Segurança cibernética (*cyber security*)**: refere-se a meios de comunicação mais seguros, confiáveis e sofisticados.

9. **Realidade aumentada (*augmented reality*)**: são sistemas que executam múltiplos serviços, como selecionar produtos em um centro de distribuição

logístico (CD) e enviar instruções de reparação de produção ou de máquinas por meio de dispositivos móveis.

Além de ganhos por produtividade e substituição do trabalho por capital, a indústria 4.0 terá impactos diversos. Podem ser destacados outros ganhos, como:

1. **Rastreabilidade**: diz respeito ao gerenciamento de ativos na fábrica e na cadeia de suprimentos (*supply chain*), bem como em sistemas de execução de fabricação (*manufacturing execution systems* – MES), logística interna, ciclo de vida do produto e *kanban* eletrônico (*e-kanban*), trazendo maior segurança, confiabilidade dos produtos e transparência dos serviços oferecidos, desde a criação até o descarte. Utilizam-se etiquetas como identificação por radiofrequência (*radio frequency identification* – RFID), código de barras, 2-D *datamatrix* e *QR Code*.

2. **Visão artificial**: são tecnologias ópticas (sensores) utilizadas em processos e controle de qualidade ou assistência na fabricação.

3. *Cyber physical system* **(CPS)**: os sistemas ciberfísicos complexos permitem a comunicação digital no processo industrial e no controle de produção (fábrica inteligente), ou seja, na IIoT, proporcionando melhor desempenho e eficiência.

4. **Manutenção preditiva**: é o acompanhamento periódico de máquinas ou equipamentos, sendo que os dados obtidos são monitorados ou inspecionados, predizendo uma possível parada de máquina.

■ Síntese

Neste capítulo, analisamos a evolução histórica da administração da produção, da Pré-História aos dias atuais. Discutimos a divisão do trabalho, base da Primeira Revolução Industrial, idealizada por Adam Smith com a produção de alfinetes e seus princípios básicos – a especialização aumenta a destreza individual, reduz a perda de tempo na mudança de tarefas e leva à especialização das ferramentas (invenção de máquinas).

Vimos que Charles Babbage aplicou e ampliou a teoria de Smith na indústria, caracterizando-se a Segunda Revolução Industrial. Pouco tempo depois, surgiram os primeiros trabalhos a respeito da administração científica de Frederic Taylor. A administração passou a ser considerada uma ciência e teve início a Terceira Revolução Industrial. Taylor identificou cinco princípios fundamentais – o planejamento, a seleção, o controle, a execução e a singularizarão das funções. Ocorreu a organização racional do trabalho, com estudos sobre a fadiga humana, a divisão hierárquica, os incentivos trabalhistas, a padronização de produtos e a supervisão. Com isso, surgiram seguidores de Taylor, como Carl Barth, que popularizou a régua de cálculo logarítmico; Henry Gantt, que desenvolveu um gráfico de desempenho; Harrington Emerson, que elaborou os doze princípios de rendimento ou eficiência; o casal Frank e Lillian Gilbreth, que fez os estudos de tempos e movimentos (Therblig); e Morris Cooke, que aplicou a administração científica no governo e na educação. Abordamos, ainda, os catorze princípios básicos de Fayol e as semelhanças entre as teorias deste e de Taylor.

No século XX, ocorreu o avanço produtivo automotivo e a aplicação das teorias da administração de Henry Ford. Destacam-se os incrementos de modelagem matemática, a aplicação dos controles estatísticos de processos de Walter Shewhart e a ascensão da qualidade total de Joseph Juran, W. Deming e Armand Feigenbaum, bem como a introdução dessas teorias e técnicas na indústria japonesa com Kaoru Ishikawa.

Na sequência, enfocamos o surgimento da administração baseada nas relações humanas; a otimização dos sistemas produtivos por meio da pesquisa operacional; as ciências administrativas e os métodos quantitativos utilizados para a resolução de problemas. Nessa época, McGregor propôs as teorias X e Y para a gestão de recursos humanos. Em 1968, surgiu o sistema de produção pós-fordista, idealizado por Enti Chavanmco, que criou o sistema reflexivo de produção – sistema Volvo ou volvismo.

Com a qualidade em alta, ferramentas mais eficientes eram exigidas e foram criados os ciclos PDCA de Shewhart e OPDCA utilizado na Toyota, com sistemas complexos e mais enxutos, os *lean manufacturing,* baseados nos sete princípios da base do sistema Toyota de produção. Discutimos, também, o surgimento da Quarta Revolução Industrial, ou indústria 4.0, e o desenvolvimento de fábricas inteligentes, da internet das coisas e da computação na nuvem.

■ Questões para revisão

1. Quais são as diferenças entre a administração científica de Taylor e a teoria clássica da administração de Fayol?

2. Quais são os principais objetivos do sistema de produção pós-fordista, também denominado *sistema Volvo*?

3. Em 1903, Taylor publicou o livro *Administração de oficinas*, que consiste em um estudo sobre tempos e movimentos. Posteriormente, esse estudo passou a ser aplicado seguindo-se a lógica de que a eficiência consiste na relação entre os produtos obtidos e os recursos utilizados.

   Podem ser destacados os estudos sobre a fadiga humana desenvolvidos por:
   a. Harrington Emerson.
   b. Henry Laurence Gantt.
   c. Frank e Lillian Gilbreth.
   d. Carl Georg Lange Barth.
   e. Morris Cooke.

4. Os princípios fundamentais da administração científica de Taylor são:
   a. vadiagem sistemática, padronização e supervisão funcional.
   b. planejamento, seleção, controle, execução e singularização das funções.
   c. divisão especializada dos operários, divisão de cargos e tarefas, incentivos salariais, homem econômico e padronização.
   d. sistema fechado, plano bem definido, predomínio do bom senso, supervisão competente e disciplina.
   e. justiça social no trabalho e incentivos para aumentar o rendimento e a eficiência.

5. Em 1960, Douglas McGregor elaborou uma das teorias mais conhecidas na área de gestão de recursos humanos. Assinale a alternativa que descreve corretamente as diferenças entre as teoria X e Y de McGregor:
   a. Na teoria X, o ser humano não é preguiçoso e, na teoria Y, sim.
   b. Na teoria X, o ser humano necessita de premiação e, na teoria Y, precisa de punição.
   c. Na teoria X, o ser humano utiliza naturalmente o corpo e a mente e, na teoria Y, tem responsabilidades e controle.
   d. Na teoria X, o ser humano é irresponsável e, na teoria Y, trabalha voluntariamente.
   e. Na teoria X, o ser humano tem habilidade para resolver problemas e, na teoria Y, tem habilidade para criar problemas.

■ Questões para reflexão ─────────────────────────────

1. Por que o sistema Toyota de produção não é aplicado a outras montadoras, principalmente as japonesas?

2. Como o controle estatístico da qualidade e o controle estatístico de processo podem influenciar no avanço mercadológico das empresas?

3. Com a Quarta Revolução Industrial, quais mudanças poderão ocorrer nas profissões atuais?

2 Administração estratégica da produção

Conteúdos do capítulo
- *Administração eficaz da produção.*
- *Eficácia, eficiência, efetividade e efetividade organizacional.*
- *Função produção.*
- *Nível estratégico, nível tático e nível operacional.*
- *Função marketing.*
- *Função pesquisa e desenvolvimento (P&D).*
- *Função contábil/financeira.*
- *Função recursos humanos (RH).*
- *Função logística.*
- *Modelo geral de administração da produção e estratégias de mercado.*
- *Modelo de transformação: entradas (input) e saídas (output).*
- *4Vs da produção.*

Após o estudo deste capítulo, você será capaz de:
1. *Identificar e compreender os conceitos de eficácia, eficiência, efetividade e efetividade organizacional.*
2. *Compreender o conceito de função produção.*
3. *Identificar as diferenças entre os níveis estratégico, tático e operacional.*
4. *Compreender as fronteiras das funções centrais do sistema de produção.*
5. *Compreender o modelo geral de administração da produção e as estratégias de mercado.*
6. *Identificar os modelos de transformação e suas entradas (input) e saídas (output).*
7. *Identificar e compreender os 4Vs da produção: volume, variedade, variabilidade e visibilidade.*

2.1 Administração eficaz da produção

A administração da produção trata do modo como as empresas produzem bens e serviços. Em indústrias, concessionárias, empréstimos de livros em bibliotecas, tratamentos em consultórios ou hospitais e crediários de lojas, ou seja, em todas as atividades observadas no cotidiano, existe uma administração eficaz da produção. Vejamos algumas definições no Quadro 2.1.

Quadro 2.1 – Conceitos de eficácia, eficiência, efetividade e efetividade organizacional

Eficácia	• Qualidade do que produz o resultado esperado. • Focada em resultados.
Eficiência	• Capacidade de realizar bem um trabalho ou desempenhar adequadamente uma função. • Voltada para a melhoria contínua dos processos internos.
Efetividade	• Capacidade de concretizar-se em efeitos reais. • Qualidade contínua na prestação de serviços.
Efetividade organizacional	• Resultado das atividades que melhoram a estrutura da organização.

Fonte: Elaborado com base em Houaiss, 2009.

A produção efetiva e eficaz depende da aplicação de princípios e técnicas para aumentar a produção e, consequentemente, a renda das empresas, com o melhor uso dos recursos disponíveis:

> Em termos gerais os sistemas administrativos de produção devem ser capazes, por meio de informação, de integrar a função de operações dos sistemas produtivos com outras funções dentro da organização, de forma que proporcione a necessária integração de seu processo logístico, que é onde reside hoje, para grande número de empresas, o maior potencial de obtenção de melhoramentos competitivos. (Corrêa; Gianesi; Caon, 1997, p. 20-21)

Conforme Gaither e Frazier (2001, p. 7), a administração da produção abrange uma série de temas e evoluiu até a presente configuração moldando-se aos desafios de cada período da história. Ela é responsável por determinar como serão constituídas as atividades de produção de bens e serviços pelas organizações:

Os recursos físicos e materiais são os que dão à empresa a possibilidade de extrair matérias-primas, transformar em produtos/serviços, ou de prestar serviços especializados (quando a empresa é terciária ou prestadora de serviços). Os dois grandes objetivos desta área são alcançar eficiência e eficácia na administração dos recursos físicos e materiais. (Senai, 1999, p. 5)

Slack, Chambers e Johnston (2009, p. 4) destacam que "a administração da produção é a atividade de gerenciar recursos destinados à produção e disponibilização de bens e serviços. A função de produção é a parte da organização responsável por esta atividade. Toda organização possui uma função de produção porque toda organização produz algum tipo de produto e/ou serviço".

Figura 2.1 – Função produção

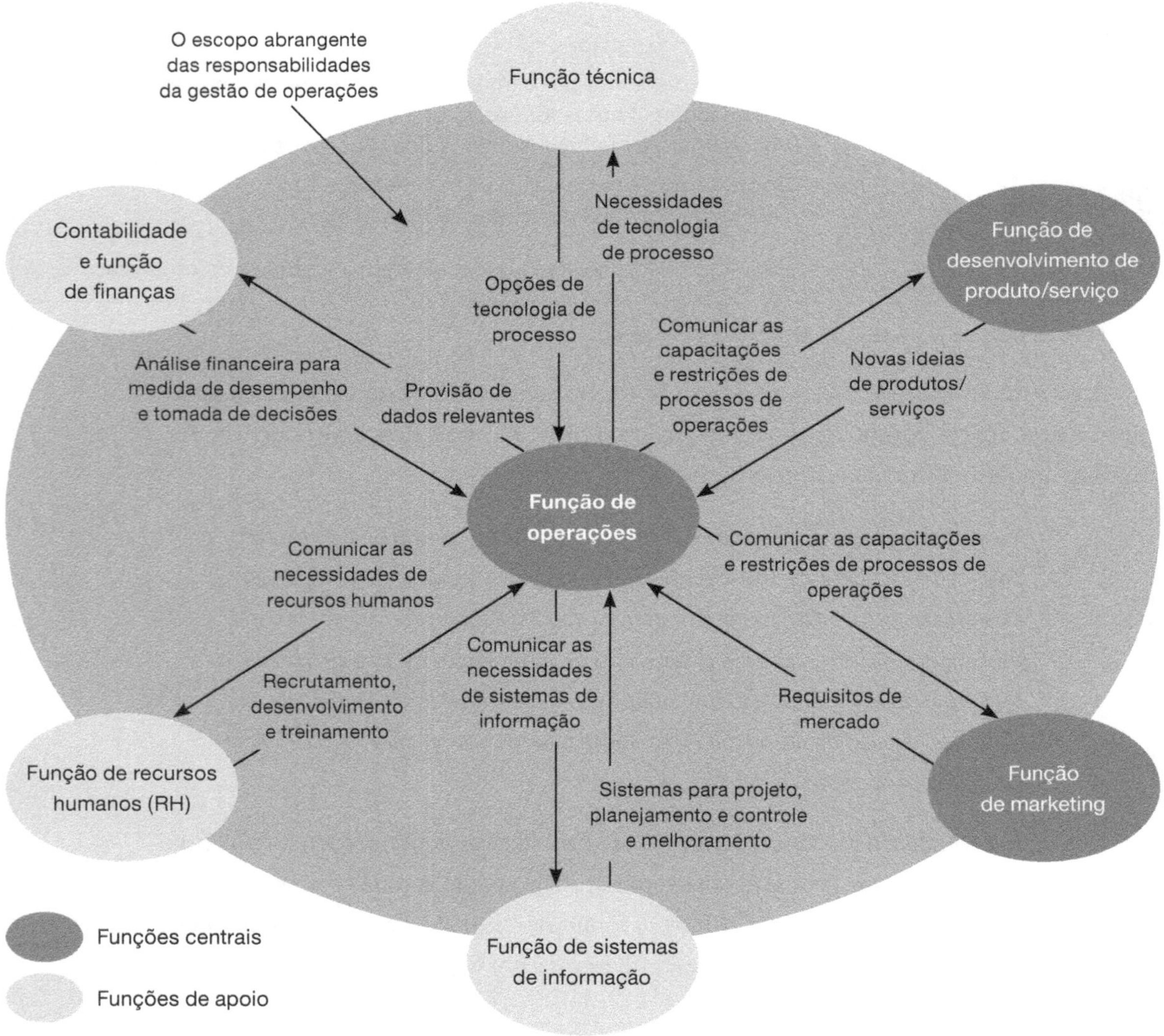

Fonte: Slack; Chambers; Johnston, 2009, p. 6.

A função produção (também conhecida como *produção* ou *operações*) consiste no agrupamento de meios destinados ao fornecimento de recursos e informações úteis à produção de bens ou serviços. Os principais itens analisados pela função produção são:

- estratégia de produção;
- projetos de produtos e serviços;
- sistemas de produção;
- arranjos produtivos;
- ergonomia;
- estudo de tempos e movimentos;
- planejamento da produção;
- planejamento e controle de projetos.

O gerente de produção é o empregado da companhia responsável por executar atividades de planejamento e controle de trabalhos. Ele também tem subordinados que dão cumprimento aos trabalhos envolvidos pela função produção. Inúmeras atividades empresariais envolvem decisões importantes sobre o modo como se deve realizar a produção de bens e serviços. Tubino (1997, p. 19) enfatiza que

> A perda do poder de competitividade das empresas nacionais deve-se em grande parte à obsolescência das práticas gerenciais e tecnológicas aplicadas aos seus sistemas produtivos, tendo sua origem atribuída a cinco pontos básicos, quais sejam: deficiência nas medidas de desempenho, negligência com considerações tecnológicas, especialização excessiva das funções de produção sem a devida integração, perda de foco dos negócios, resistência e demora em assumir novas posturas produtivas.

Mesmo que ocorram fora dos limites habituais da função produção, as responsabilidades indiretas dos gerentes de produção são informar as outras áreas da organização sobre as oportunidades de melhoria e as restrições que ocorrem em áreas da produção e discutir em reunião com outras áreas da organização como os planos de produção e demais planos da companhia podem ser alterados para prestar melhores serviços aos demais departamentos da empresa.

As restrições devem ser identificadas e abordadas corretamente, pois determinam a *performance* do sistema. Desse modo, a presença de restrições indica oportunidades de melhoria (Rahman, 1998). Para Kim, Mabin e Davies (2008), as restrições podem mudar ao longo do tempo por haver ajustes no projeto e obsolescência de tecnologias e, nesse caso, a análise deverá recomeçar.

A administração da produção, também chamada *sistemas de administração de produção de serviços e operações*, consiste em atividades que dão apoio na tomada de decisões na execução de atividades de responsabilidade táticas e operacionais dos gerentes de produção (Slack; Chambers; Johnston, 2009, p. 3).

A administração da produção e serviços tem como objetivo proporcionar um clima de harmonia entre as áreas da organização e envolve etapas como:

- **Planejamento**: é a base para todas as atividades gerenciais e para que possam ser estabelecidas as metas a serem alcançadas e cumpridas os objetivos instituídos, além de determinar o início e o término de cada ação.
- **Organização**: consiste em agrupar os recursos produtivos: mão de obra, matérias-primas, máquinas e capital, entre outros.
- **Direção**: é a ação de designar, coordenar e motivar cada tarefa específica a ser executada pelos respectivos empregados, a fim de transformar o que foi anteriormente planejado em atividades concretas.
- **Controle**: mede, avalia e corrige (se necessário) o desempenho dos empregados que compõem todos os setores da empresa.

Paranhos Filho (2007) observa que "há três grandes níveis de planejamento para as tomadas de decisão inerentes a cada fatia de processo, que podem ser classificados segundo o nível de abrangência dentro da empresa". Esses grandes níveis são:

Nível estratégico

Nível no qual o planejamento e as tomadas de decisões são mais amplos em escopo, pois envolvem: decisões de longo prazo e altos riscos, políticas corporativas, localização de novas fábricas, novos produtos, centros de distribuição (CD), unidades de assistência técnica, projeto de processos de linhas de produção etc.

Nível tático

Nível menos amplo em escopo, pois envolve: decisões de médio prazo e moderado risco, alocação e utilização de recursos.

Nível operacional

Nível no qual o planejamento e a tomada de decisões são operacionalizados, pois envolve: decisões de curto prazo e riscos relativamente menores, e operações produtivas. (Paranhos Filho, 2007, p. 47-48)

Figura 2.2 – Níveis de planejamento

Fonte: Elaborado com base em Paranhos Filho, 2007, p. 48.

Conforme Mayer (1992, p. 15), "as responsabilidades diretas da administração da produção estarão sujeitas às atividades que se aplicam aos tipos de produção, sejam eles de bens ou serviços". Essas atividades incluem:

- entender os objetivos estratégicos da produção;
- desenvolver uma estratégia de produção para a organização;
- desenhar produtos, serviços e processos de produção;
- planejar e controlar a produção;
- melhorar o desempenho da produção.

Outros itens a serem observados são:

- buscar a qualidade da produção;
- minimizar os custos de produção;
- minimizar os custos com mão de obra;
- preocupação com o *layout* da fábrica e com a movimentação de materiais;
- controlar os estoques;
- motivar os operários.

De acordo com Braga (1987), qualquer decisão gerencial, independentemente do nível, deve ser administrada visando à solução de um problema previamente investigado sob o ponto de vista de uma análise de todo o processo envolvido. Em outras palavras, o conhecimento do processo por meio de fatos e dados é imprescindível para determinar a causa do problema e conhecer os principais fatores de controle – eficazes ou não. Observa-se ainda que a identificação do problema é a sua definição clara, resultando no estabelecimento de sua importância para a organização.

2.2 Fronteiras das funções centrais do sistema de produção

As fronteiras das funções centrais do sistema de produção fazem parte do tripé das funções essenciais de uma organização. São elas:

- **Função *marketing***: é responsável por anunciar ao mercado os produtos e serviços fornecidos por uma empresa, gerando pedidos de compra e venda por parte dos clientes e usuários.

- **Função pesquisa e desenvolvimento (P&D)**: é responsável por criar novos produtos e serviços ou modificá-los, para que sejam gerados novos pedidos por parte dos clientes e usuários.

- **Função de produção**: é responsável por satisfazer as necessidades e os anseios dos clientes e usuários por meio da entrega de produtos e serviços.

Destacam-se, ainda, as funções de apoio, que complementam e apoiam a função produção:

- **Função contábil/financeira**: é responsável por fornecer informações e auxiliar nos processos decisórios econômicos e administrar os recursos financeiros da organização.

- **Função recursos humanos (RH)**: é responsável por recrutar a mão de obra, garantir os recursos de desenvolvimento, promover o bem-estar dos trabalhadores e retê-los na organização.

- **Função logística**: cuida do suprimento e da movimentação estratégica dos materiais, produtos e serviços em todo o processo.

Figura 2.3 – Funções centrais e de apoio

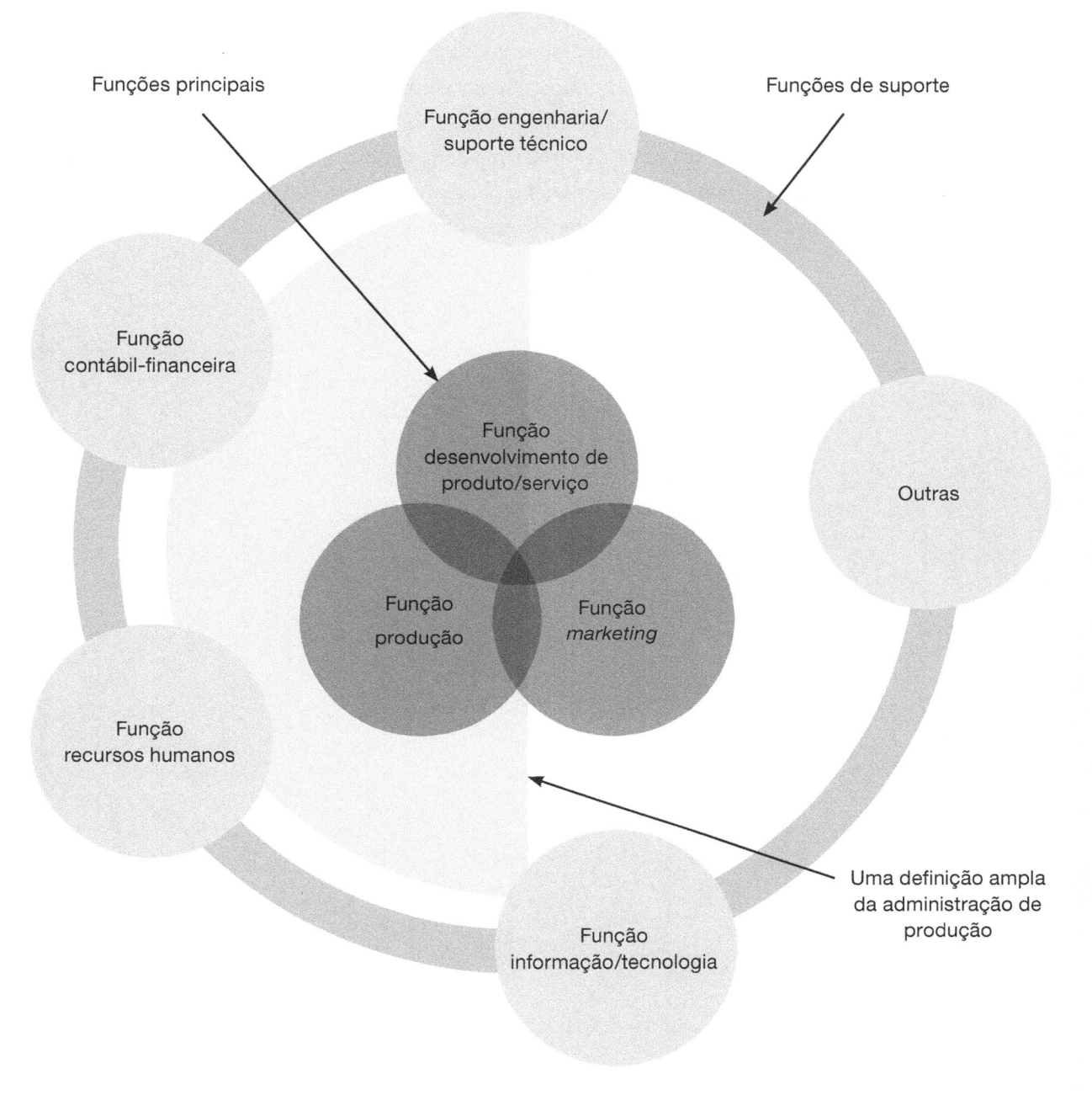

- Funções principais
- Função engenharia/suporte técnico
- Funções de suporte
- Função contábil-financeira
- Função desenvolvimento de produto/serviço
- Outras
- Função produção
- Função *marketing*
- Função recursos humanos
- Função informação/tecnologia
- Uma definição ampla da administração de produção

Fonte: Slack; Chambers; Johnston, 2002.

Em uma empresa de grande porte, existem diversos departamentos com profissionais que desempenham funções organizacionais específicas. Segundo Slack, Chambers e Johnston (2009), a administração da produção interage com um conjunto de atividades, independentemente do tamanho da empresa.

Entretanto, as pequenas e médias empresas apresentam seus conjuntos específicos de problemas. Pode-se notar, muitas vezes, que uma mesma pessoa assume diversas atividades para reduzir os custos operacionais e os encargos salariais. Assim, os indivíduos podem efetuar distintas tarefas, de acordo com as necessidades e a realidade da empresa. Esse formato estrutural das pequenas e médias empresas pode seguir as mesmas ações da administração da produção das grandes empresas, porém elas tendem a apresentar mais dificuldades para se tornarem autossustentáveis e crescerem.

2.3 Modelo de administração da produção

A administração da produção é baseada em dois modelos. O primeiro é o modelo de transformação *input*-transformação-*output*. O segundo é a classificação das áreas de atividades da administração da produção, ou seja, um modelo geral de administração da produção e de estratégias de mercado.

Figura 2.4 – Modelo geral de administração da produção e de estratégias de produção

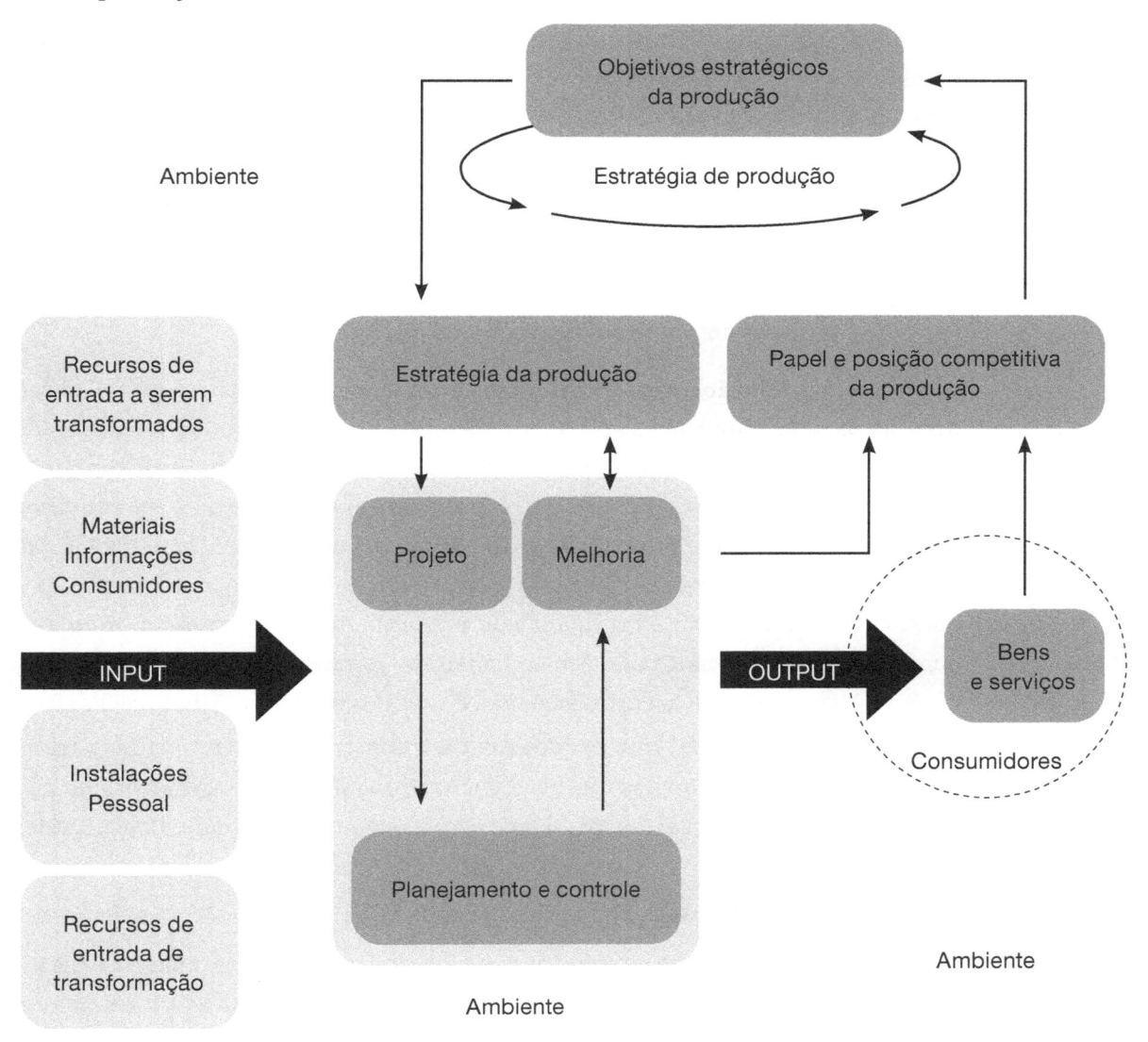

Fonte: Slack; Chambers; Johnston, 2009, p. 9.

2.4 Modelo de transformação

Qualquer empresa procura descrever a natureza da produção, seja ela de bens ou serviços, seja uma combinação entre os dois para a obtenção de um produto. Isso é feito por meio de um *modelo de transformação*. Conforme Slack, Chambers e Johnston (2009), em todas as operações é necessário haver recursos de entrada (*input*), que passam por um processo por meio do qual são transformados em saídas (*output*) de bens e/ou serviços.

A essência de um sistema de produção é o subsistema de transformação, em que a mão de obra, as matérias-primas e as máquinas são empregadas para transformar insumos em produtos e serviços. De acordo com Gaither e Franzier (2001, p. 5.),

> um sistema de produção transforma insumos – matérias-primas, pessoal, máquinas, prédios, tecnologia, dinheiro, informação e outros recursos – em saídas – produtos em serviços. Processo de transformação é o coração daquilo que chamamos produção, é a atividade predominante de um sistema de produção.

Assim, a produção é uma rede de processos e operações utilizados pela organização para produzir bens e serviços, de modo que "toda produção, executada tanto na fábrica como no escritório, deve ser entendida como uma rede funcional de processos e operações. Processos transformam matérias-primas em produtos. Operações são as ações que executam essas transformações" (Shingo, 1996, p. 38). O termo *produção* geralmente remete à ideia de uma fábrica, com máquinas e operários, mas as atividades ligadas ao processo de transformação, tangíveis ou não, de qualquer natureza, são consideradas produção.

Qualquer processo de transformação é composto de três princípios básicos:

1. **Entradas (*inputs*) dos processos de transformação**: Os recursos transformados são aqueles que recebem tratamentos, transformações ou conversões que agregam valor após a passagem dessa modificação. Eles podem ser:

    - **processadores de materiais**: (instalações físicas, matérias-primas etc.;
    - **processadores de informações**: capital, mão de obra, energia elétrica, tecnologia, informações e outros, necessários para a criação de um bem ou serviço;

- **processadores de consumidores**: podem alterar as características físicas dos consumidores (SPAs, clínicas estéticas ou de cirurgia plástica); acomodá-los (hotéis, *hostels* ou albergues); mudar sua localização (serviços de translado, táxi, ônibus, trem ou metrô); mudar seu estado fisiológico (restaurantes e hospitais); mudar seu estado intelectual (escolas, faculdades e cursos profissionalizantes); ou mudar seu estado psicológico (cinemas, parques e teatros), entre outras possibilidades.

Os recursos de transformação agem sobre os recursos transformados, ou seja, mão de obra, instalações, energia elétrica, máquinas ou equipamentos, tecnologia, entre outros. Eles podem ser:

- **instalações**: edificações, equipamentos, terreno e tecnologia do processo de produção.
- **funcionários**: colaboradores, operários, mantenedores, planejadores e administradores da produção, ou seja, todas as pessoas envolvidas na produção, em todos os níveis.

2. **Função de transformação**: consiste no uso de recursos para mudar o estado ou a condição de algo, podendo ser um bem manufaturado, um serviço ou uma informação.

3. **Saídas (*outputs*)**: são os produtos ou serviços, as quais correspondem determinadas características, a saber:
    - **Tangibilidade**: normalmente, os bens são tangíveis, ou seja, pode-se tocá-los fisicamente, enquanto os serviços são intangíveis, ou seja, não é possível tocá-los.
    - **Estocabilidade**: em geral, em função de sua tangibilidade, os bens, após sua produção, podem ser estocados por determinado período; Sendo assim, os serviços não são estocáveis.
    - **Transportabilidade**: como geralmente são tangíveis, os bens podem ser transportados, enquanto os serviços, se forem intangíveis, são intransportáveis.
    - **Simultaneidade**: os bens e os serviços podem ocorrer simultaneamente, como na compra de um DVD, em que esse produto (um bem) foi produzido anteriormente; no entanto, o serviço de venda e emissão de nota fiscal é simultâneo ao consumo.
    - **Contato com o consumidor**: há um baixo nível de contato entre os consumidores e as empresas que produzem os bens. Por outro lado, há um alto nível de contato entre os consumidores e a empresa de serviços.

- **Qualidade**: é definida no dia a dia segundo um senso comum e pode ser identificada por meio de caraterísticas como:
    - perfeição, ou seja, ausência de defeitos;
    - aspectos subjetivos do consumidor, como preferências, desejos, expectativas e exigências;
    - um bom processo produtivo;
    - confiabilidade na marca;
    - padrões de funcionamento, ou seja, "se funciona, tem qualidade";
    - gerenciamento de produção, com estímulos, métodos e ações de qualidade;
    - padrões de qualidade, por exemplo, diferentes modelos de veículos de uma mesma marca, diversas extensões de licença de *software* (versões: Student, Demo, Professional, Premium, entre outras), variados tipos de quarto em um hotel etc.;
    - sofisticação do produto ou serviço;
    - preço.

O escopo do processo de transformação das operações está diretamente associado à natureza dos recursos de *input* transformados:

Figura 2.5 – Processo de transformação

Recursos de entrada a serem transformados
- Materiais
- Informação
- Consumidores

Recursos de entrada de transformação
- Instalações
- Pessoal

Recursos de entrada (*input*) → Processo de transformação → Saídas de produtos e serviços (*output*) → Consumidores

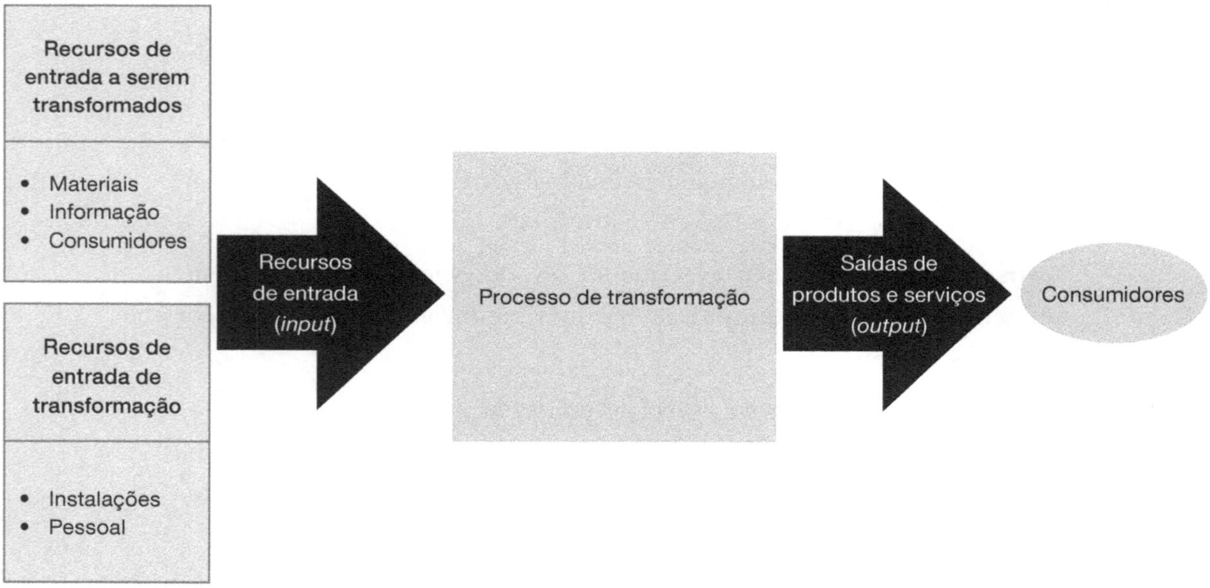

Fonte: Slack; Chambers; Johnston, 2009, p. 9.

Rossetti (1994, p. 81) observa, a respeito dos *inputs* e *outputs* do processo de transformação:

> A produção deve ser vista como um processo contínuo de entradas (*input*) e saídas (*output*). [...] O produto deve ser entendido como a diferença entre o valor das saídas e o valor das entradas, o que equivale a dizer que o conceito de produto corresponde ao valor agregado pelas empresas no decurso do processamento da produção.

Quadro 2.2 – Materiais transformados preponderantes

Predominantemente processadores de materiais	Predominantemente processadores de informações	Predominantemente processadores de consumidores
Todas as operações de manufatura	Contadores	Cabeleireiros
Empresas de mineração	Bancos	Hotéis
Operações de varejo	Empresas de pesquisa de mercado	Hospitais
Armazéns	Analistas financeiros	Transportes rápidos de massa
Serviços postais	Serviços de notícias	Teatros
Linha de embarque de contêineres	Unidades de pesquisa em universidades	Parques temáticos
Empresas de transporte rodoviário	Empresas de telecomunicações	Dentistas

Fonte: Slack; Chambers; Johnston, 2009, p. 10.

Assim, a administração da produção e operações atua em todas as áreas do ambiente organizacional e compreende diretores, gestores, gerentes, supervisores e/ou qualquer colaborador da empresa. Os processos oferecem insumos e resultados aos consumidores. Nesse sentido, os processos e as operações mais comuns são:

- propriedades físicas;
- propriedades informativas;
- posse ou propriedade;
- localização;
- estocagem e acomodação;
- estado fisiológico;
- estado psicológico.

O dever de qualquer colaborador é entender quais são os objetivos organizacionais e levar em consideração aspectos como custos, qualidade, prazo de entrega, flexibilidade, inovação e produtividade (Moreira, 2008; Martins; Laugeni, 2005; Slack; Chambers; Johnston, 2009).

Figura 2.6 – Administração eficaz da produção

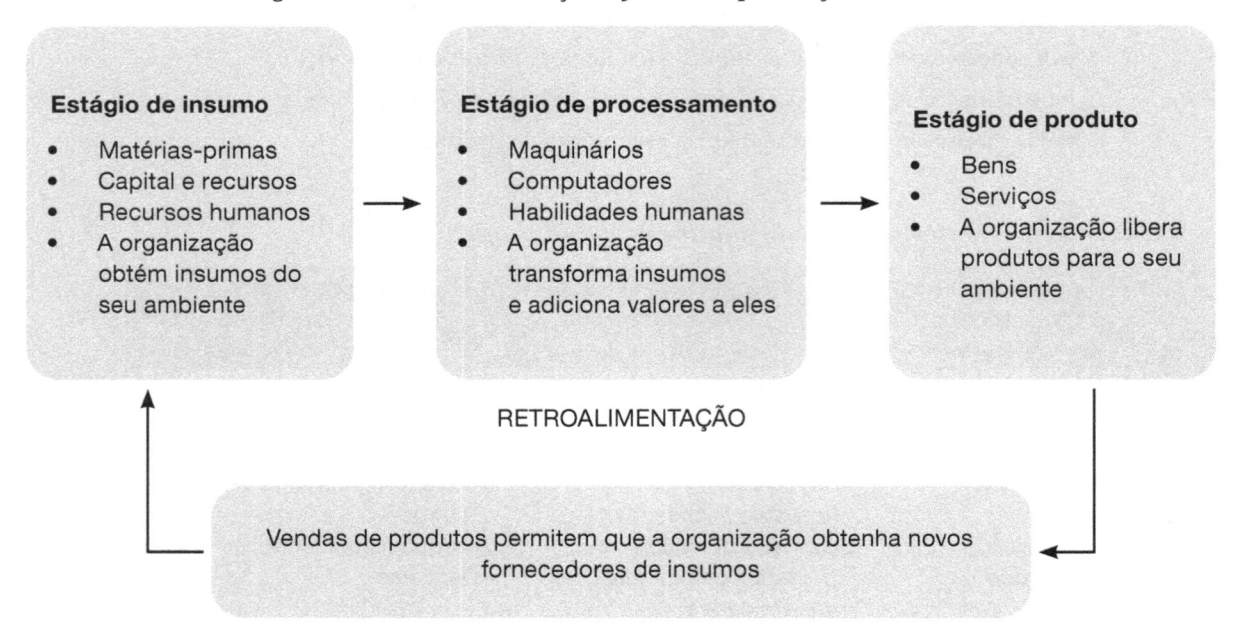

Estágio de insumo
- Matérias-primas
- Capital e recursos
- Recursos humanos
- A organização obtém insumos do seu ambiente

Estágio de processamento
- Maquinários
- Computadores
- Habilidades humanas
- A organização transforma insumos e adiciona valores a eles

Estágio de produto
- Bens
- Serviços
- A organização libera produtos para o seu ambiente

RETROALIMENTAÇÃO

Vendas de produtos permitem que a organização obtenha novos fornecedores de insumos

Fonte: Moreira, 2008. Martins; Laugeni, 2005.

2.5 Tipos de operação de produção

Nas saídas dos processos de transformação, normalmente há produtos ou serviços irregulares que exigem ajustes. Dessa forma, a gerência de produção trata dessas operações produtivas em quatro diferentes níveis para controlá-los no início do processo (*inputs*) e no final (*output*). Esses processos, chamados *4Vs da produção*, são usados para distinguir diferentes operações produtivas e são classificados como indica a Figura 2.7:

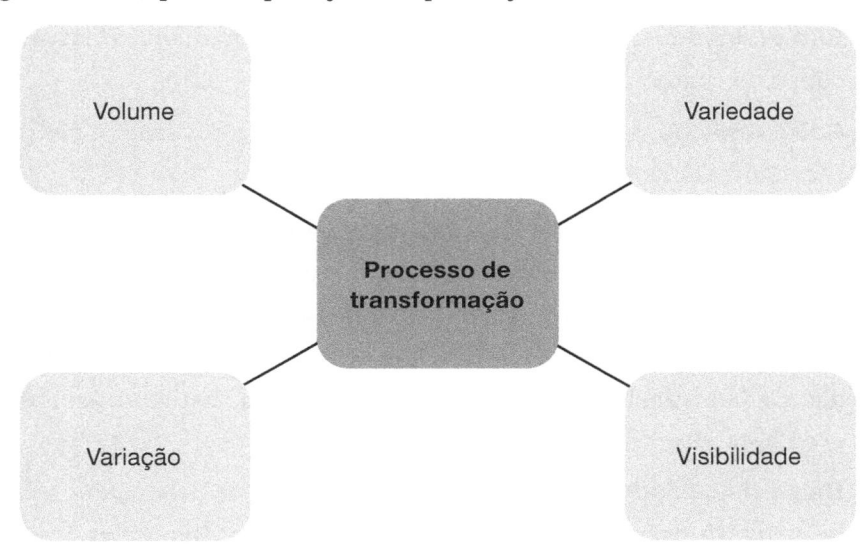

Figura 2.7 – Tipos de operações de produção

Fonte: Elaborado com base em Slack; Chambers; Johnston, 2009, p. 17-19.

As operações de produção relacionadas com o volume correspondem a sistemas com:

- **Amplo volume de produção e alto grau de repetição de tarefas**: isso possibilita a especialização de funcionários, com a padronização de tarefas em instruções de trabalho e de ferramentas. Implica baixo custo unitário, pois os custos são diluídos em virtude do grande número de produtos. Exemplos: lanchonetes franqueadas, como McDonald's e Burger King.
- **Baixo volume de produção e baixo grau de repetição de tarefas**: há poucos funcionários, o que implica um alto custo unitário, pois é pouco diluído.

O capital exigido para manter o local aberto é intenso. Exemplo: restaurante pequeno.

As operações de produção relacionadas com a variedade correspondem a produtos ou serviços:

- **Altamente padronizados**, com custos mais baixos e prefixados. Exemplo: ônibus com rotas estabelecidas.
- **Altamente flexíveis e customizáveis**, com custos variáveis, normalmente mais altos que os padronizados. Exemplo: táxis, que podem seguir infinitas rotas.

As operações de produção relacionadas com a **variabilidade** são submetidas às sazonalidades do mercado, que resultam em variações no consumo de seus produtos e serviços em distintas fases do ano. Podem apresentar:

- **Alta variação**: a produção é adaptável e extremamente flexível, porém com alto custo unitário.
- **Baixa variação**: a produção é muito bem definida, rotineira e padronizada, tem constância regular e baixo custo unitário.

As operações de produção relacionadas com a **visibilidade** são classificadas quanto às distintas funções expostas aos clientes:

- **Alta visibilidade**: a tolerância de espera é limitada e a satisfação é definida pela percepção do usuário. Deve haver habilidade no trato com o cliente, a variedade recebida é alta e resulta em um alto custo unitário. Exemplo: rede hoteleira.
- **Baixa visibilidade**: o tempo entre a preparação da produção e o consumo do produto permite a padronização do serviço. Não exige trato com o cliente, há grande utilização de funcionários, centralização de decisões e de produção e baixo custo unitário. Exemplo: indústria.

Vejamos, na Figura 2.8, a sistematização dos principais tipos de operações de produção.

Figura 2.8 – Tipos de operações de produção

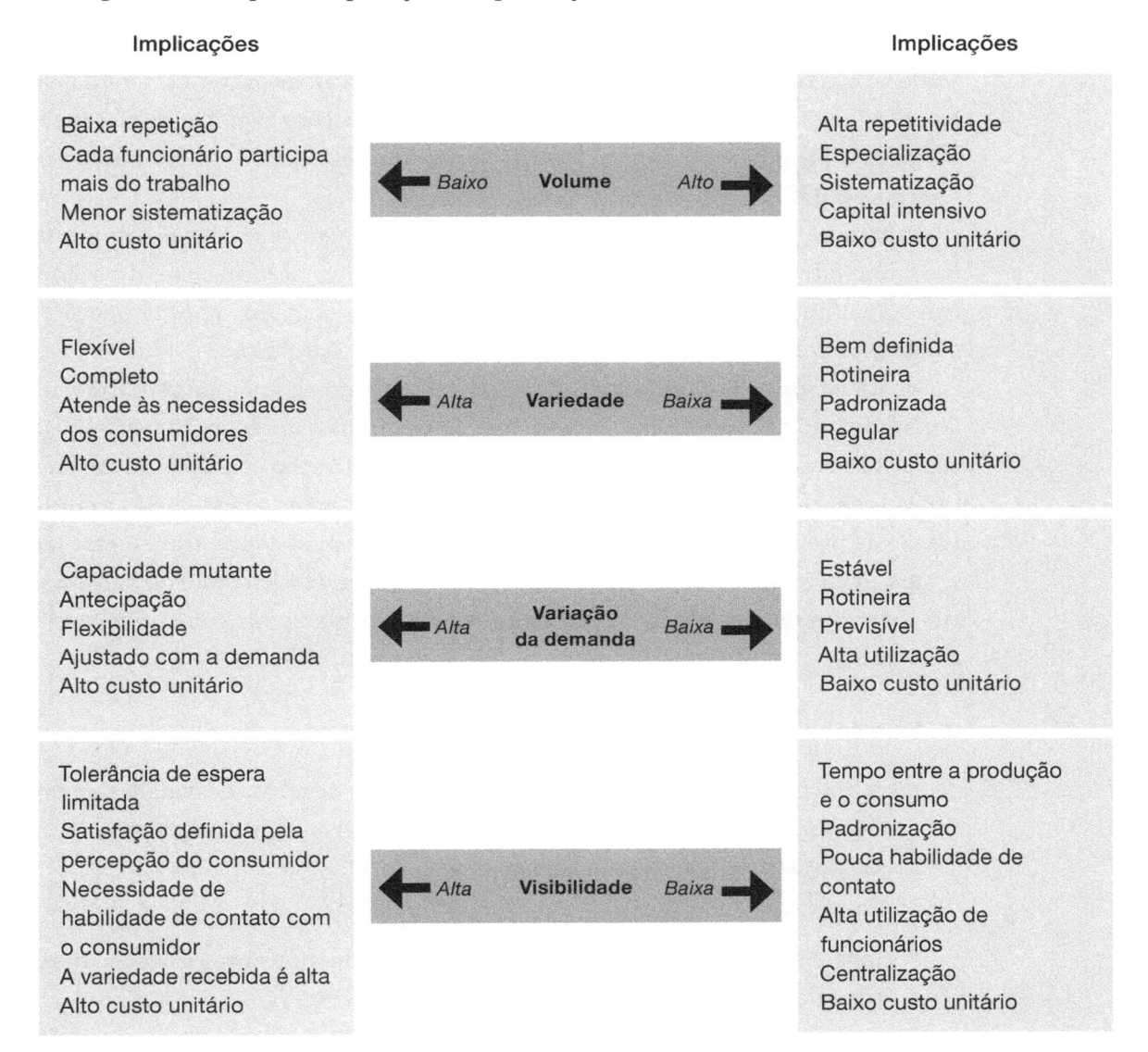

Implicações		Implicações
Baixa repetição Cada funcionário participa mais do trabalho Menor sistematização Alto custo unitário	← Baixo **Volume** Alto →	Alta repetitividade Especialização Sistematização Capital intensivo Baixo custo unitário
Flexível Completo Atende às necessidades dos consumidores Alto custo unitário	← Alta **Variedade** Baixa →	Bem definida Rotineira Padronizada Regular Baixo custo unitário
Capacidade mutante Antecipação Flexibilidade Ajustado com a demanda Alto custo unitário	← Alta **Variação da demanda** Baixa →	Estável Rotineira Previsível Alta utilização Baixo custo unitário
Tolerância de espera limitada Satisfação definida pela percepção do consumidor Necessidade de habilidade de contato com o consumidor A variedade recebida é alta Alto custo unitário	← Alta **Visibilidade** Baixa →	Tempo entre a produção e o consumo Padronização Pouca habilidade de contato Alta utilização de funcionários Centralização Baixo custo unitário

Fonte: Slack; Chambers; Johnston, 2009, p. 20.

■ Síntese

Neste capítulo, abordamos a administração eficaz da produção e seus conceitos básicos, como eficácia, eficiência, efetividade e efetividade organizacional, bem como a função produção e suas relações com as funções técnica, de desenvolvimento de produtos/serviços, de *marketing*, de sistemas de informação, de recursos humanos e de contabilidade e finanças.

Tratamos das responsabilidades indiretas do gerente de produção e de assuntos como administração da produção, planejamento, organização, direção e controle. Vimos os níveis estratégicos, táticos e operacionais da organização e suas responsabilidades diretas na administração da produção.

Destacamos as fronteiras das funções centrais do sistema de produção e o tripé formado por função *marketing*, função pesquisa e desenvolvimento (P&D) e função produção, bem como as funções de apoio (função contábil/financeira, função recursos humanos e função logística). Examinamos o modelo de administração da produção e as estratégias de mercado, seus modelos de transformação e seus princípios, como as entradas (*inputs*) e as saídas (*outputs*). Vimos, por fim, os tipos de operações de produção, a aplicabilidade das funções e os 4Vs da produção (volume, variedade, variabilidade e visibilidade).

■ Questões para revisão

1. A função produção representa o agrupamento de meios destinados ao fornecimento de recursos e informações úteis à produção. Cite os principais aspectos analisados pela função produção.

2. Quais são as fronteiras das funções centrais do sistema de produção que fazem parte do tripé das funções essenciais de uma organização e quais são suas responsabilidades?

3. O termo *produção* geralmente remete à ideia de fábrica, com máquinas e operários, mas as atividades ligadas ao processo de transformação, tangíveis ou não, de qualquer natureza, são consideradas produção. Os três princípios básicos do processo de transformação são:
   a. projeto, melhoria e planejamento e controle.
   b. estratégia da produção, bens e serviços e posição competitiva da produção.
   c. finanças, produção e *marketing*.
   d. entradas (*inputs*), funções de transformação e saídas (*outputs*).
   e. recursos de entrada de transformação, estratégia da produção e ambiente da produção.

4. Os recursos transformados são aqueles que recebem tratamentos ou conversões que agregam valor após a passagem dessa modificação. São exemplos desses recursos:

   a. instalações e funcionários.
   b. um bem manufaturado, um serviço ou uma informação.
   c. tangibilidade, estocabilidade, transportabilidade, simultaneidade e contato com o consumidor.
   d. planejamento, organização, direção e controle.
   e. processadores de materiais, processadores de informações e processadores de consumidores.

5. Os processos de transformação geralmente apresentam produtos ou serviços irregulares e apresentam quatro níveis, denominados *4Vs da produção*. Esses níveis são:

   a. valor, volume, velocidade e variação.
   b. volume, variedade, variabilidade e visibilidade.
   c. variabilidade, volume, variação e velocidade.
   d. velocidade, variedade, valor e veracidade.
   e. volume, visibilidade, velocidade e variedade.

■ Questões para reflexão

1. Na administração da produção, a função produção tem um foco, mas na área econômica há uma abordagem mais matemática. Qual seria essa abordagem na ótica da economia? Essa abordagem pode ser utilizada na administração da produção?

2. Quais são as diferenças entre o projeto de produto e o processo de produto?

3. A função pesquisa e desenvolvimento (P&D) é responsável por criar ou modificar produtos e serviços, para que sejam gerados novos pedidos por parte dos clientes e usuários. Como o P&D pode contribuir para que a organização seja mais produtiva e competitiva?

3 Estratégia de produção

Conteúdos do capítulo

- Estratégia de produção.
- Fatores competitivos e objetivos de desempenho.
- Métricas da estratégia de produção: kaizen e takt time, risco e resiliência.
- Diagrama de Ishikawa (ou espinha de peixe) e os 6 Ms.
- Análise SWOT ou análise FOFA.
- Matriz de priorização GUT.
- Excelência operacional.
- Matriz de priorização BASICO.
- Papel estratégico e objetivos da produção.
- Administração da produção × estratégia da produção.
- Objetivos da função produção.
- Os cinco objetivos de desempenho.
- Lead time.
- Representação polar dos objetivos de desempenho.
- Perspectivas da estratégia.
- Processos e perspectivas da estratégia de produção.

Após o estudo deste capítulo, você será capaz de:

1. compreender as situações cruciais para o sucesso ou o fracasso na implantação de uma estratégia de produção;
2. identificar os fatores competitivos e os objetivos de desempenho;
3. identificar e elaborar o diagrama de Ishikawa, a análise SWOT, as matrizes de priorização GUT e BASICO e calcular a excelência operacional;
4. descrever os papéis estratégicos e seus objetivos de desempenho da produção;
5. identificar as diferentes perspectivas da estratégia de produção;
6. compreender os processos e as perspectivas da estratégia de produção.

3.1 Estratégias da produção

O padrão global de decisões e ações que posicionam e definem o ramo de atuação empresarial é conhecido como *estratégia*. Para pequenas e médias empresas, existem situações cruciais para o sucesso ou o fracasso na implantação de uma estratégia de produção, ou seja, o resultado será positivo se:

- a liderança da alta administração for participativa;
- houver um planejamento estratégico;
- o *benchmarking* for bem utilizado;
- os fatores a serem pesquisados forem bem delineados;
- o gerenciamento do processo tiver um bom desempenho;
- o treinamento e o desenvolvimento dos recursos humanos forem fortemente aproveitados;
- as ferramentas analíticas, estatísticas e os programas de qualidade forem bem aplicados;
- a informação e a análise contiverem dados reais;
- o foco nos clientes, no mercado e nos lucros não for deixado de lado;
- o gerenciamento e o treinamento dos fornecedores forem acompanhados.

Conforme Porter (1998, p. 63), a "estratégia proporciona uma posição exclusiva e valiosa, englobando vários e distintos conjuntos de atividades". Está atenta aos objetivos de níveis estratégicos, ou seja, que envolvem toda a organização e atrelam os objetivos de longo prazo, estabelecendo uma conexão entre os recursos necessários e os meios (metas, ações, humanos ou de capital) para alcançá-los dentro de um processo sistêmico.

Slack, Chambers e Johnston (2009, p. 59) afirmam que, "quando uma empresa toma uma decisão em escolher uma alternativa e não a outra, está criando uma situação de estratégia, que a leva a um determinado conjunto de ações. Qualquer modificação no padrão de decisões significará uma modificação na direção estratégica". Essas decisões estratégicas significam:

- resultado abrangente na organização;
- posicionamento definido da empresa em seu ambiente;
- aproximação da empresa aos seus objetivos de longo prazo.

O conteúdo estratégico da produção faz parte da estratégia da organização. Assim, a estratégia de produção deve:

- refletir de cima para baixo, ou seja, do nível estratégico ao nível operacional, o que o grupo ou negócio todo deseja realizar;
- ser uma atividade de baixo para cima, ou seja, do nível operacional ao nível estratégico, que proporciona melhorias da produção a ponto de construir a estratégia mais robusta;
- traduzir os requisitos de mercado em decisões de produção;
- explorar as capacidades dos recursos de produção.

O enfoque estratégico da função produção deve ter como meta a melhoria dos objetivos de desempenho, porém sob a ótica do mercado (fatores competitivos), sendo este um grande influenciador das decisões operacionais (Figura 3.1)

Figura 3.1 – Fatores competitivos e objetivos de desempenho

Fatores competitivos Se os consumidores valorizam...	Objetivos de desempenho Então, a operação terá que se superar em...
Preço baixo	Custo
Alta qualidade	Qualidade
Entrega rápida	Velocidade
Entrega confiável	Confiabilidade
Produtos e serviços inovadores	Flexibilidade (produto/serviço)
Ampla variedade de produtos e serviços	Flexibilidade (composto *mix*)
Habilidade de alterar o prazo e a quantidade de produtos e serviços	Flexibilidade (volume e/ou entrega)

Fonte: Slack; Chambers; Johnston, 2009, p. 65.

Segundo Pande, Neuman e Cavanagh (2001), alguns passos estratégicos devem ser seguidos:

- **Foco no cliente**: é preciso entender que existem clientes internos (almoxarifado, manutenção, compras, vendas, produção, logística etc.) e externos (cliente final, *stakeholders*).

- **Envolvimento com a estratégia do negócio**: o projeto deve ter envolvimento em todas as áreas da empresa.

- **Retorno financeiro**: a organização deve eliminar custos desnecessários e aquilo que não agrega valor ao produto e onera a empresa. Dessa forma, a seleção do projeto deve ter como alvo a diminuição de perdas, de peças fora do padrão e de desvios (peças que não estão em conformidade com o desenho, mas que não interferem na montagem) gerados por falha de processos, entre outros.

- **Defeitos crônicos**: são defeitos estruturais que ocorrem com certa frequência, decorrentes de variações de processo, sendo, em alguns casos, suas causas são desconhecidas.

- **Recursos disponíveis proporcionais**: os recursos da organização devem estar de acordo com o projeto, caso contrário não haverá sucesso no negócio.

- **Tempo de duração do projeto**: o projeto a ser desenvolvido deve ter um período de implementação de três a seis meses. Projetos com longa duração afetam significativamente os recursos disponíveis da empresa.

- **Problemas mensuráveis**: o cliente (interno/externo) deve perceber a eficiência da implementação das ferramentas no projeto. As mudanças devem ser mensuráveis nas áreas a serem melhoradas.

Assim, nenhuma empresa que tenha uma produção que venha a cometer falhas repetidamente e lance produtos ou serviços de baixíssima qualidade no mercado tem chances de sobreviver a longo prazo. A não observância desses requisitos de mercado pela administração da produção impedirá que a produção atinja seus objetivos de desempenho.

3.1.1 Métricas da estratégia de produção

Um item importante a ser considerado é o *kaizen*, que em japonês significa "melhoria" ou "mudança para melhor". A filosofia refere-se a práticas da melhoria contínua dos processos de produção e de gestão com o objetivo de eliminar desperdícios (Colenso, 2000).

Segundo Womack e Jones (1996 p. 151-152, tradução nossa), "o *takt time* é determinado dividindo-se o número de solicitações feitas pelos clientes em um determinado período pela quantidade de tempo de produção disponível naquele período. Por exemplo, se os clientes estivessem pedindo 16 modelos Q por dia e a fábrica estivesse executando um turno de oito horas, o tempo *takt* seria de meia hora".

O *takt time* "orienta a maneira pela qual a matéria prima avança pelos processos (sistema). Um ritmo de produção mais rápido gera estoque, enquanto que um ritmo de produção mais lento gera a necessidade de aceleração do processo e, consequentemente, perdas, como refugos, retrabalhos, horas extras, enfim, um desequilíbrio na produção" (Lean Enterprise Institute, 2011).

Segundo Slack, Chambers e Johnston (2013), há uma diferença entre risco e resiliência:

- **Risco**: é a possibilidade de ocorrerem consequências negativas indesejadas dos eventos.
- **Resiliência**: é a habilidade de evitar, resistir e recuperar-se desses eventos.

As falhas podem ser classificadas de acordo com a seriedade de seus impactos e a possibilidade de ocorrerem novamente. As falhas de processo, com impacto relativamente baixo e que ocorrem com certa frequência devem estar no escopo do gerenciamento da qualidade. Dessa forma, a resiliência permite reduzir esses impactos negativos na empresa.

Segundo Tubino (2000), há dois sistemas de produção:

- **Puxada**: o fluxo dos materiais é o mais importante e só haverá produção se houver pedido.
- **Empurrada**: cada estação de trabalho produz uma lista de itens e, então, empurra os itens à estação de trabalho seguinte conforme o planejamento das necessidades dos materiais (MRP).

3.1.1.1 Diagrama de Ishikawa

Na década de 1960, Kaoru Ishikawa propôs o diagrama de Ishikawa. De acordo com Damazio (1998, p. 35), esse diagrama "deve ser utilizado para analisar um processo que está produzindo um resultado satisfatório, para permitir a quem o analisar praticar a prevenção, tornando as etapas do processo mais confiáveis".

O diagrama de Ishikawa ou espinha de peixe também é conhecido por diagrama de causa-efeito, ou seja, é uma ferramenta muito utilizada no controle de qualidade, pois seu processo permite que se identifique e analise as potenciais causas de variação do processo ou da ocorrência de um fenômeno, bem como a forma com que essas causas interagem entre si. (Ishikawa, 1993, p. 79)

Figura 3.2 – Diagrama de Ishikawa ou espinha de peixe

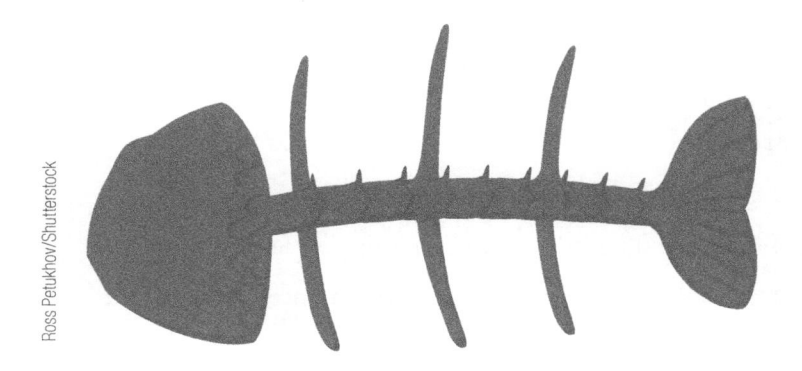

Conforme Ishikawa (1993, p. 64), "No Japão, seu uso é generalizado nas empresas. O diagrama de causa e efeito está, inclusive, incluído na terminologia de controle da qualidade da JIS – Japanese Industrial Standards (Normas Industriais Japonesas)".

Esse diagrama apresenta a relação entre a característica da qualidade em questão e suas causas. Usualmente, estas podem ser de seis diferentes naturezas, também designadas como *6 Ms*, sendo assim caracterizadas:

I. **Mão de obra (*manpower*)**: quando um colaborador realiza um procedimento inadequado, faz o seu trabalho com pressa, é imprudente etc.

  1. O membro da equipe segue o padrão estabelecido?
  2. O operador é qualificado para executar o processo?
  3. Houve seleção adequada em função da complexidade da tarefa?
  4. O trabalho do membro da equipe está razoavelmente eficiente?
  5. O operador está treinado ou apenas foi colocado ao lado de um funcionário mais experiente para aprender a operar o equipamento?

6. O membro da equipe está conscientizado sobre o *kaizen*?
7. O membro da equipe é confiável?
8. O membro da equipe é qualificado?
9. O membro da equipe tem a experiência necessária compatível com a tarefa?
10. O treinamento está adequado?
11. Os padrões de execução estão disponíveis de forma clara e o operador consegue entendê-las?
12. O membro da equipe foi designado para o trabalho certo?
13. As condições de trabalho são adequadas para a perfeita execução do processo?
14. O membro da equipe deseja melhorar?
15. O membro da equipe está com boa saúde?
16. O operador sabe manejar os instrumentos de medida?

II. **Material (*materials*)**: quando o material não está em conformidade com as exigências para a realização do trabalho.
1. Há erros de quantidade?
2. Há erros em especificação?
3. Há erros em marcas de fabricação?
4. O material está em conformidade com o que foi especificado?
5. Está contaminado?
6. O estoque-padrão em processo é adequado?
7. O nível de inventário é adequado?
8. Há desperdício de material?
9. O manuseio é adequado?
10. O trabalho em processo está relegado?
11. O *layout* é adequado?
12. O padrão da qualidade é adequado?

III. **Meio ambiente (*mother nature*)**: quando o problema está relacionado ao meio externo, como poluição, calor e poeira, ou mesmo ao ambiente interno, como falta de espaço e dimensionamento inadequado dos equipamentos.

- **Meio ambiente físico**: é o local onde acontece o processo.
    1. A temperatura ambiente afeta as peças que estão sendo executadas?
    2. A ventilação influi no processo?
    3. A iluminação é adequada?
    4. A umidade do ambiente afeta o produto?
- **Meio ambiente organizacional**: é a esfera de influência das outras áreas da empresa e da cultura organizacional.
    1. O gerente entende o processo como um sistema e está preparado para administrá-lo?
    2. O supervisor é qualificado para administrar as pessoas e o processo?
    3. O clima organizacional é saudável?
    4. Os conflitos são resolvidos de forma justa?

IV. **Método (*methods*)**: quando o efeito indesejado é consequência da metodologia de trabalho escolhida.
1. Os padrões de trabalho são adequados?
2. Os padrões de trabalho foram melhorados?
3. O trabalho é padronizado?
4. A instrução é adequada?
5. O método é seguro?
6. Há um método para garantir um produto (serviço) de qualidade?
7. O método é eficiente?
8. O método é apropriado?
9. A sequência do trabalho é adequada?
10. A preparação do posto é adequada?
11. A iluminação e a ventilação são adequadas?
12. Há contato adequado com os processos anterior e posterior?

V. **Máquina (*machines*)**: quando o defeito está na máquina usada no processo.
1. Atende aos requisitos da produção?
2. Atende às capacidades do processo?
3. A lubrificação está apropriada?
4. A inspeção está adequada?

5. A operação é interrompida com frequência em virtude de falha mecânica?
6. Atende aos requisitos de precisão?
7. Apresenta ruídos, vibrações e aquecimento anormais?
8. O *layout* está eficiente?
9. Há máquinas e instalações suficientes?
10. Atende aos requisitos de segurança?
11. Tudo funciona em boas condições operacionais?
12. As ferramentas (tamanho, forma, peso, material, facilidade de manuseio) são apropriadas?

VI. **Medida ou medição (*measure*)**: quando o efeito é causado por uma medida tomada anteriormente para modificar o processo.
1. As instruções de medição estão corretas?
2. As instruções são compreendidas pelo operador?
3. Os instrumentos estão de acordo com o projeto da peça?
4. O erro do instrumento está de acordo com a tolerância do projeto?
5. Os instrumentos estão calibrados e há um plano de calibração periódico?

Para elaborar um diagrama desse tipo, deve-se proceder da seguinte forma:
- determinar a característica de qualidade cujas causas se pretende identificar;
- definir, por meio do *brainstorming*, quais causas afetam diretamente o problema a ser resolvido;
- delinear o esqueleto do diagrama espinha de peixe, inserindo a característica da qualidade em questão. Dessa forma, para cada M deverão ser atribuídas as causas prováveis do problema.

Figura 3.3 – Diagrama de Ishikawa e os 6 Ms

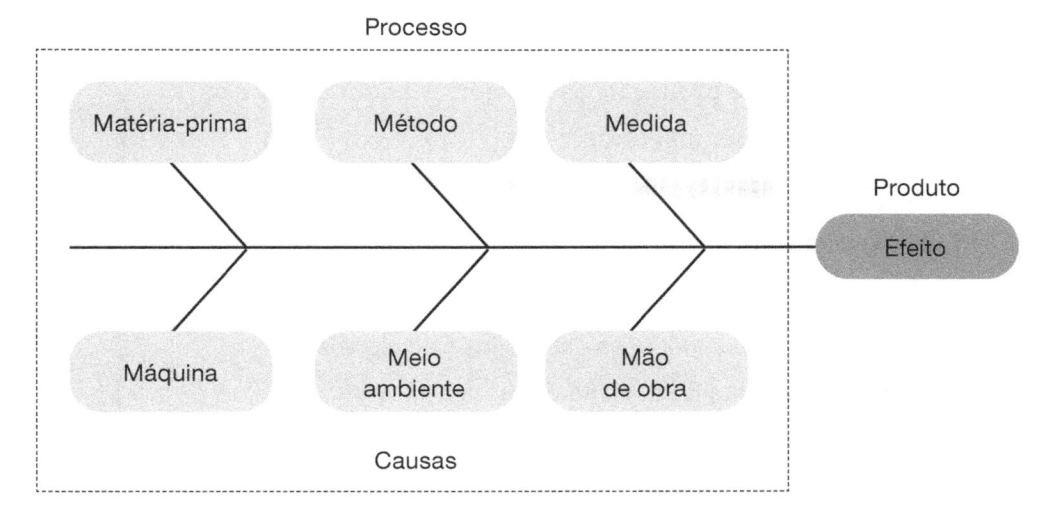

[Diagrama de Ishikawa mostrando Processo com as causas: Matéria-prima, Método, Medida, Máquina, Meio ambiente, Mão de obra, levando ao Efeito (Produto)]

Fonte: Elaborado com base em Souza, 2003, p. 28-29.

Segundo Tubino (2000), o diagrama de Ishikawa transforma processos avaliados como complexos e em processos mais simples de serem controlados.

Para Slack, Chambers e Johnston (2009), o diagrama de Ishikawa é um método bastante eficaz na busca da causa raiz do problema.

Pode-se empregar o diagrama de Ishikawa para:

- identificar os conhecimentos a respeito das causas de um problema;
- organizar e registrar as possíveis causas de um efeito ou de uma particularidade da qualidade;
- relacionar cada causa e subcausa às demais e ao efeito ou particularidade da qualidade;
- procurar a verdadeira causa do problema, encerrando-se o processo somente depois de ter estancado ou erradicado o problema.

O uso do diagrama de Ishikawa proporciona uma série de benefícios, entre os quais se destacam:

- aperfeiçoa o processo;
- registra de forma visual as potenciais causas, possibilitando que a qualquer momento possam ser revisadas e atualizadas com rapidez;
- instiga composição de equipes para o *brainstorming*.

As prováveis causas de dispersão nas particularidades da qualidade são indicadas nos diagramas, de forma clara e de fácil visualização. Portanto, existem várias formas de fazer um diagrama, podendo-se modificar sua organização e seu arranjo em função dos objetivos a serem atingidos.

Para a construção do diagrama, é necessário ser flexível quanto às espinhas de causas principais utilizadas.

Em um processo de produção, as categorias tradicionais são:
- **Máquinas**: equipamentos.
- **Métodos**: como o trabalho é feito.
- **Materiais**: componentes e matéria bruta.
- **Mão de obra**: componente humano.

Em um processo de serviço, as categorias tradicionais são:
- **Diretrizes**: regras de decisão do mais alto nível.
- **Procedimentos**: etapas de uma tarefa.
- **Instalações**: equipamentos e espaço.
- **Pessoal**: o componente humano.

Nos dois tipos de processos, os itens abaixo também são usados às vezes:
- **Meio ambiente**: edifícios, logística e espaço.
- **Medidas**: calibração e coleta de dados.

Conforme Ishikawa (1993), "quanto maior o número de causas inseridas nos quadros, maior será o nível de informação para a equipe que estará discutindo o diagrama de Ishikawa".

3.1.1.2 Análise SWOT ou análise FOFA

Tarapanoff (2001) observa que a técnica de análise SWOT foi elaborada pelo estadunidense Albert Humphrey durante o desenvolvimento de um projeto de pesquisa na Universidade de Stanford, entre as décadas de 1960 e 1970. Foram usados dados da *Fortune 500*, uma revista que compõe um *ranking* das maiores empresas dos Estados Unidos.

Figura 3.4 – Diagrama da análise SWOT

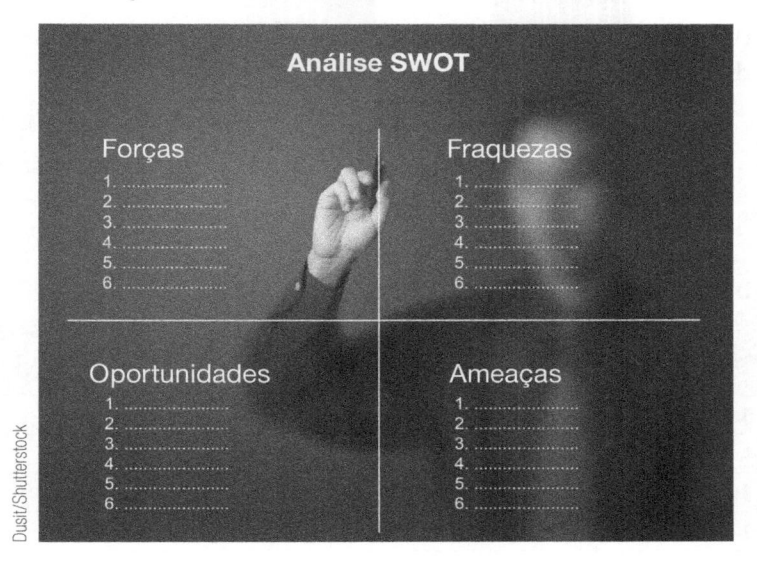

    Segundo Andrade et al. (2008), "a sigla S.W.O.T. deriva da língua inglesa e traduz-se: *Strenghts* (**f**orças), *Weaknesses* (**f**raquezas), *Opportunities* (**o**portunidades) e *Threats* (**a**meaças). Esta análise procura avaliar os pontos fortes e os pontos fracos no ambiente interno da organização e as oportunidades e as ameaças no ambiente externo" (Andrade et al., 2008, p. 2, grifo nosso).

3.1.1.3 Matriz de priorização GUT

O método GUT foi desenvolvido por Charles H. Kepner e Benjamin B. Tregoe na década de 1980, diante da necessidade de resolução de problemas complexos nas indústrias estadunidenses e japonesas. Várias contrariedades podem surgir em uma organização e nem sempre é possível resolver todas ao mesmo tempo. Meirelles (2001, p. 52-53) assinala as seguintes situações:

- **GRAVIDADE**: consideramos a intensidade ou profundidade dos danos que o problema pode causar se não se atuar sobre ele. Tais danos podem ser avaliados quantitativa ou qualitativamente. [...]

- **URGÊNCIA**: considera o tempo para a eclosão de danos ou resultados indesejáveis se não se atuar sobre o problema. O período de tempo também é considerado numa escala de 1 a 5 [...].

- **TENDÊNCIA**: considerar o desenvolvimento que o problema terá na ausência de ação. A tendência também é definida numa escala de 1 a 5 [...].

Segundo Kepner e Tregoe (1981), essa técnica tem por finalidade orientar decisões que envolvem muitas variáveis complexas. A seguir, estão indicadas as etapas de montagem da matriz GUT:

Etapa 1: listar todos os problemas e aspectos relacionados ao projeto que se deseja verificar, levando-se em consideração as três situações (gravidade, urgência e tendência).

Quadro 3.1 – Matriz GUT (Etapa 1)

Problemas	Peso	G Gravidade	U Urgência	T Tendência	G × U × T
	5				
	4				
	3				
	2				
	1				

Fonte: Elaborado com base em Seixas, 2016; Kepner; Tregoe, 1981.

Etapa 2: pontuar cada problema de acordo com alguns critérios: nota muito elevada (5, por exemplo) quando são referenciados problemas extremos (muito graves ou desfavoráveis ao processo, à empresa e aos clientes). A pontuação diminui até chegar à situação mais favorável (nota 1, por exemplo).

Quadro 3.2 – Matriz GUT (passo 2)

Nota	Gravidade	Urgência	Tendência
5	Extremamente grave	Emergência	Piorará rapidamente
4	Muito grave	Urgência	Piorará em pouco tempo
3	Grave	O mais rápido possível	Piorará
2	Pouco grave	Pouco urgente	Piorará a longo prazo
1	Sem gravidade	Pode esperar	Não mudará

Fonte: Elaborado com base em Seixas, 2016; Kepner; Tregoe, 1981.

Etapa 3: depois de elencar os problemas por níveis de favorecimento e atribuir notas a cada um deles, devem-se multiplicar as notas atribuídas a cada um dos problemas listados (gravidade, urgência e tendência). Dessa forma, pode-se fazer uma classificação de prioridades.

Quadro 3.3 – Matriz GUT (Etapa 3)

Importância = G × U × T		
G	Gravidade	É o fator de impacto financeiro ou qualquer outro dependendo dos objetivos da instituição.
U	Urgência	É o fator tempo.
T	Tendência	É o fator tendência (padrão de desenvolvimento).

Fonte: Elaborado com base em Seixas, 2016; Kepner; Tregoe, 1981.

A montagem da tabela é bem simples, porém recomenda-se que ela seja feita em uma planilha eletrônica para se atribuírem notas (pesos) a cada item da célula na matriz GUT e, na última célula, o fator de multiplicação.

Como vimos, a matriz GUT é bastante simples e pode ser associada com a análise SWOT, mas existem outras ferramentas da qualidade, que são bem úteis e podem contribuir nas análises, como o diagrama de Ishikawa e o ciclo PDCA. Para priorizar ações de forma racional, o melhor caminho é aplicar a matriz GUT, pois induzirá o analista da qualidade a considerar a gravidade, a urgência e a tendência de um problema, podendo tomar a decisão mais coerente na resolução da falha ou do defeito.

3.1.1.4 Excelência operacional

A excelência operacional é o resultado de dois fatores essenciais para a empresa: solução técnica e solução cultural (equipe/organização). O resultado do aumento da eficiência é calculado pela fórmula $E = Q \times A$, em que Q é qualidade e A sua maior aceitação no mercado (Welch, 2001).

Figura 3.5 – Excelência operacional

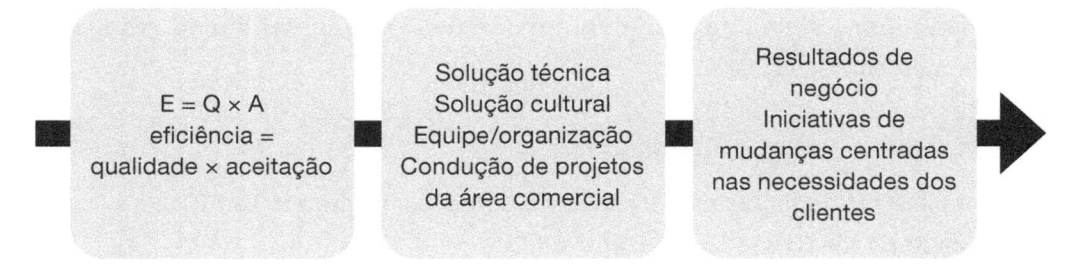

$E = Q \times A$
eficiência = qualidade × aceitação
→
Solução técnica
Solução cultural
Equipe/organização
Condução de projetos da área comercial
→
Resultados de negócio
Iniciativas de mudanças centradas nas necessidades dos clientes
→

Fonte: Seixas, 2016.

A excelência operacional é dividida em três estágios:

- **Estágio 1**: Desenho de processo
- **Estágio 2**: Processo de qualificação
- **Estágio 3**: Verificação de processo contínuo

Figura 3.6 – Estágios da excelência operacional

Gestão do conhecimento

Estágio 1
1. Desenho de produto
2. Avaliação de processos de risco
3. Equipamento/processo caracterização
4. Criação do espaço do projeto
5. Validação do plano mestre

Estágio 2
1. Qualificação de equipamentos método de validação
2. Caracterização de processos
3. Determinação de controle do espaço
4. Verificação do gerenciamento de risco
5. Controle estratégico de mudanças

Estágio 3
1. Validação de processos
2. *Kaizen*

Sistema de gestão da qualidade

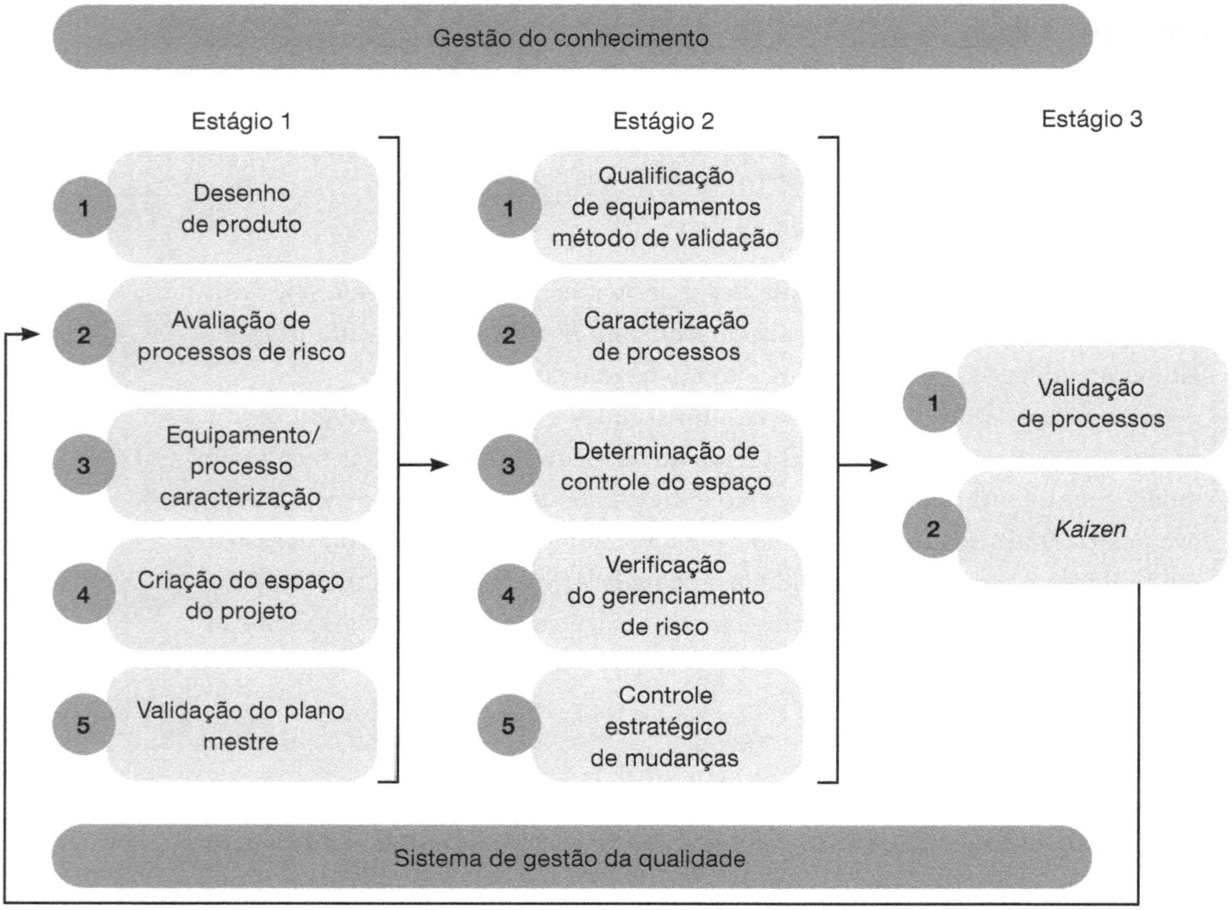

Fonte: Seixas, 2016.

Para estabelecer a excelência operacional, são necessários a gestão do conhecimento e um sistema de gestão da qualidade e, assim, validar os resultados com a medição da eficiência.

3.1.1.5 Matriz de priorização BASICO

Outra possibilidade para priorização de soluções é a matriz BASICO, que considera os itens identificados na Figura 3.7:

Figura 3.7 – Matriz BASICO

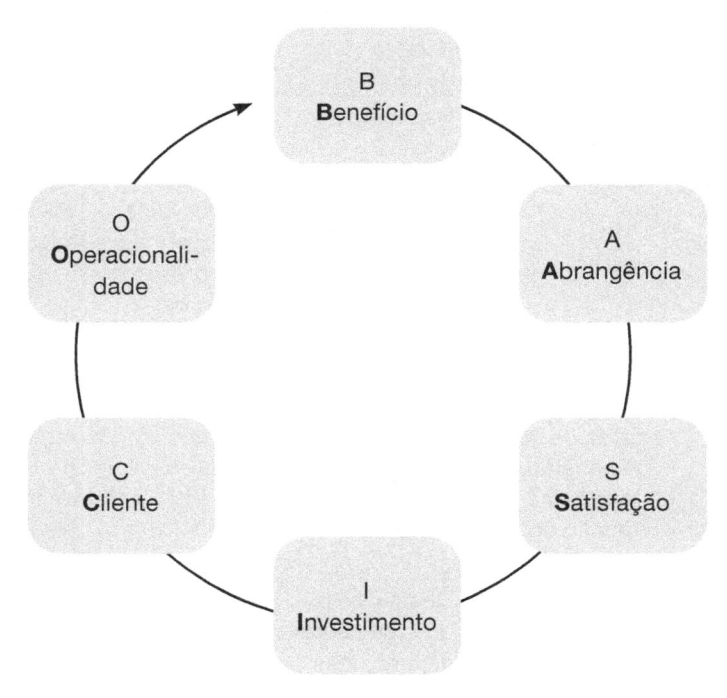

[Diagrama circular com os elementos: B - Benefício, A - Abrangência, S - Satisfação, I - Investimento, C - Cliente, O - Operacionalidade]

Fonte: Elaborado com base em de Daychoum, 2007.

- **B**enefício: o quanto a solução vai impactar beneficamente a organização.
- **A**brangência: dimensão de pessoas beneficiadas pela solução.
- **S**atisfação: aceitação dos colaboradores em relação a essa solução.
- **I**nvestimento necessário: o quanto será desembolsado para solucionar o problema.
- **C**liente: a forma como a solução poderá favorecer os clientes.
- **O**peracionalidade: requisitos tecnológicos, operacionais e legais para a execução do projeto.

Campos (1999, p. 2) ressalta que "um produto ou serviço de qualidade é aquele que atende perfeitamente, de forma confiável, de forma acessível, de forma segura e no tempo certo às necessidades do cliente".

Segundo Daychoum (2007), para produzir a matriz BASICO, é necessário atribuir notas de 1 a 5 para cada solução, de acordo com sua prioridade (Quadro 3.4).

Quadro 3.4 – Matriz BASICO

Nota	Benefício	Abrangência	Satisfação do colaborador	Investimento necessário	Cliente	Operacionalidade
5	De essencial importância para os negócios da empresa ou até mesmo sua sobrevivência.	Abrange de 70% a 100% da organização.	Grau de satisfação muito grande.	Há um gasto mínimo e a maioria dos recursos já existe ou pode ser conseguida com facilidade.	Apresenta um grande impacto positivo na imagem da empresa com os consumidores.	A empresa terá grande facilidade em desenvolver as operações, pois a tecnologia já é utilizada.
4	Benefícios grandes, que podem gerar lucro e inovação tecnológica.	Abrangência grande, de 40% a 70% da organização.	Satisfação grande, sendo capaz de gerar demonstração de reconhecimento no trabalho.	Existe algum gasto dentro do orçamento da área e utilização de recursos próprios.	Grandes reflexos diretos em processos de apoio.	Facilidade em desenvolver a operação, podendo precisar de auxílio de terceiros, mas disponíveis no mercado.
3	Apresenta um impacto razoável no desempenho das alterações.	Abrange de forma razoável a organização (20% a 40%).	Satisfação média, que pode ser notada pelos colegas de trabalho.	Gastos além do orçamento da área, mas ainda dentro do orçamento da empresa.	Bons reflexos nos processos de apoio.	Média facilidade, dependendo do conhecimento da tecnologia e da disponibilidade do mercado em oferecer os recursos necessários.
2	Algum benefício operacional que já pode ser quantificado.	Pequena abrangência, de 5% a 20% na organização.	Existe uma satisfação média, mas não é notada pelos colegas de trabalho.	Exige aprovação de recursos da diretoria, porque necessita de remanejamento de verbas.	Pouco impacto nos processos finais com os clientes.	Pouca facilidade nas operações, dependendo de mudanças na cultura organizacional.
1	Benefício de pouco impacto, mas que contribui de alguma forma para a organização.	Abrangência mínima na organização, de no máximo 5%.	Grau de satisfação pequeno, mas que pode contribuir para o desenvolvimento da empresa.	Gastos muito além do orçamento previsto, o que exige um novo planejamento estratégico.	Não apresenta nenhum tipo de reflexo na imagem da empresa com o cliente.	Operações difíceis de serem realizadas, que excedem os limites da autoridade da empresa.

Fonte: Elaborado com base em de Daychoum, 2007.

Conforme Miranda (1994, p. 5), "as organizações precisam gerar produtos e serviços em condições de satisfazer as demandas dos usuários finais – consumidores –, sob todos os aspectos".

3.2 Papel estratégico e objetivos da produção

Segundo Oliveira (2010, p. 185), "estratégia é definida como um caminho [...] ou ação formulada e adequada para alcançar [...] as metas, os desafios e os objetivos estabelecidos". Drucker (1973) a define como a análise reflexiva do processo pelo qual um conjunto de prioridades é definido e os recursos estão comprometidos para serem transformados em ações. O pensamento estratégico é a ciência envolvida na proposta e nas boas decisões sobre um futuro que é incerto.

Segundo Muya, Price e Thorpe (1999), ao integrar setores como logística (cadeia de suprimentos), produção, compras, *marketing*, fornecedores e engenharia do produto, entre outros, agiliza-se o processo produtivo, o que acarreta diminuição de perdas de *setup*, obtendo-se maior agilidade nas entregas e avanços para o lançamento de novos produtos.

Porter (2004) ressalta a necessidade de as empresas terem estratégias que lhes permitam executar suas atividades de maneira diferente dos concorrentes ou de maneira diferenciada.

Conforme Slack, Chambers e Johnston (2009, p. 35-36), para entender o apoio da função produção, devem-se observar três situações:

1. saber qual é o desempenho esperado da produção dentro da organização;

2. determinar quais são os objetivos de desempenho específicos utilizados pela organização;

3. avaliar se há uma contribuição estratégica para a organização.

Com isso, a função produção assume três importantes papéis para a estratégia empresarial:

1. **Implementadora da estratégia empresarial**: cada empresa tem sua estratégia, porém quem a executa é a produção. Assim, deve-se observar qual é a estratégia da empresa para que a produção possa ser mais assertiva.

2. **Apoiadora da estratégia empresarial**: o setor de produção deve desenvolver seus recursos para que a organização atinja seus objetivos.

3. **Impulsionadora da estratégia empresarial**: quando os produtos e serviços são melhores, oferecem uma vantagem competitiva no curto e no longo prazo, o que impulsiona a estratégia empresarial.

Quadro 3.5 – Papel estratégico da produção e objetivos da produção

Papel estratégico da produção	Objetivos da produção
Implementar	Ser confiável Operacionalizar a estratégia Explicar aspectos práticos
Apoiar	Ser apropriada Compreender a estratégia Contribuir para as decisões
Impulsionar	Ser inovadora Fornecer base estratégica Desenvolver competências de longo prazo

Fonte: Slack; Chambers; Johnston, 2009, p. 36-38.

Como pode ser observado, um dos papéis da produção é implementar estratégias empresariais. A grande maioria das organizações estabelece estratégias para se manter no mercado, porém é a produção que as coloca em prática.

A estratégia da produção não equivale à administração da produção. Vejamos as diferenças na Figura 3.8.

Figura 3.8 – Administração da produção × estratégia da produção

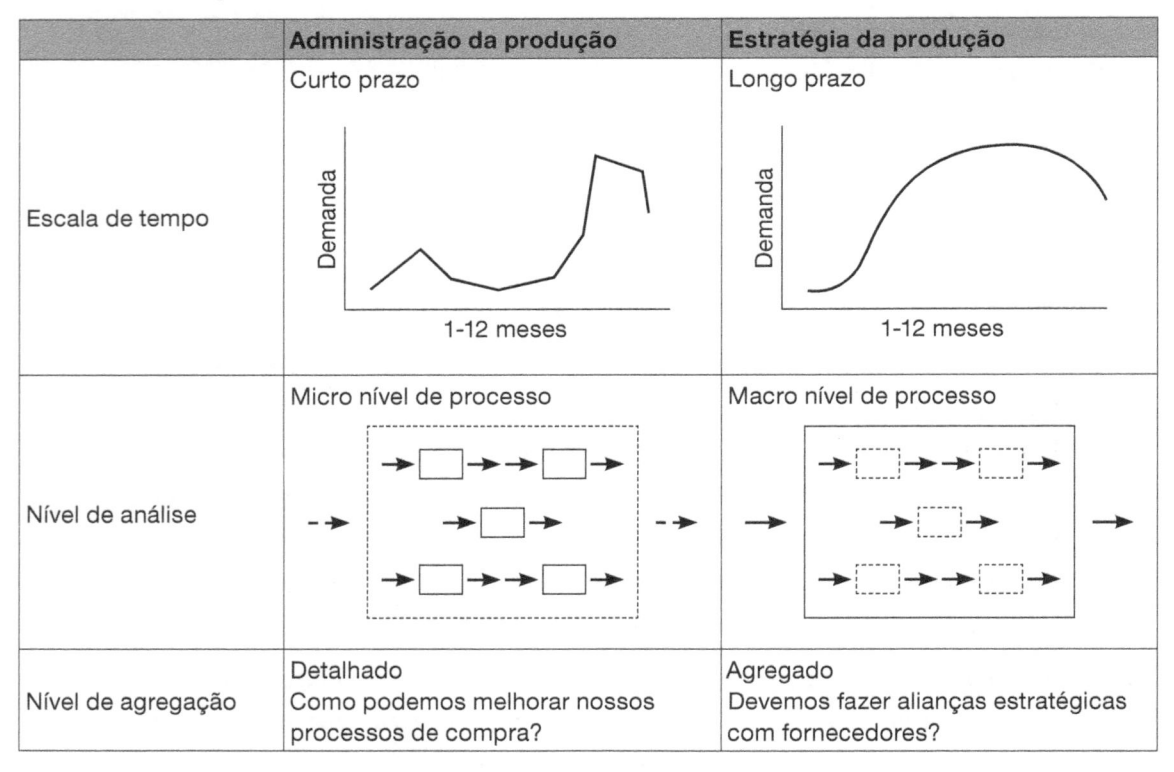

	Administração da produção	Estratégia da produção
Escala de tempo	Curto prazo (Demanda × 1-12 meses)	Longo prazo (Demanda × 1-12 meses)
Nível de análise	Micro nível de processo	Macro nível de processo
Nível de agregação	Detalhado Como podemos melhorar nossos processos de compra?	Agregado Devemos fazer alianças estratégicas com fornecedores?

Fonte: Elaborado com base em Seixas, 2016; Slack; Chambers; Johnston, 2009, p. 3-25, 69-77.

Os grupos de interesse também são chamados de *stakeholders*. Conforme Freeman (1984, p. 5), esse termo vem do inglês *stake* (interesse) e *holder* (aquele que possui e refere-se a "pessoas ou grupos de pessoas estratégicas que fazem investimento e têm interesse no mercado de uma empresa ou nas atividades da operação produtiva".

A Figura 3.9 apresenta, os objetivos estratégicos amplos para uma operação aplicados a grupos de interesse.

Figura 3.9 – Objetivos estratégicos amplos

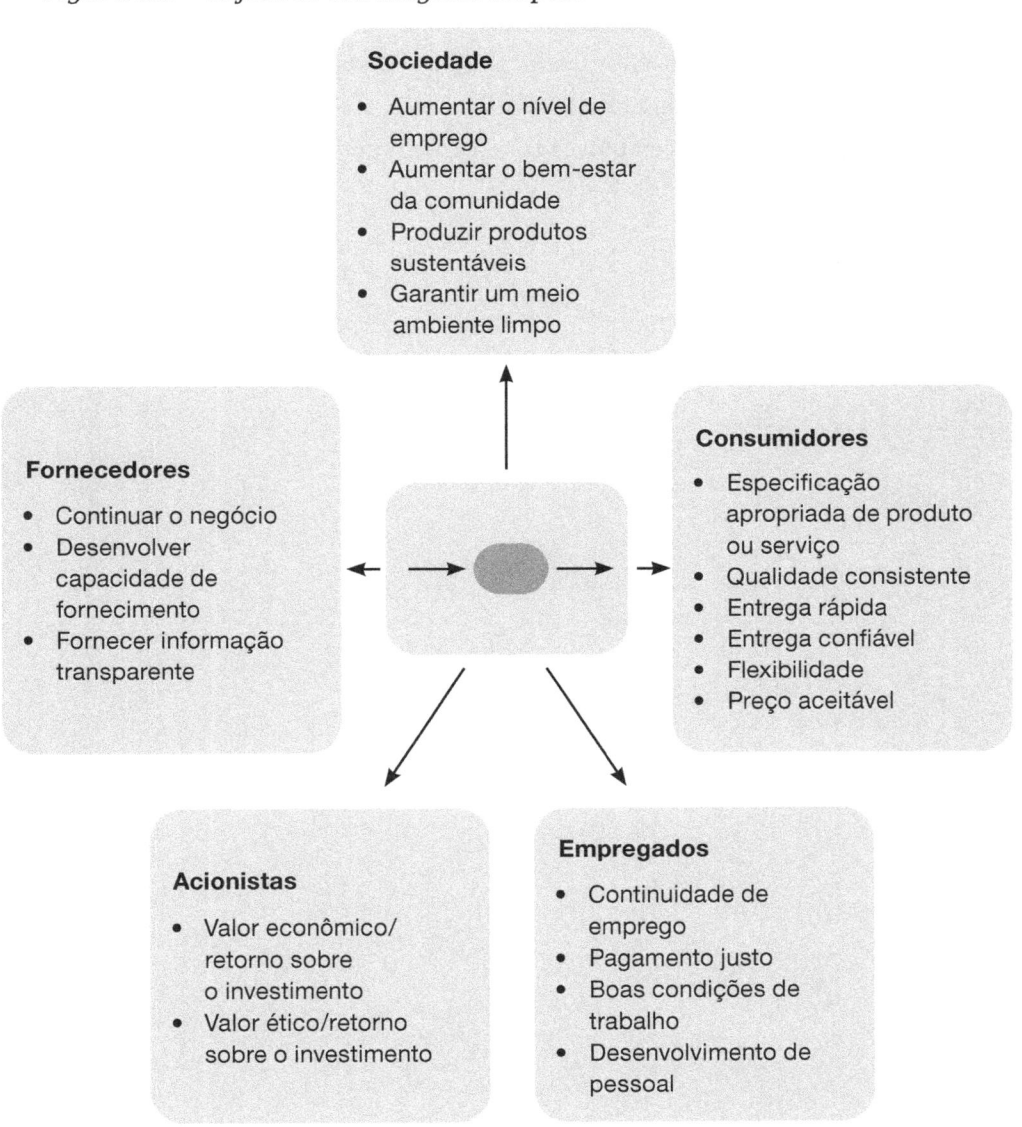

Sociedade
- Aumentar o nível de emprego
- Aumentar o bem-estar da comunidade
- Produzir produtos sustentáveis
- Garantir um meio ambiente limpo

Fornecedores
- Continuar o negócio
- Desenvolver capacidade de fornecimento
- Fornecer informação transparente

Consumidores
- Especificação apropriada de produto ou serviço
- Qualidade consistente
- Entrega rápida
- Entrega confiável
- Flexibilidade
- Preço aceitável

Acionistas
- Valor econômico/retorno sobre o investimento
- Valor ético/retorno sobre o investimento

Empregados
- Continuidade de emprego
- Pagamento justo
- Boas condições de trabalho
- Desenvolvimento de pessoal

Fonte: Slack; Chambers; Johnston, 2002, p. 69.

Para Seixas (2016), os produtos e os serviços são adquiridos e consumidos com o intuito de aumentar o grau de satisfação dos desejos do consumidor, envolvendo, assim, os atributos tangíveis e intangíveis. Segundo Yanaze (2011, p. 5), é a soma dos atributos tangíveis e intangíveis de um produto/serviço que o faz único e diferente:

> O conhecimento efetivo dos atributos possibilita à empresa maximizá-los, de modo a incrementar a percepção dos seus clientes em relação a esses atributos que oferece. Quanto maior o número de atributos intangíveis agregados aos produtos percebidos pelos clientes, maior será o seu diferencial perante os concorrentes. Assim, as empresas são cada vez mais obrigadas a adicionar atributos intangíveis aos tangíveis, pois a combinação desses atributos pode definir o sucesso ou insucesso.

3.3 Objetivos da função produção

Os objetivos da função produção são identificar, compreender e satisfazer os interesses (ainda que conflitantes) de seus grupos de interesse, os *stakeholders*, e estabelecer suas necessidades estratégicas. Portanto, para que os objetivos de desempenho de produção atendam aos anseios dos clientes, precisam ser aplicados dez princípios fundamentais (Bilhim, 2009):

1. **Informação**: para obter um bom desempenho e sucesso em qualquer área (em nível estratégico, tático ou operacional), todos devem estar bem informados de suas responsabilidades, competências e delegações em relação à visão e à missão da organização. Esse princípio considera, ainda, que é necessário ouvir claramente o que o cliente (mercado) deseja.

2. **Satisfação total dos clientes**: é assegurar a satisfação dos clientes (internos, externos e *stakeholders*) por meio de uma boa administração, devendo-se focar ações para atender e superar suas expectativas. A voz do cliente é ouvida respeitando-se suas necessidades e seu grau de percepção do produto ou serviço oferecido.

3. **Propósitos**: trata-se do estímulo à adoção de novos princípios que colaboram para a fixação de novos valores. É necessário haver persistência e incentivados constantemente, pois seu processo é lento e gradativo.

4. **Postura participativa**: é a valorização dos envolvidos no negócio da organização com clima participativo, foco no espírito de equipe e sinergia.

5. **Desenvolvimento de recursos humanos**: os resultados são obtidos por meio do equilíbrio entre os interesses individuais e da organização, da satisfação e motivação dos colaboradores e da melhoria de sua qualidade de vida. O resultado é uma cultura participativa e uma produtividade qualificada.

6. **Aperfeiçoamento**: consiste na atualização e adequação às mudanças, às novas tecnologias, aos costumes, aos processos da organização e às exigências dos clientes. O objetivo é antecipar-se às mudanças para atender as expectativas dos clientes, manter-se competitivo no mercado e garantir a qualidade dos produtos e serviços.

7. **Delegar**: esse ato resulta em melhores indicadores.

8. **Eliminar os erros**: deve ser implementada uma cultura da busca contínua pelo produto ou serviço perfeito, pois o nível de padronização de desempenho em qualquer processo não deve conter erros.
9. **Garantia da qualidade**: a qualidade tem como premissa a realização do produto ou serviço planejado por meio da formalização dos processos.
10. **Processos gerenciados**: a administração de conflitos entre as atividades e a harmonização das áreas colaboram para que todas as partes envolvidas (clientes internos, clientes externos e fornecedores) estejam em conformidade com o processo planejado.

3.3.1 Os cinco objetivos de desempenho

Para chegar a esse resultado do processo decisório da produção, deve-se adotar um conjunto de objetivos. Slack, Chambers e Johnston (2009, p. 40) elencam cinco objetivos:

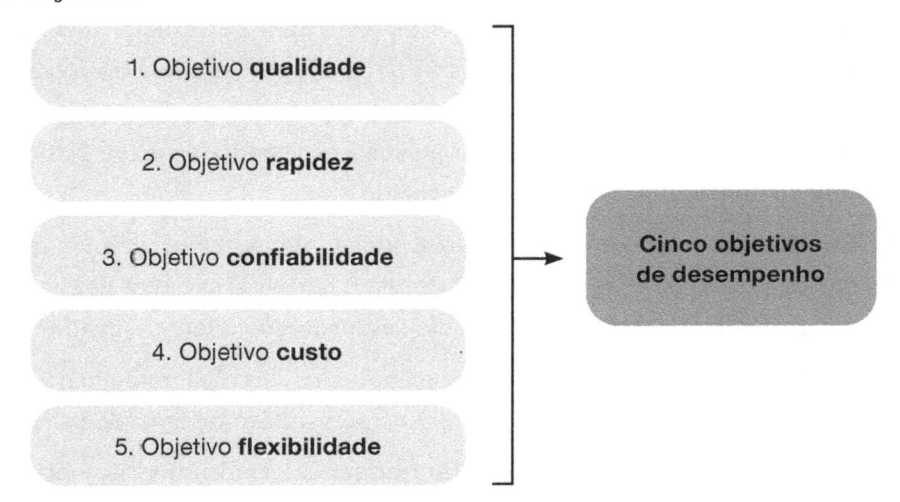

1. Objetivo **qualidade**
2. Objetivo **rapidez**
3. Objetivo **confiabilidade** → **Cinco objetivos de desempenho**
4. Objetivo **custo**
5. Objetivo **flexibilidade**

Objetivo qualidade
Conforme Slack, Chambers e Johnston (2009, p. 40), algumas vezes, a qualidade é a parte mais visível da operação. Além do mais, é algo que o consumidor considera relativamente fácil de julgar a respeito da operação.

Objetivo rapidez
A rapidez está relacionada ao tempo gasto entre a chegada de um pedido e sua efetiva entrega ao consumidor, também denominado *lead time*. Já para Erickesen, Stoflet e Suri (2007), *lead time* significa "tempo do caminho crítico da manufatura" (em inglês, *manufacturing critical-path time* – MCT). Os autores também

descrevem o MCT como "a típica quantidade de tempo, em dias corridos, desde a criação da ordem, passando pelo caminho crítico, até que pelo menos uma peça do pedido seja entregue ao cliente" (Ericksen; Stoflet; Suri, 2007 p. 2, tradução nossa).

Dessa forma, os objetivos da rapidez são:

- reduzir o tempo de espera do consumidor para receber;
- enriquecer a oferta – quanto mais rápido, melhor;
- conseguir maior agilidade nos processos;
- reduzir estoques;
- reduzir o risco de produzir algo errado.

Slack, Chambers e Johnston (2009, p. 42) ressaltam que, "para a maioria dos bens e serviços, quanto mais rápidos estiverem disponíveis para o consumidor, mais provável é que este venha a comprá-los, mais provável é que venha a pagar mais por eles e maiores serão os benefícios que receberá".

Objetivo confiabilidade

Para cumprir os objetivos da confiabilidade, é necessário:

- fazer as coisas no prazo estipulado;
- que o consumidor só julgue depois de ter consumido o produto ou serviço;
- economia de dinheiro;

Ao fazer as coisas a tempo, a produção procura influenciar a confiabilidade em relação à entrega de bens e serviços. Externamente, a confiabilidade é um aspecto importante do serviço ao consumidor. Internamente, a confiabilidade dentro da produção aumenta a confiabilidade operacional, economizando-se tempo e dinheiro que seriam gastos para solucionar problemas de confiabilidade e também dando mais estabilidade à operação (Slack; Chambers; Johnston, 2009, p. 54).

Objetivo custo

Ao planejar os recursos financeiros para que haja lucro do produto ou serviço, é necessário ter em mente quais são os objetivos do custo. O objetivo custo:

- é fundamental para quem concorre por preço;
- determina a contribuição para o lucro;
- reflete em que foram gastos os recursos;
- é influenciado por outros objetivos.

Paranhos Filho (2007, p. 156) define a produtividade pela fórmula a seguir:

$$\text{produtividade} = \frac{\text{medida do } \textit{output}}{\text{medida do } \textit{input}}$$

Portanto, quanto menor o custo para produzir bens e/ou serviços, maior será o lucro e menor será o preço de venda a ser oferecido aos clientes internos ou externos.

Objetivo flexibilidade

Está associado à capacidade de mudar a operação. Internamente, traz vantagens, pois agiliza a resposta (o serviço rápido depende da flexibilidade da operação), economiza tempo (pessoal com habilidade de adaptar-se rapidamente à situação) e ajuda a manter a confiabilidade (reage rapidamente a imprevistos).

O objetivo flexibilidade significa mudar a capacidade da operação. Esta deve atender a quatro tipos de exigência:

1. **Flexibilidade de produto/serviço**: é a competência de a operação incorporar novos produtos e serviços.

2. **Flexibilidade de composto (*mix*)**: é a competência de fornecer uma ampla variedade ou um composto de produtos e serviços.

3. **Flexibilidade de volume**: é a competência de a operação modificar seu nível de saída ou de atividade.

4. **Flexibilidade de entrega**: é a competência de modificar a programação de entrega do produto ou serviço.

É possível observar, na Figura 3.10, como se apresenta cada objetivo de desempenho para a função produção e como estes influenciam nos valores representativos para os clientes internos e externos.

Figura 3.10 – Efeitos externos e internos dos cinco objetivos de desempenho

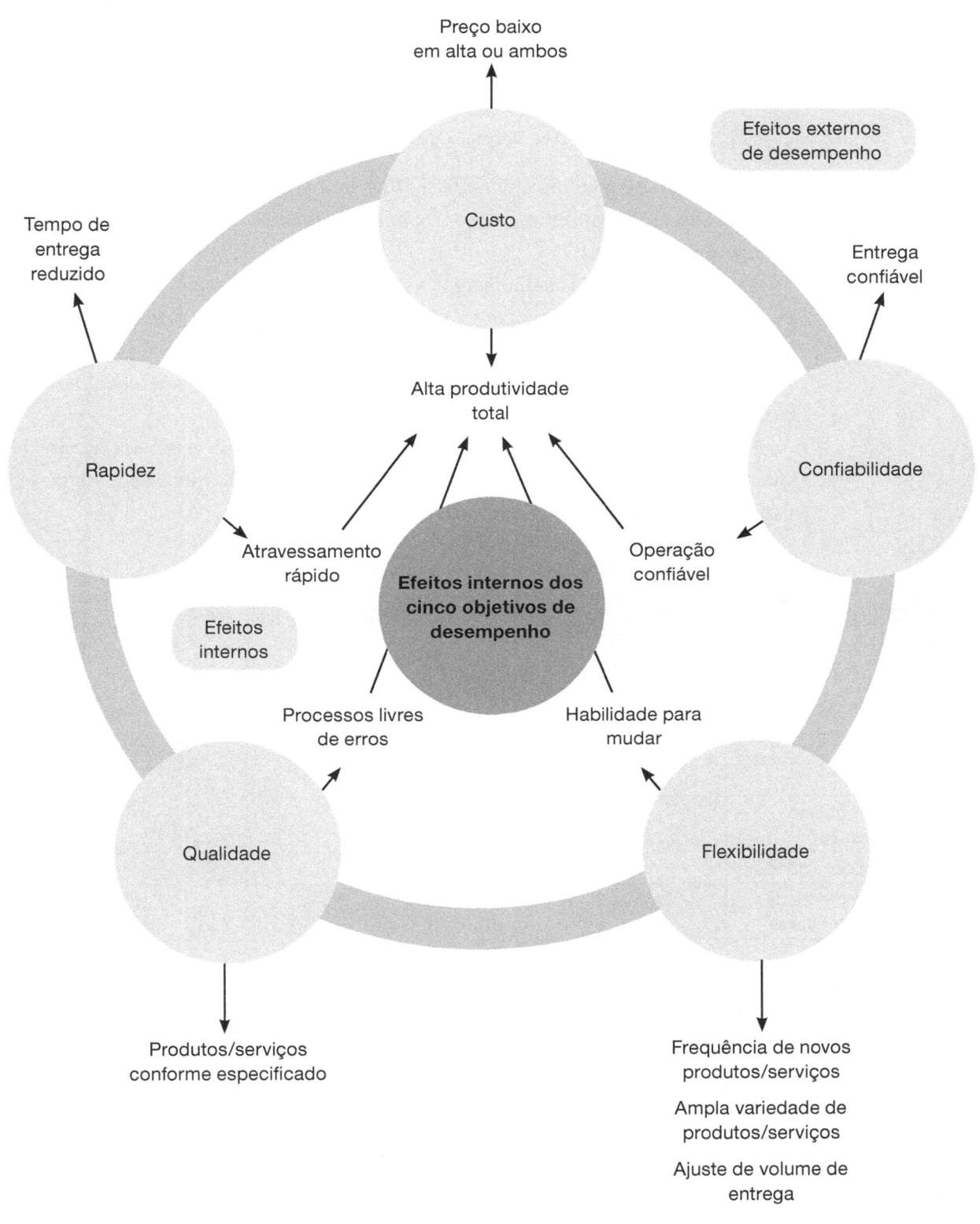

Preço baixo em alta ou ambos

Efeitos externos de desempenho

Custo

Tempo de entrega reduzido

Entrega confiável

Rapidez

Confiabilidade

Alta produtividade total

Atravessamento rápido

Operação confiável

Efeitos internos dos cinco objetivos de desempenho

Efeitos internos

Processos livres de erros

Habilidade para mudar

Qualidade

Flexibilidade

Produtos/serviços conforme especificado

Frequência de novos produtos/serviços

Ampla variedade de produtos/serviços

Ajuste de volume de entrega

Fonte: Elaborado com base em Slack; Chambers; Johnston, 2009, p. 40.

[Estratégia de produção]

Juran e Godfrey (1999, p. 27) observam que

> as características dos produtos e os índices de falhas são determinados, em grande parte, durante o planejamento para a qualidade. Sem a qualidade embutida (nos bens e serviços), sofremos falhas de todos os tipos: interrupções no fornecimento de energia, nas comunicações e nos transportes, serviços públicos inoperantes.

Isso demonstra, conforme Aaker (2001), a confiabilidade que a empresa oferece a seus clientes e que a opção pela qualidade é uma tática que supera a concorrência.

Senge (2006, p. 239) assinala que "As organizações que tencionam criar visões compartilhadas estimulam continuamente seus integrantes a desenvolver suas visões pessoais. Se não tiver sua própria visão, restará às pessoas simplesmente 'assinar em baixo' a visão do outro. O resultado é a aceitação, nunca o comprometimento".

Para melhorar a visualização e o entendimento, a fim de estabelecer critérios que proporcionam objetivos de desempenho, é necessário que se construa uma tabela de priorização (Quadro 3.6).

Quadro 3.6 – Tabela de objetivos de desempenho

Estratégias de:	Qualidade	Rapidez	Confiabilidade	Flexibilidade	Custo
Desenvolvimento de produtos e serviços					
Integração vertical					
Instalações					
Tecnologia					
Força de trabalho e organização					
Ajuste de capacidade					
Desenvolvimento de novos fornecedores					
Estoques					
Sistemas de planejamento e estoque					
Processo de melhoria					
Prevenção e recuperação de falhas					

Fonte: Senge, 2006, p. 239.

Segundo Aaker (2001) e Campos (2004), as primeiras avaliações dos clientes são estratégias de diferenciação e permitem controlar a qualidade dos serviços. Elas medem aspectos como:
- organização física e administrativa;
- atenção;
- compromisso;
- competência e segurança no que fazem;
- melhoria contínua;
- definição dos padrões com base nas necessidades das pessoas.

Moreira (1999) ressalta que a qualidade em serviços é constituída por três meios:
- bens empregados, que podem ser tangíveis ou intangíveis;
- local em que ocorre o serviço;
- serviço prestado.

Assim, Slack, Chambers e Johnston (2009) afirmam que, "se a empresa melhorar o desempenho dos custos, automaticamente melhora-se o desempenho dos outros objetivos operacionais".

Representação polar dos objetivos de desempenho

Segundo Slack, Chambers e Johnston (2009), a representação polar é a forma de demonstrar a importância de cada objetivo de desempenho. As escalas têm a mesma origem e uma linha representa a importância relativa de cada objetivo de desempenho. Como exemplo, foram ilustrados dois serviços: um bancário de varejo e outro bancário corporativo. Os autores observam que, "quanto mais perto a linha estiver de seu ponto de origem comum, menos importante será o objetivo de desempenho para a operação" (Slack, Chambers e Johnston, 2009, p. 52).

Figura 3.11 – Representação polar

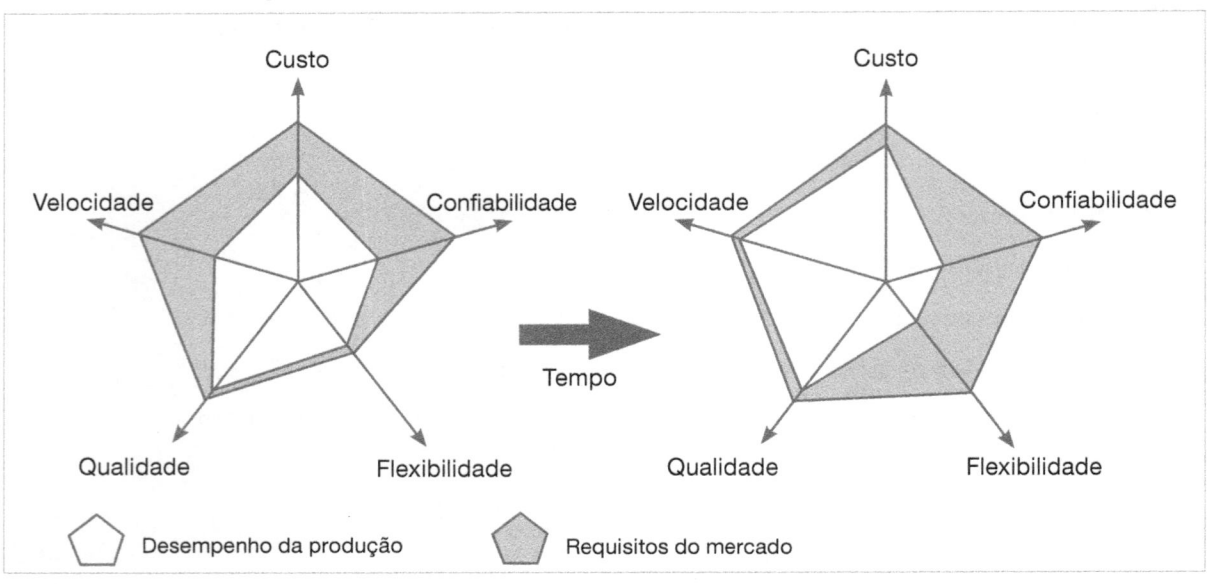

Fonte: Slack et al.. 2006, p. 445.

3.4 Perspectivas da estratégia

De acordo com Slack, Chambers e Johnston (2009, p. 62), a estratégia da produção é uma parte da estratégia geral da empresa. Alguns autores, porém, tratam desse tema de pontos de vista diferentes. Os autores mencionados seguem tal diretriz pelo fato de a decisão estratégica requerer uma visão global dos fatos e não de determinados pontos de vista. Com isso, segundo os ensinamentos estratégicos, existem quatro perspectivas da estratégia, indicadas na Figura 3.12.

Figura 3.12 – Perspectivas da estratégia da produção

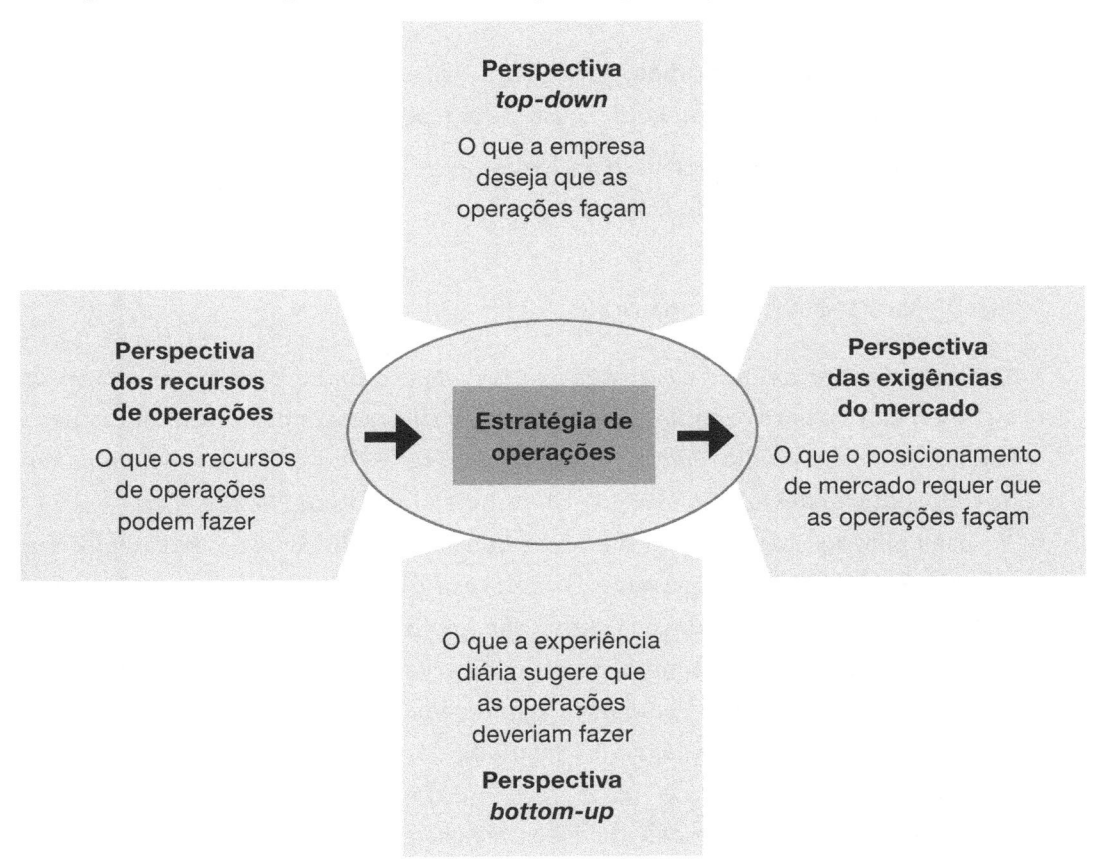

Perspectiva top-down
O que a empresa deseja que as operações façam

Perspectiva dos recursos de operações
O que os recursos de operações podem fazer

Estratégia de operações

Perspectiva das exigências do mercado
O que o posicionamento de mercado requer que as operações façam

O que a experiência diária sugere que as operações deveriam fazer
Perspectiva bottom-up

Fonte: Slack; Chambers; Johnston, 2002, p. 69.

3.4.1 Perspectiva *top-down*

A perspectiva *top-down* é a estratégia da produção e constitui um reflexo de cima para baixo (*top-down*) ou do amplo para o específico do que o grupo ou o negócio deseja fazer (Slack; Chambers; Johnston, 2009, p. 61).

Toda empresa diversificada, pequena, média ou grande, necessita de um plano estratégico, de ordem econômica, política e social, para ingressar ou manter-se no mercado globalizado. Precisa, também, de unidades de negócios que estabelecerão as estratégias personalizadas e tomarão as decisões sobre os grupos de negócios em que a empresa deseja investir em âmbito nacional ou internacional. Com isso, tais decisões formam a estratégia corporativa da organização:

- **Hierarquia das estratégias e estratégia corporativa**: são decisões sobre os tipos de negócio em que o grupo deseja investir, em quais locais no mundo etc.
- **Estratégia de negócios**: guia a empresa em relação a seus consumidores, concorrentes e *stakeholders* em cada tipo de negócio.
- **Estratégia funcional**: verifica o que cada função deve desempenhar dentro de cada empresa do negócio.

3.4.2 Perspectiva *bottom-up*

A perspectiva *bottom-up* é a estratégia da produção de baixo para cima (*bottom-up*) ou do específico para o amplo, em que as melhorias na produção cumulativamente constroem a estratégia. Em outras palavras, seria "o que a experiência sugere que a produção deva fazer" (Slack; Chambers; Johnston, 2009, p. 62).

Essa perspectiva oferece uma visão doutrinária de como as estratégias funcionais deveriam ser preparadas. A empresa que se propõe a rever sua estratégia deve atentar às situações ocorridas, moldadas pela experiência do nível operacional ao longo do tempo, ou seja, à curva de aprendizagem da vida real e à forma como as coisas realmente acontecem, denominada *conceito de estratégias emergentes*, e analisar a capacidade de reação perante o mercado e os concorrentes.

As estratégias emergentes obedecem aos seguintes princípios:

- estratégia baseada na experiência operacional;
- adaptação dos objetivos e das ações da produção, pelo menos em parte, tendo em vista o conhecimento adquirido nas atividades diárias.

3.4.3 Perspectiva dos requisitos do mercado

Slack, Chambers e Johnston (2009, p. 64) afirmam que, "apesar de este tema ser mais voltado à função *marketing*, conhecer o mercado é também uma atribuição importante para a administração da produção". Essa perspectiva considera os requisitos ou o posicionamento do mercado em decisões da produção, ou seja, o que o mercado quer. Com isso, nenhuma empresa que falha frequentemente ao servir seu mercado de atuação tem chance de sobreviver a longo prazo.

Influência dos consumidores nos objetivos de desempenho

A produção busca contentar os clientes, desenvolvendo seus cinco objetivos de desempenho (custos, qualidade, flexibilidade, rapidez e confiabilidade).

Esses objetivos definem as exigências dos clientes e são chamados *fatores competitivos*.

Dessa forma, para os consumidores que valorizam produtos/serviços com preço baixo, a produção dará destaque a seu desempenho em custos. Por outro lado, para consumidores que dão ênfase à rapidez de entrega, o destaque será na velocidade produtiva.

Objetivos qualificadores e ganhadores de pedidos

De acordo com Montgomery e Porter (1998) e Slack, Chambers e Johnston (2009), a estratégia competitiva visa à escolha de um arranjo de atividades para que se saiba o que deve ou não fazer. Trata-se de uma análise de alternativas excludentes, denominadas *trade-offs*.

Os fatores competitivos têm importância relativa na distinção entre os critérios ganhadores de pedidos, os critérios qualificadores de pedidos e os critérios menos importantes para cada grupo.

Critérios ganhadores de pedidos (fatores críticos de sucesso)

O objetivo de desempenho proporciona vantagem competitiva em face dos clientes:

- Contribuem direta e significativamente para a efetivação de um negócio, ou seja, para ganhar o pedido.

- São avaliados pelos consumidores como razões-chave de um negócio e/ou razões para comprar produtos e serviços.

- O aumento do desempenho da empresa em critério ganhador de pedido resulta em mais pedidos ou melhora a probabilidade de ganhar mais pedidos.

Critérios qualificadores de pedidos

- Satisfazem a um nível superior de desempenho da produção; caso esteja abaixo desse nível, o cliente provavelmente desqualificará a companhia.
- Determinam o sucesso competitivo e necessitam estar em torno da média do padrão do setor industrial.

Critérios menos importantes

- Não influenciam o cliente de forma significativa, pois o objetivo principal de desempenho não é considerado pelos clientes, podendo ser considerado no futuro.

Assim, os fatores competitivos distintos resultam em objetivos de desempenho diversos. Nenhum dos quatro critérios sozinhos possibilita uma visão geral do que constitui a estratégia de produção. Com isso, a estratégia de produção explora as competências dos recursos da produção de bens ou serviços nos mercados de atuação e define as perspectivas dos requisitos do mercado, bem como:

- a satisfação dos clientes com base na influência dos concorrentes e dos consumidores;
- os critérios-chave para a aquisição do produto ou serviço;
- o ciclo de vida do produto/serviço: introdução, crescimento, maturidade e declínio;
- a relação clientes diferentes × objetivos diferentes.

Figura 3.13 – Perspectivas dos requisitos do mercado

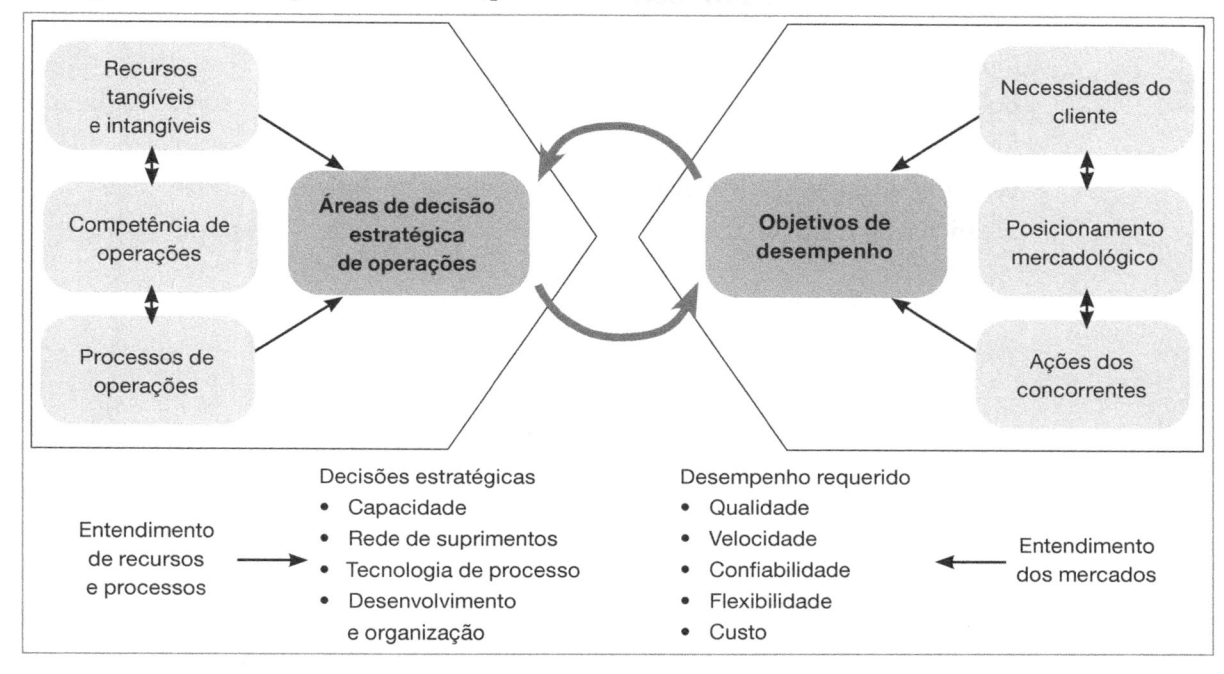

```
    Recursos                                                        Necessidades do
    tangíveis                                                           cliente
  e intangíveis
       ↕                                                                   ↕
                        Áreas de decisão              Objetivos de
   Competência de        estratégica                  desempenho        Posicionamento
     operações            de operações                                  mercadológico
       ↕                                                                   ↕
    Processos de                                                        Ações dos
     operações                                                         concorrentes
```

	Decisões estratégicas	Desempenho requerido	
Entendimento de recursos e processos →	• Capacidade • Rede de suprimentos • Tecnologia de processo • Desenvolvimento e organização	• Qualidade • Velocidade • Confiabilidade • Flexibilidade • Custo	← Entendimento dos mercados

Fonte: Slack e Lewis, 2009, p. 47.

Figura 3.14 – Ciclo de vida do produto

Volume de vendas	Introdução no mercado	Crescimento em aceitação no mercado	Maturidade do mercado, vendas niveladas	Declínio à medida que o mercado torna-se saturado
Consumidores	Inovadores	Consumidores pioneiros	Grande fatia de mercado	Retardatários
Concorrentes	Poucos/nenhum	Número crescente	Número estável	Número em declínio
Prováveis ganhadores de pedido	Especificação do produto/serviço	Disponibilidade	Preço baixo Fornecimento confiável	Preço baixo
Prováveis qualificadores	Qualidade Gama	Preço Gama	Gama Qualidade	Fornecimento confiável
Principais objetivos de desempenho das operações	Flexibilidade Qualidade	Velocidade Confiabilidade Qualidade	Custo Confiabilidade	Custo

Fonte: Slack; Chambers; Johnston, 2009, p. 70.

3.4.4 Perspectiva dos recursos da produção

A perspectiva dos recursos da produção considera os meios de execução da produção, ou seja, os processos de obtenção de bens ou serviços a serem realizados. As principais influências para a estratégia são a competência e as capacidades centrais. A estratégia de produção compreende os anseios do mercado a fim de alcançar os objetivos de desempenho e a influência do consumidor.

Figura 3.15 – Perspectiva dos recursos da produção

- Estratégia corporativa
- Estratégia de negócios
- **Top-down**

- Capacidade
- Rede de fornecedores
- Tecnologia de processo
- Desenvolvimento e organização

Recursos operacionais ↔ **Requisitos de mercado**

- Qualidade
- Velocidade
- Confiabilidade
- Flexibilidade
- Custo

- **bottom-up**
- (emergente) O que a estratégia deve ser
- Experiência operacional

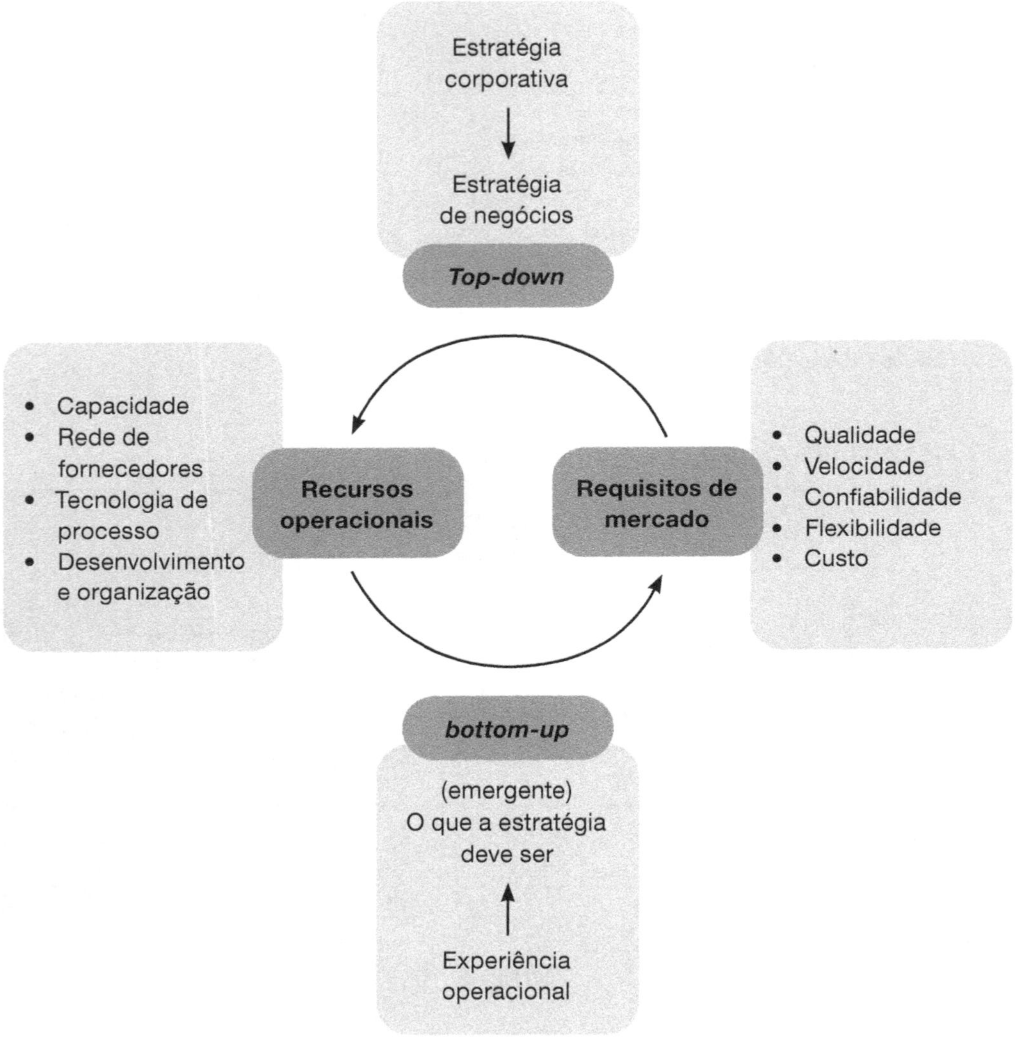

Fonte: Elaborado com base em Slack; Chambers; Johnston, 2009, p. 62-77.

De acordo com Barney (1991), uma teoria que influencia na estratégia de produção é a visão baseada em recursos (em inglês, *Resource Based View* – RBV), considerando-se os recursos e as competências da empresa. Em um plano rápido, a RBV considera que as organizações cujo desempenho estratégico esteja acima da média possuem vantagens competitivas em razão de suas competências ou capacitações centrais de seus recursos. Estes podem estar relacionados à estratégia competitiva por menor custo total, ou seja, que depende da utilização de tecnologias, mão de obra e matéria-prima mais barata para a obtenção de economia no processo de fabricação, ou à estratégia competitiva por diferenciação de produto, em que este depende de marcas, patentes, redes de distribuição e de serviços. Esses recursos podem ser classificados em:

- **capital físico**: tecnologia, máquinas e equipamentos, localização geográfica;
- **capital humano**: capacidade intelectual dentro da organização;
- **capital organizacional**: estrutura formal da organização, seus planos de controle e sistemas internos de coordenação.

A vantagem competitiva surge quando uma empresa implementa uma estratégia de criação de valor que não está sendo implementada pelos seus concorrentes. Portanto, quando essa empresa adquire um caráter competitivo e seus concorrentes não conseguem imitá-la, pois está em melhores condições estratégicas, ela se torna sustentável. Barney (1991) descreve quatro características que as organizações devem ter para que se tornem fonte de vantagem competitiva sustentável: valor, raridade, dificuldade de imitar e dificuldade para substituir.

Essa vantagem competitiva sustentável melhora a eficiência e a eficácia da organização, bem como seus recursos valiosos, ou seja, que a capacitam para atuar em relação ao ambiente, explorando oportunidades e mitigando ameaças (forças, fraquezas, oportunidades e ameaças – matriz SWOT).

3.4.5 Restrições e capacidades dos recursos

Cada empresa precisa escolher em qual parte do mercado deseja estar e considerar suas habilidades e competências em produzir bens e serviços de forma a satisfazer as necessidades e os anseios de seus clientes. É necessário observar:

- recursos de transformação e recursos transformados;
- processos e recursos intangíveis;
- relacionamento com fornecedores, índole, conhecimento, experiência etc.;
- decisões estruturais e infraestruturas.

Dessa forma, as estratégias de produção dividem-se entre aquelas que:

- determinam a estrutura da produção e estão ligadas às atividades de projeto; ou
- determinam sua infraestrutura e estão ligadas à força de trabalho de uma organização ou a atividades de planejamento, controle e melhoria.

Quadro 3.7 – Decisões estratégicas estruturais

Decisões estratégicas estruturais	Questões características que devem ser respondidas pela estratégia
Estratégia de desenvolvimento de novos produtos e processos	• A operação produtiva deveria desenvolver suas próprias ideias de novos produtos/serviços ou deve basear-se na liderança dos outros? • Quais produtos desenvolver e como gerenciar o desenvolvimento?
Estratégia de integração vertical	• A operação deve expandir-se, adquirindo seus fornecimentos ou clientes? • Se sim, quais fornecedores e quais clientes?
Estratégia de instalações	• Que número de locais geograficamente separados as operações devem ter? • Onde devem estar localizadas as instalações de produção?
Estratégia de tecnologia	• Deve-se usar tecnologia de ponta ou tecnologia estabelecida? • Quais tecnologias devem ser desenvolvidas e quais comprar?
Estratégia da organização e de recursos humanos	• Qual deve ser o papel da operação na gestão? • Como alocar a responsabilidade da produção aos diferentes grupos? • Quais habilidades devem ser desenvolvidas no pessoal de produção?
Estratégia de ajuste de capacidade	• Como a produção deve monitorar a demanda por produtos? • Como a produção ajusta seus níveis de atividade em relação à demanda flutuante?
Estratégia de desenvolvimento de fornecedores	• Como a produção deve escolher seus fornecedores? • Como a produção relaciona-se com seus fornecedores e monitora o desempenho deles?
Estratégia de estoques	• Como a produção deve decidir questões relacionadas à sua localização? • Como a produção controla o tamanho e a composição de seus estoques?
Estratégia de sistemas de planejamento de controle	• Qual sistema de operação a empresa deveria usar para planejar suas atividades? • Como a operação deveria decidir sobre os recursos a serem alocados ente as várias atividades?
Estratégia de melhoria	• Como poderia ser medido o desempenho da produção? • Como a produção poderia decidir qual é o nível de desempenho satisfatório? • Quem deveria estar envolvido no processo de melhoria?

Fonte: Elaborado com base em Barney, 1991, p. 99-112.

3.5 Processos e perspectivas da estratégia de produção

Segundo Kotler (2000, p. 86), o planejamento estratégico é o "processo gerencial de desenvolver e manter um ajuste viável entre objetivos, habilidades e recursos de uma organização e as oportunidades de um mercado em contínua mudança" e seu objetivo é "dar forma aos negócios e produtos de uma empresa, de modo que eles possibilitem os lucros e o crescimento almejados".

Poucas pesquisas foram feitas para o progresso e a ampliação dos modelos da estratégia de produção mais adequada à produção de bens e serviços. Porém, autores como Hayes e Wheelwright (1984), Slack (1993), Hill (1993) e Platts et al. (1996) propõem modelos para a elaboração de estratégias.

3.5.1 Modelo de Hayes e Wheelwright

Hayes e Wheelwright (1984) descrevem um modelo de quatro estágios para avaliar a contribuição da função produção, descritos no Quadro 3.8.

Quadro 3.8 – Estágios da contribuição da função produção

Estágio 1	Neutralidade interna	• Pouca reação às mudanças internas e externas. • Não há contribuição significativa para o sucesso competitivo da organização.
Estágio 2	Neutralidade externa	• Seguem-se as práticas da indústria. • Há uma comparação entre as empresas com funções produção semelhantes. • Pode resultar em melhorias no processo.
Estágio 3	Apoio interno	• A produção sustenta a estratégia de negócio. • Há investimentos em criatividade para desenvolvimento e tendências de novos produtos.
Estágio 4	Apoio externo	• A engenharia e o *marketing* fazem previsões de novas tecnologias e práticas produtivas. • A produção testa as decisões importantes tomadas pela engenharia e pelo *marketing*. • Capacitam-se os operadores com os novos programas da empresa.

Figura 3.16 – Estágios de Hayes e Wheelwright

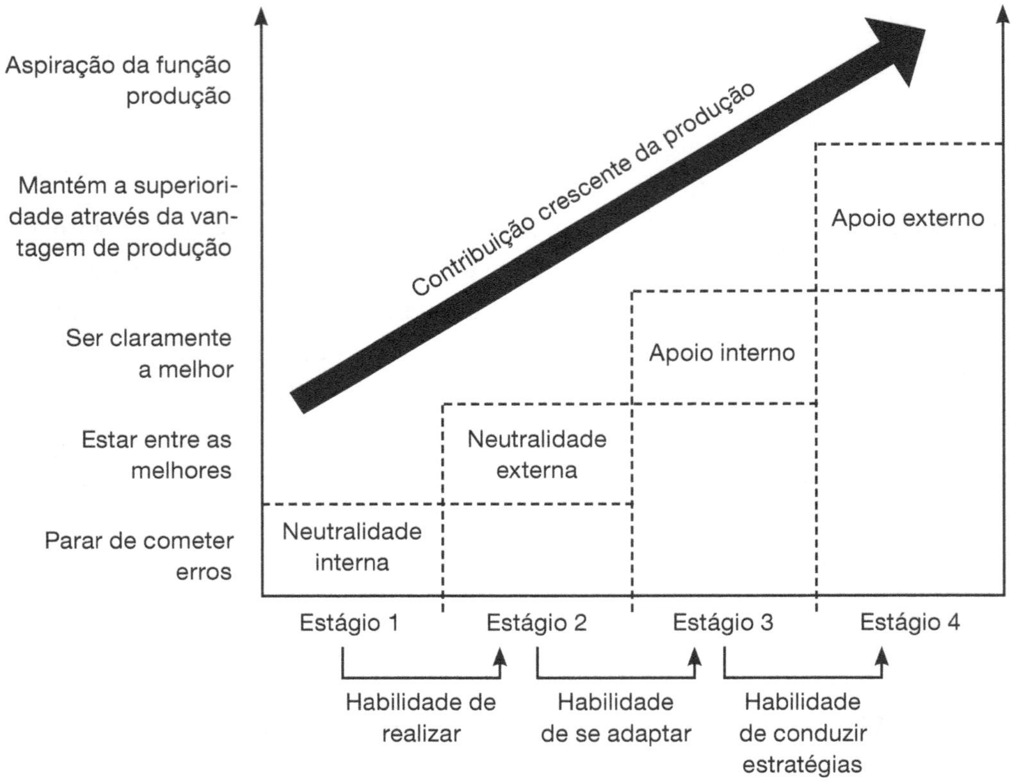

Aspiração da função produção — Apoio externo (Estágio 4)
Mantém a superioridade através da vantagem de produção
Ser claramente a melhor — Apoio interno (Estágio 3)
Estar entre as melhores — Neutralidade externa (Estágio 2)
Parar de cometer erros — Neutralidade interna (Estágio 1)

Contribuição crescente da produção

- Entre Estágio 1 e 2: Habilidade de realizar
- Entre Estágio 2 e 3: Habilidade de se adaptar
- Entre Estágio 3 e 4: Habilidade de conduzir estratégias

Fonte: Elaborado com base em Slack; Chambers; Johnston, 2009, p. 38-39.

3.5.2 Modelo de Hill

A estratégia da manufatura, segundo Hill (1993), compreende uma grande quantidade de soluções correspondentes a métodos, bens e serviços de infraestrutura que, com o decorrer do tempo, propiciam o suporte essencial para os critérios qualificadores e os critérios ganhadores de pedidos descritos por Porter (1998) e referentes às distintas divisões de mercado.

Para isso, Hill (1993) indica a aplicação de cinco passos clássicos e básicos (Quadro 3.9), que interligam a produção e as avaliações do *marketing* organizacional e com base nos quais a empresa avalia o nível em que poderá manter seus produtos no mercado, utilizando, para tanto, os critérios ganhadores de pedidos e o conceito de ciclo de vida do produto (CVP).

Quadro 3.9 – Modelo de Hill

Passo 1	Passo 2	Passo 3	Passo 4	Passo 5
Objetivos corporativos	Estratégia de *marketing*	Como os produtos se qualificam e ganham pedidos no mercado?	Estratégia da manufatura	
			Escolha do processo	Infraestrutura
• Crescimento • Sobrevivência • Lucro • Retorno sobre o investimento • Outras medidas financeiras	• Produtos e segmentos de mercado • Amplitude de produtos • Extensão (*mix*) • Volumes • Padronização × customização • Nível de inovação • Liderar × seguir alternativas	• Preço • Qualidade de conformação • Entrega • Rapidez • Confiabilidade • Aumento de demanda • Amplitude de produtos • Projetos • Imagem da marca • Suporte técnico • Suporte pós-venda	• Escolha das alternativas do processo • *Trade-offs* intrínsecos à escolha do processo • Papel do inventário no formato do processo • Fazer ou comprar • Capacidade • Tamanho • Escolha do momento • Localização	• Função suporte da produção • PCP • Garantia da qualidade • Sistema de engenharia de manufatura • Procedimentos administrativos • Remuneração • Trabalho organizado • Estrutura organizacional

Fonte: Elaborado com base em Hill, 1993, p. 28.

3.5.3 Modelo de Slack

A estratégia de manufatura, conforme Slack (1993, p. 40), é "a associação dos trabalhos e das providências administradas a serem tomadas dentro da organização, para obter êxito competitivo no mercado". Essa estratégia está baseada em duas ideias:

1. os cinco objetivos de desempenho, ou seja, qualidade, velocidade, confiabilidade, flexibilidade e custos;

2. as inúmeras atividades da manufatura, como tecnologia, desenvolvimento, organização e cadeia de suprimentos (*supply chain management* – SCM).

Slack (1994), seguindo o mesmo modelo de Hill, cria uma matriz de importância e desempenho que consiste em formar um método lógico, incluindo o departamento de desenvolvimento de produtos como suporte para a caracterização da estratégia de manufatura. Esse modelo é verificado em uma matriz de escala de nove pontos, que compara os critérios estabelecidos, as prioridades dos clientes e seus concorrentes.

Quadro 3.10 – Matriz de escala de nove pontos

Importância	Desempenho
Critérios ganhadores de pedidos	**Melhor do que a concorrência**
1. Concede vantagem fundamental junto ao cliente – é o primordial impulso da competitividade.	1. Consistente e extraordinariamente melhor do que nosso concorrente mais forte.
2. Concede vantagem significativa junto ao cliente – é sempre apontado.	2. Consistente e obviamente melhor do que nosso concorrente mais forte.
3. Concede vantagem adequada junto à maioria dos clientes – é costumeiramente considerado.	3. Consistente e secundariamente melhor do que nosso concorrente mais forte.
Critérios qualificadores	**Igual à concorrência**
4. Necessita estar pelo menos logo acima da média do setor.	4. Frequentemente pouco melhor do que nosso melhor concorrente.
5. Necessita estar em torno da média do setor.	5. Aproximadamente na mesma categoria dos nossos melhores concorrentes.
6. Necessita estar a pouca distância da média do setor.	6. Frequentemente pouco atrás de nossos melhores concorrentes.
Critérios pouco relevantes	**Pior que a concorrência**
7. Na maioria das vezes, não é considerado pelos clientes, mas pode tornar-se mais importante no futuro.	7. Frequentemente pouco pior que a maioria de nossos principais concorrentes.
8. Raramente é considerado pelos clientes.	8. Normalmente pior do que a maioria de nossos concorrentes.
9. Nunca é considerado pelos clientes.	9. Frequentemente pior do que a maioria de nossos concorrentes.

Fonte: Elaborado com base em Slack, 1994.

Ao estruturar a estratégia, é possível notar que o modelo sugerido por Slack mostra a posição real da organização perante seus clientes e concorrentes.

3.5.4 Modelo de Platts e Gregory

Para Platts e Gregory (1990, p. 6, tradução nossa), "uma estratégia de produção define como a manufatura ajudará na realização dos negócios objetivos através do fornecimento de itens estruturais apropriados (edifícios, instalações de equipamentos etc.) e a infraestrutura apropriada (tripulação, organização, políticas de controle etc.) para garantir que as operações sejam eficazes".

Para desenvolverem esse modelo, Platts e Gregory utilizam três estágios:

- **Estágio 1**: compreensão da posição de mercado da organização.
- **Estágio 2**: avaliação das capacitações da operação.
- **Estágio 3**: desenvolvimento de novas estratégias de produção.

Platts e Gregory (1990, p. 18) elegem um sistema analítico e racional de auditoria que as organizações devem desenvolver e aplicar em suas estratégias de manufatura.

Quadro 3.11 – Sistema para auditoria de produção

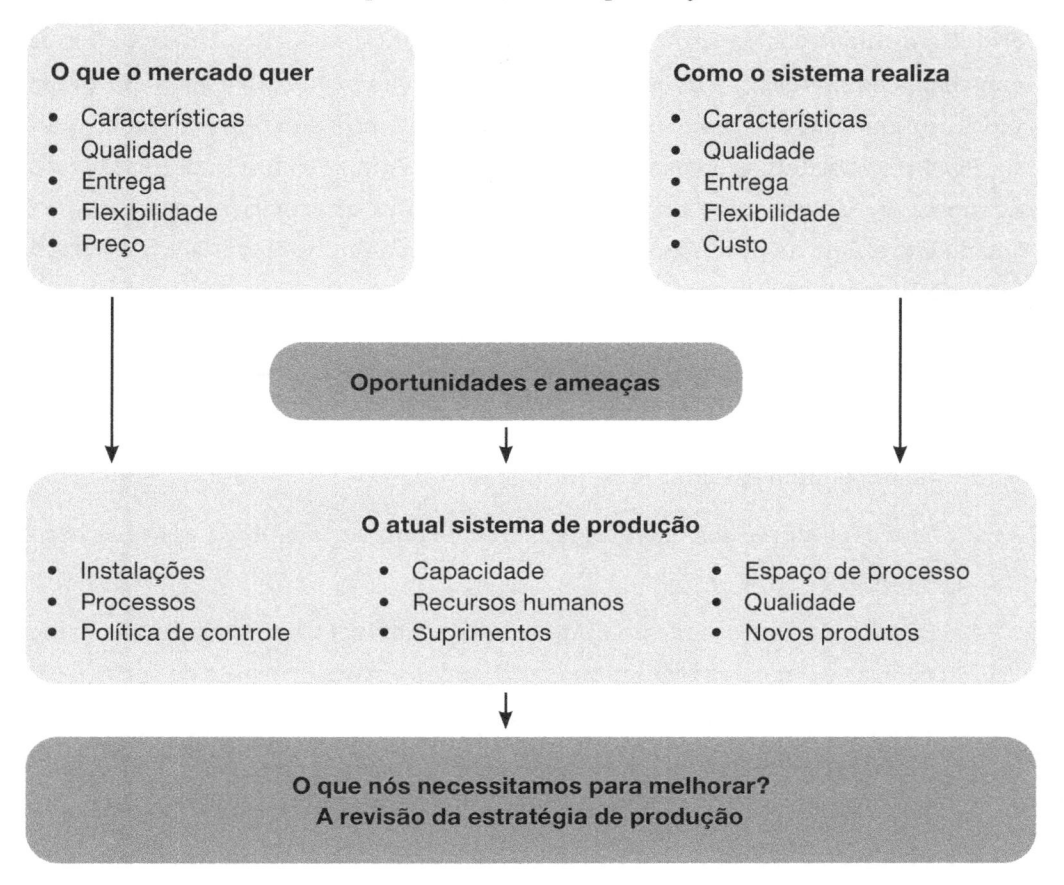

O que o mercado quer
- Características
- Qualidade
- Entrega
- Flexibilidade
- Preço

Como o sistema realiza
- Características
- Qualidade
- Entrega
- Flexibilidade
- Custo

Oportunidades e ameaças

O atual sistema de produção
- Instalações
- Processos
- Política de controle
- Capacidade
- Recursos humanos
- Suprimentos
- Espaço de processo
- Qualidade
- Novos produtos

O que nós necessitamos para melhorar?
A revisão da estratégia de produção

Fonte: Platts e Gregory, 1990, p. 18, tradução nossa.

■ Síntese ──────────────────────────────

Neste capítulo, vimos as estratégias de produção e como influenciam no sucesso ou no fracasso da organização. Analisamos os fatores competitivos e os objetivos de desempenho com foco no cliente, o envolvimento com as estratégias do negócio, o retorno financeiro, os defeitos crônicos, os recursos disponíveis proporcionais, o tempo de duração do projeto e os problemas mensuráveis.

Abordamos as métricas da estratégia de produção e apresentamos algumas terminologias básicas para um melhor entendimento dos assuntos discutidos. Assim, tratamos de conceitos como *kaizen*, *takt time*, risco e resiliência. Vimos o que é o diagrama de Ishikawa, como é construído, o que significam os 6 Ms (mão de obra, material, meio ambiente, método, máquina e medida) e como são compreendidos no gráfico em um processo de produção tradicional e na área de serviços. Também examinamos a análise SWOT, a matriz GUT, a excelência operacional e a matriz de priorização BASICO. Destacamos, ainda, o papel estratégico e os objetivos da produção, bem como os interesses dos *stakeholders* na empresa e no mercado. Vimos os objetivos da fução produção e seus dez princípios fundamentais, os cinco objetivos de desempenho e sua representação polar.

Por fim, abordamos as perspectivas da estratégia (*top-down*, das exigências do mercado, *bottom-up* e dos recursos de operação), os processos e as perspectivas da estratégia de produção considerando os modelos de Hayes e Wheelwright, Slack, Hill e Platts-Gregory.

■ Questões para revisão ─────────────────────────

1. Quais são as situações cruciais para o sucesso ou o fracasso na implantação de uma estratégia de produção?

2. Cite alguns passos estratégicos que devem ser seguidos em uma estratégia de produção.

3. Para que a construção do diagrama seja flexível quanto às causas principais, as categorias tradicionais utilizadas em um processo de serviço são:
    a. máquinas, métodos, materiais e mão de obra.
    b. meio ambiente, instalações, métodos e diagrama.
    c. medidas, diretrizes, materiais e meio ambiente organizacional.
    d. diretrizes, procedimentos, instalações e pessoal.
    e. material, meio ambiente físico, pessoal e métodos.

4. Os três estágios da excelência operacional são:
    a. desenho de processo, processo de qualificação e verificação de processo contínuo.
    b. gestão do conhecimento, sistema de gestão da qualidade e *kaizen*.
    c. gravidade, urgência e tendência.
    d. forças, fraquezas e oportunidades.
    e. emergência, urgência e ameaças.

5. Os cinco objetivos de desempenho em um processo decisório da produção são:

    a. recursos da produção, competência, capacidades centrais, criação de valor e vantagem competitiva.
    b. valor, raridade, dificuldade de imitar, capital físico e dificuldade para substituir.
    c. qualidade, rapidez, confiabilidade, custo e flexibilidade.
    d. estratégia de desenvolvimento de novos produtos e processos, estratégia de integração vertical, estratégia de instalações, estratégia de tecnologia e estratégia da organização e de recursos humanos.
    e. estratégia de ajuste de capacidade, estratégia de desenvolvimento de fornecedores, estratégia de estoques, estratégia de sistemas de planejamento de controle e estratégia de melhoria.

■ Questões para reflexão

1. Descreva a perspectiva da estratégia de operações do tipo *bottom-up*.
2. Explique o que são os *trade-offs*.
3. Explique o que é *lead time*.

4 Arranjo físico e fluxo da produção

Conteúdos do capítulo
- *Teoria das restrições (theory of constraints – ToC).*
- *Arranjo físico e fluxo da produção.*
- *Objetivos básicos dos arranjos físicos.*
- *Tipos básicos de arranjos físicos.*
- *Características dos tipos de arranjos físicos.*
- *Projetos detalhados de arranjos físicos: por produto e por processo funcuonal.*

Após o estudo deste capítulo, você será capaz de:
1. *identificar e compreender os conceitos da teoria das restrições;*
2. *compreender como os conceitos dos arranjos físicos e o fluxo da produção estão voltados para a produtividade, a economia de espaço, a redução dos custos e a segurança dos trabalhadores;*
3. *identificar as diferenças entre os arranjos físicos por produto, por processo, celular, por posição fixa e misto;*
4. *compreender o projeto detalhado de arranjo físico e os cálculos envolvidos no tempo de ciclo e no balanceamento de linha;*
5. *compreender os cinco aspectos básicos para o planejamento do layout e o planejamento sistemático de layout (SLP);*
6. *compreender e construir um diagrama de relacionamentos de atividades (DRA).*

4.1 Teoria das restrições (*theory of constraints* – ToC)

A teoria das restrições, descrita por Eliyahu Goldratt em seu livro *A meta* (1984), é um ensinamento prático para a tomada de decisões empresariais nas quais existem restrições (Goldratt, 1988).

Existem dois tipos básicos de restrições:

1. físicas: relacionadas a recursos físicos, como máquinas, equipamentos, veículos, instalações e sistemas; e
2. não físicas: relacionadas à demanda por um produto, a um procedimento interno ou a um procedimento fiscal, entre outros.

Há cinco passos essenciais previstos na ToC:

1. identificar a restrição do sistema em empresas de serviços ou de tecnologia;
2. calcular a rentabilidade e explorar ao máximo o componente restritivo;
3. submeter o ritmo do sistema ao ritmo dessa restrição, tornando-o dependente de um método de programação e controle da produção denominado drum-buffer-rope (DBR), ou seja, tambor-pulmão-corda;
4. elevar o componente restritivo por meio da melhoria contínua das operações;
5. identificar a restrição do sistema e evitar inserir outra restrição nele.

O DBR é o método que permite assegurar a máxima utilização da restrição para atender à demanda. Vejamos o que cada um representa:

- **Tambor (*drum*)**: é a programação da demanda do produto ou serviço. Dessa forma, todo processo segue um ritmo e, mesmo que os recursos não tenham uma restrição, seguem o ritmo dela.
- **Pulmão (*buffer*)**: é uma proteção criada em virtude de restrições de processamento do sistema. Para que o processo não pare, há um dispositivo que faz o acúmulo de itens produzidos a fim de manter o processo funcionando em fluxo contínuo.
- **Corda (*rope*)**: garante que todos os recursos agirão no mesmo ritmo da restrição, sem acréscimo dos níveis de estoque em processo.

Dessa forma, é possível:

- representar o tambor em um gráfico de Gantt, com a programação delineada ao longo do tempo;
- determinar o tamanho mais adequado dos pulmões de restrição para cada produto ou serviço;
- utilizar os dados obtidos do gráfico de Gantt a favor da produção para ditar o ritmo a fim de que o sistema esteja sempre produzindo;
- otimizar os processos a fim de que se identifiquem os itens que não agregam valor ao processo e se eliminem desperdícios.

4.2 Arranjo físico e fluxo da produção: conceitos iniciais

A definição do arranjo físico de uma operação produtiva (em inglês, *layout*) diz respeito ao posicionamento dos recursos de transformação (*inputs*) e à alocação de instalações, máquinas e equipamentos, considerando-se questões como movimentações logísticas, armazenamento de materiais, configurações de departamentos, estações de trabalho, escadas, hidrantes, saídas de emergência, corredores e o bem-estar dos trabalhadores de produção (Slack; Chambers; Johnston, 2009).

O arranjo físico está relacionado ao conhecimento tácito e altamente especializado sobre o assunto em questão. Portanto, antes de o projeto ser realizado, todos os envolvidos devem ser consultados. Algumas pequenas mudanças no posicionamento de máquinas ou insumos podem contribuir positivamente com o fluxo de pessoas e materiais e, ainda, na eficiência de linha. Ambientes mal dimensionados podem afetar negativamente a eficácia da produção, além de gerar ambientes insalubres e impactar os custos da organização.

O gerente de produção não é responsável por essa decisão, em razão de ela ser muito complexa, a não ser em situações que envolvam alterações pouco representativas e de baixo risco econômico. Compete ao nível estratégico tomar essa decisão. Os motivos para que as decisões na manufatura sejam tomadas em nível estratégico estão relacionadas aos seguintes aspectos:

- alto custo de mudança de *layout* em atividades difíceis e de longa duração;
- interrupção da produção já em andamento para realização da mudança física e criação ou adaptação de uma linha alternativa para continuar produzindo os itens da linha oficial que está em processo de mudança física;
- necessidade de expansão da capacidade produtiva;
- elevado custo operacional;
- introdução de nova linha de produtos;
- melhoria do ambiente de trabalho;
- máquinas menores e mais modernas;

- *input* (localização dos insumos, fluxos confusos e longos, estoques de materiais) e *output* (entrega do produto);
- redução de filas de espera de produtos;
- mudança de operações inflexíveis para operações flexíveis;
- o que e como a empresa vai produzir.

Quanto ao setor de serviços, os motivos estão relacionados aos aspectos a seguir:

- visibilidade dos produtos (apresentação dos produtos ou comunicação visual), pois a falta de visibilidade gera a insatisfação do cliente;
- acesso dos clientes aos produtos ou serviços (sinalização);
- redução de filas de espera de atendimento;
- interface entre a organização e o cliente;
- máquinas menores e mais modernas.

Assim, os objetivos de um arranjo físico estão voltados à produtividade, à economia de espaço, à redução dos custos e à segurança dos trabalhadores.

Portanto, algumas regras devem ser seguidas na definição do arranjo físico. A primeira é observar o volume em quantidades produzidas, a variedade de produtos e a complexidade de produtos e processos aplicados a bens e serviços, como indica a Figura 4.1:

Figura 4.1 – Matriz produto-processo de manufatura

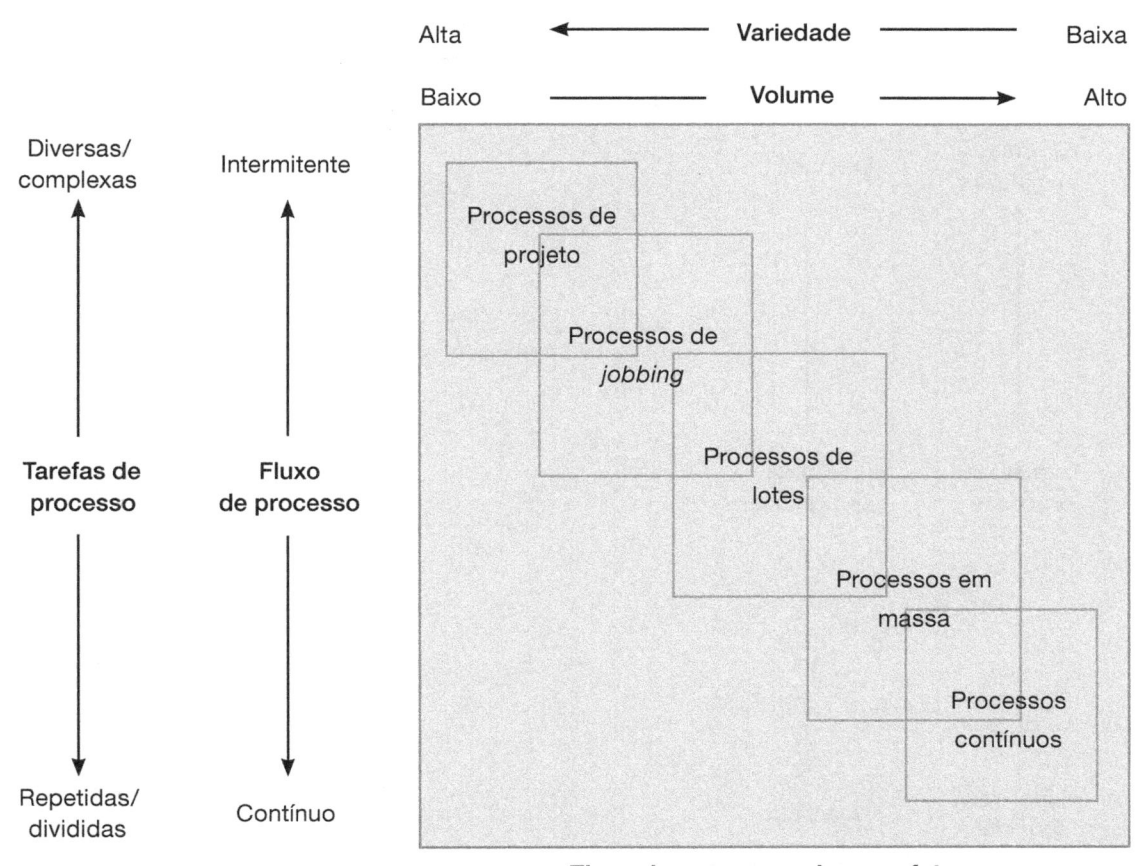

		Alta ← Variedade → Baixa
		Baixo — Volume → Alto

Diversas/complexas ↑ — Intermitente ↑

Tarefas de processo — **Fluxo de processo**

Repetidas/divididas ↓ — Contínuo ↓

- Processos de projeto
- Processos de *jobbing*
- Processos de lotes
- Processos em massa
- Processos contínuos

Tipos de processos de manufatura

Fonte: Slack; Chambers; Johnston, 2009, p. 93.

Figura 4.2 – Matriz produto-processo de serviços

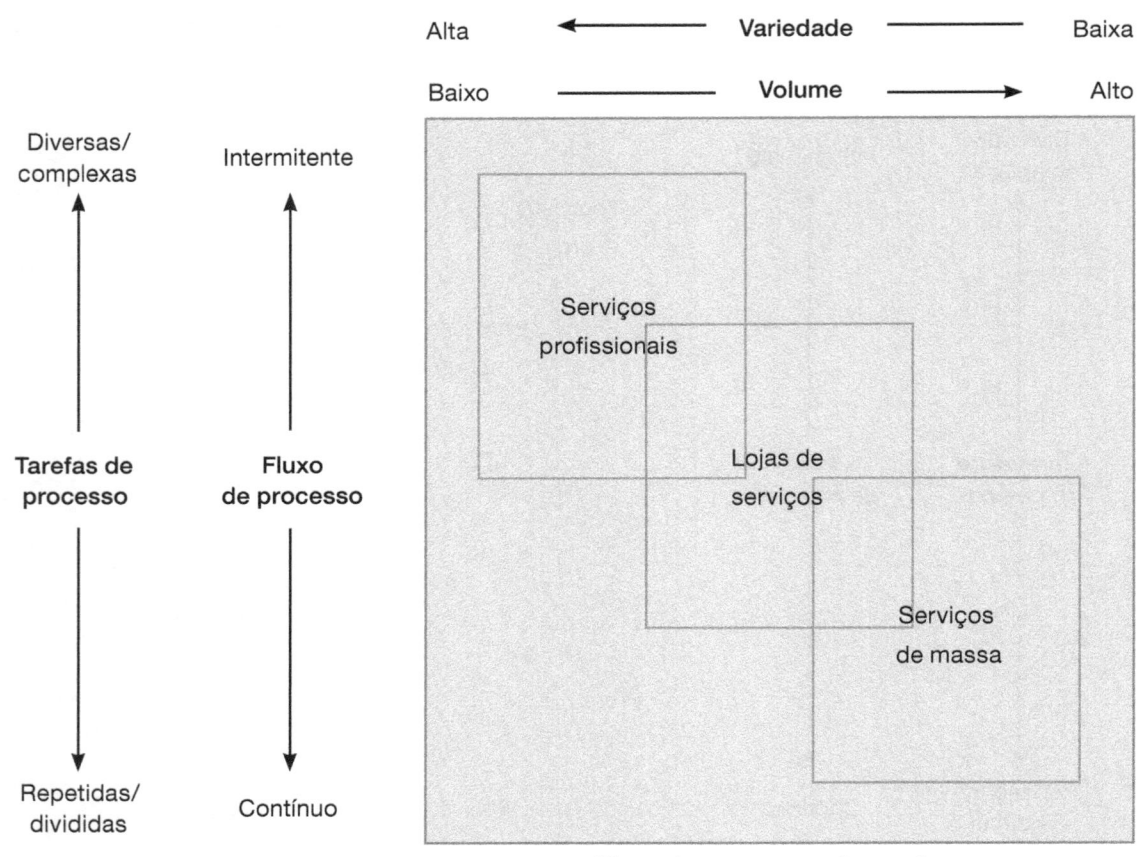

| | Alta ← Variedade → Baixa |
| | Baixo → Volume → Alto |

Eixos verticais:
- Tarefas de processo: Diversas/complexas ↕ Repetidas/divididas
- Fluxo de processo: Intermitente ↕ Contínuo

Conteúdo do gráfico (diagonal):
- Serviços profissionais
- Lojas de serviços
- Serviços de massa

Tipos de processos de serviços

Fonte: Slack; Chambers; Johnston, 2009, p.93.

A segunda regra é verificar as etapas de decisão de um arranjo físico, identificadas na Figura 4.2.

Figura 4.3 – Decisão de arranjo físico

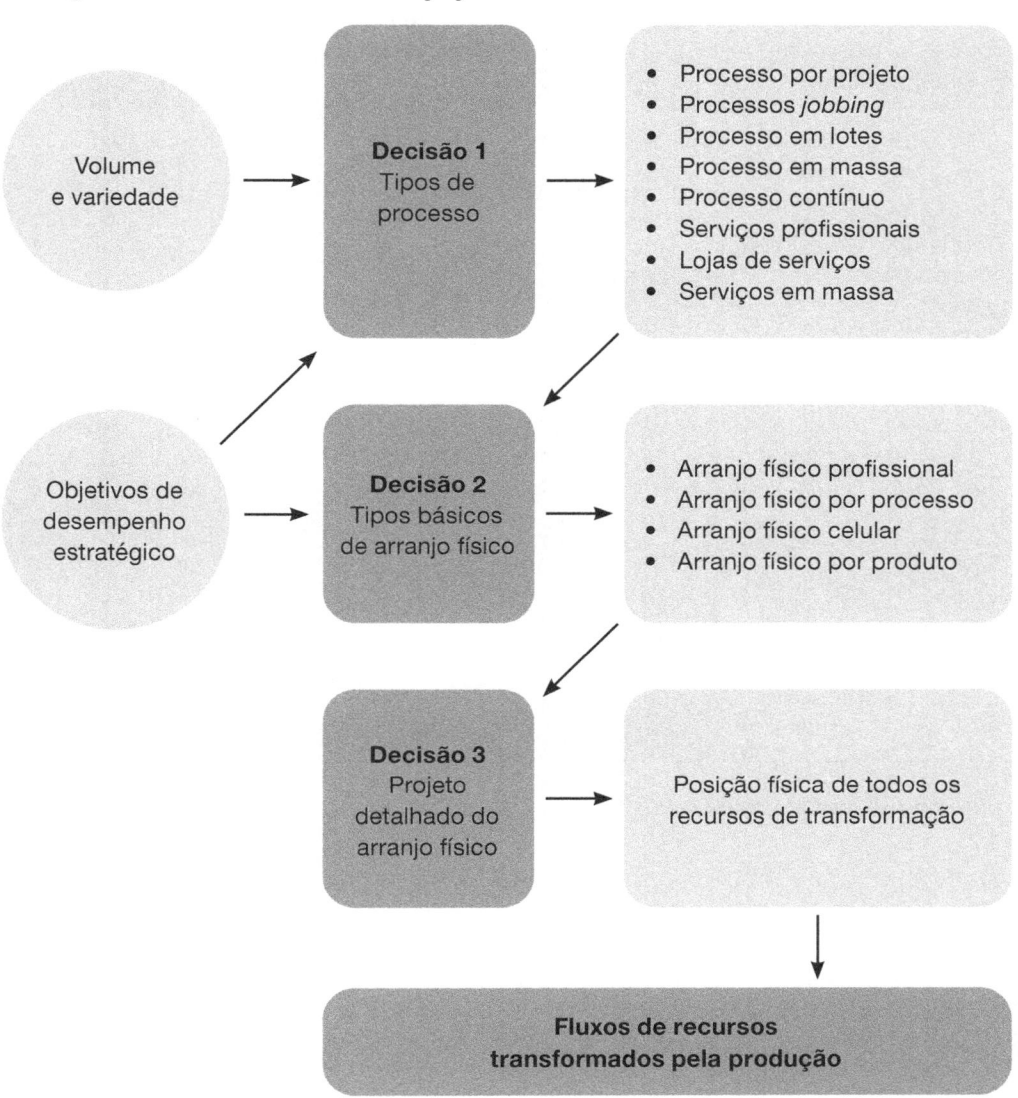

- Volume e variedade → **Decisão 1** Tipos de processo →
  - Processo por projeto
  - Processos *jobbing*
  - Processo em lotes
  - Processo em massa
  - Processo contínuo
  - Serviços profissionais
  - Lojas de serviços
  - Serviços em massa

- Objetivos de desempenho estratégico → **Decisão 2** Tipos básicos de arranjo físico →
  - Arranjo físico profissional
  - Arranjo físico por processo
  - Arranjo físico celular
  - Arranjo físico por produto

- **Decisão 3** Projeto detalhado do arranjo físico → Posição física de todos os recursos de transformação

Fluxos de recursos transformados pela produção

Fonte: Martins e Laugeni, 2005. Slack et al., 2013.

Apesar de mais adequada a cada tipo de processo, essa regra ainda não é definitiva em razão das diferentes atividades empresariais, sendo necessários então novos projetos ou adequações.

A terceira regra é a determinação do arranjo físico, conforme as especificações mostradas no Quadro 4.1:

Quadro 4.1 – Relação entre processos e arranjos físicos

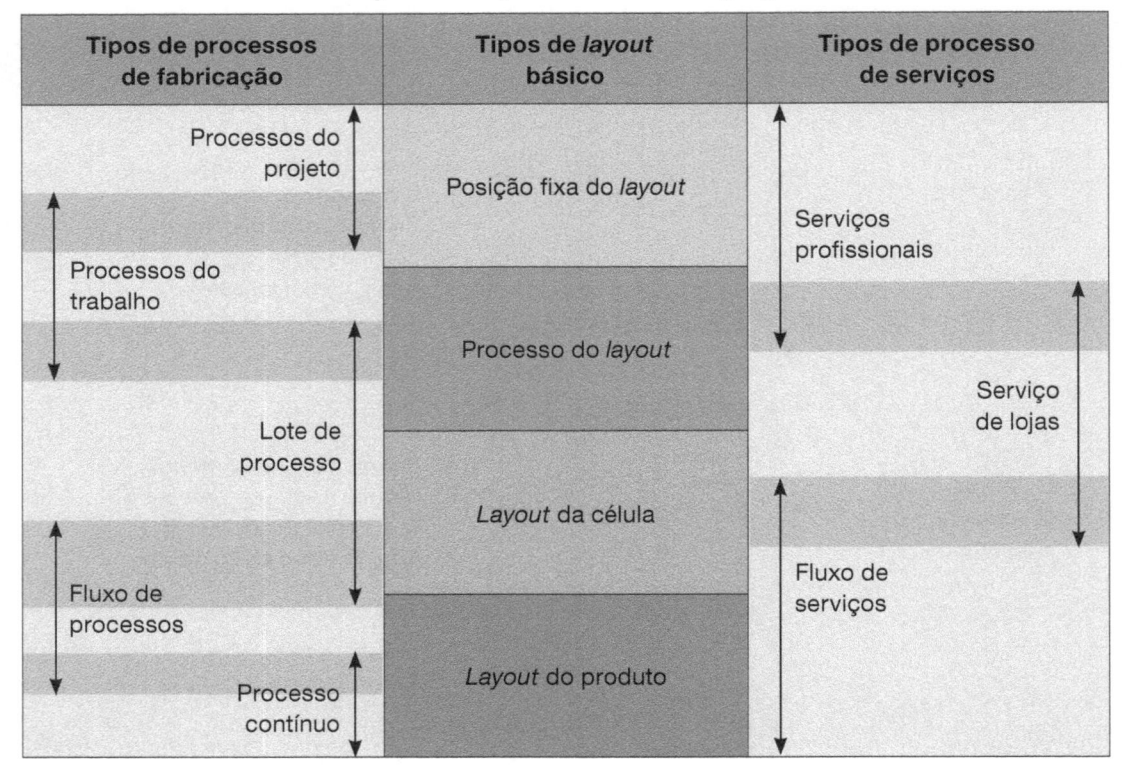

Tipos de processos de fabricação	Tipos de *layout* básico	Tipos de processo de serviços
Processos do projeto	Posição fixa do *layout*	Serviços profissionais
Processos do trabalho	Processo do *layout*	
Lote de processo	*Layout* da célula	Serviço de lojas
Fluxo de processos	*Layout* do produto	Fluxo de serviços
Processo contínuo		

Fonte: Slack; Chambers; Johnston, 2009, p. 184.

4.3 Objetivos básicos de arranjos físicos

De acordo com Slack, Chambers e Johnston (2009, p. 183), os objetivos básicos do arranjo físico são:

- **Segurança inerente**: a integridade física do capital humano é primordial em uma empresa. Inúmeros processos podem representar perigo ou risco de morte ao trabalhador e até aos clientes. O *layout*, portanto, deve garantir a segurança. O acesso a áreas de risco deve ser restrito a equipes treinadas e autorizadas a operar nesses locais, e as saídas de emergência devem estar claramente sinalizadas e desobstruídas.

- **Extensão do fluxo**: o arranjo físico é importante no processo de produção, devendo-se evitar ao máximo que a peça retorne ao processo anterior ou siga por caminhos aleatórios. Peças guardadas em locais distantes da área de fabricação ou acondicionadas em locais muito altos ou muito baixos prejudicam o trabalhador, atrasam a produção e tornam o trabalho monótono, cansativo e caro. Portanto, devem-se minimizar as distâncias das peças em relação ao trabalhador.

- **Clareza de fluxo**: o processo produtivo deve ser bem sinalizado quanto ao fluxo de materiais e clientes, evitando-se, assim, que as peças ou os clientes se percam durante o percurso.

- **Conforto dos trabalhadores**: o arranjo físico deve prever que os funcionários estejam em locais afastados de riscos físicos (ruído, vibração, radiação, temperatura extrema etc.), biológicos (vírus, bactérias, parasitas etc.), ergonômicos (postura incorreta, monotonia ou trabalho intenso etc.), mecânicos e de acidentes (ordem, limpeza, sinalização etc.).

- **Coordenação gerencial**: a gestão e a comunicação interna devem ser facilitadas para que as informações mais importantes estejam sempre próximas dos funcionários.

- **Acessibilidade**: as máquinas, os equipamentos e as instalações devem apresentar condições favoráveis para operação, limpeza e manutenção.

- **Uso do espaço**: todos os arranjos físicos devem prever a possibilidade de ocupar espaços verticais disponíveis, com a utilização de mezaninos na fábrica ou na empresa. A construção desses espaços facilita o processo de produção.

- **Flexibilidade de longo prazo**: a linha de produção deve ter a possibilidade de ser mudada quando houver a necessidade de produzir outro item. Dessa forma, pequenos ajustes ou a substituição de dispositivos permitem alterar o produto sem modificar a linha de produção. Em outras palavras, uma mesma linha de produção será capaz de produzir inúmeros itens semelhantes apenas com pequenas alterações no processo.

Vejamos os itens que devem ser analisados pelo profissional responsável pela formulação do *layout* para a verificação da manutenção ou mudança de um tipo de *layout*:

I. Instalações obsoletas

- Novos produtos ou novos serviços estão sendo projetados ou pretendem ser?
- Esses produtos exigirão modificações no método de trabalho, fluxo de materiais ou equipamentos empregados, necessitando de algum emprego de novas ferramentas, máquina ou pessoal?
- Haverá utilização de novas áreas de estocagem ou a necessidade de aumento de armazém intermediário ou final?

II. Custos reduzidos para a produção

- Haverá corte de pessoal e/ou paradas de equipamentos e diminuição de movimentação de materiais devido ao corte de custos ou à diminuição de produção?

III. Demanda com variações

- A produção atual satisfaz as estimativas de vendas considerando todos os fatores relacionados?
- Os equipamentos de transporte e manuseio serão suficientes ou estão obsoletos?

IV. Ambiente de trabalho sem as condições adequadas

- As condições de iluminação, ventilação e temperatura são satisfatórias?
- O ruído pode ser isolado?
- Os locais para lavatórios são adequados?

v. Condições de trabalho e ambiente inseguro

- Existe excesso de material ao lado da máquina?
- A área é adequada para o posto de trabalho? Existe alguma área que comporta apenas um equipamento, onde na realidade há dois?
- Os materiais inflamáveis estão colocados em área segura e com as devidas sinalizações?
- Existem muitos acidentes de trabalho ou algum tipo de método para medição?
- Há espaço para tráfego e operação de máquinas e trabalhadores ou é respeitada alguma regra caso os dois passem pelo mesmo espaço?
- O tipo de piso é adequado para a atividade e devidamente sinalizado?
- A faixa demarcatória protege o trabalhador dos meios utilizados para o manuseio de materiais?

vi. Manuseio excessivo

- Os materiais percorrem grandes distâncias ou são muito movimentados durante a produção sem necessidade?

Fonte: Borda, 1998.

4.4 Tipos básicos de arranjos físicos

Os arranjos utilizados na produção de bens e serviços dividem-se em cinco grupos:
- arranjo por produto ou em linha;
- arranjo por processo ou funcional;
- arranjo celular;
- arranjo por posição fixa;
- arranjo misto.

Na seguência, vamos descrever cada ma dessas catgorias.

4.4.1 Arranjo por produto ou em linha

Segundo Slack, Chambers e Johnston (2009), o arranjo por produto ou em linha é muito utilizado pela indústria e por algumas prestadoras de serviços. Ele segue um roteiro predefinido e também é denominado *arranjo físico em fluxo*. Como é de fácil visualização, torna-se fácil o processo de controle. Exemplos:
- indústrias montadoras: automóveis, bicicletas, motocicletas, eletrodomésticos, brinquedos e aparelhos eletrônicos;
- indústria alimentícia: engarrafadoras de bebidas, fábricas de massas e biscoitos, frigoríficos;
- programa de vacinação em massa: em casos de epidemias, estandes de vacinação montadas em casos de epidemias, para facilitar o atendimento à população;
- restaurante por quilo ou *self-service*.

Figura 4.4 – Arranjo por produto ou em linha reta

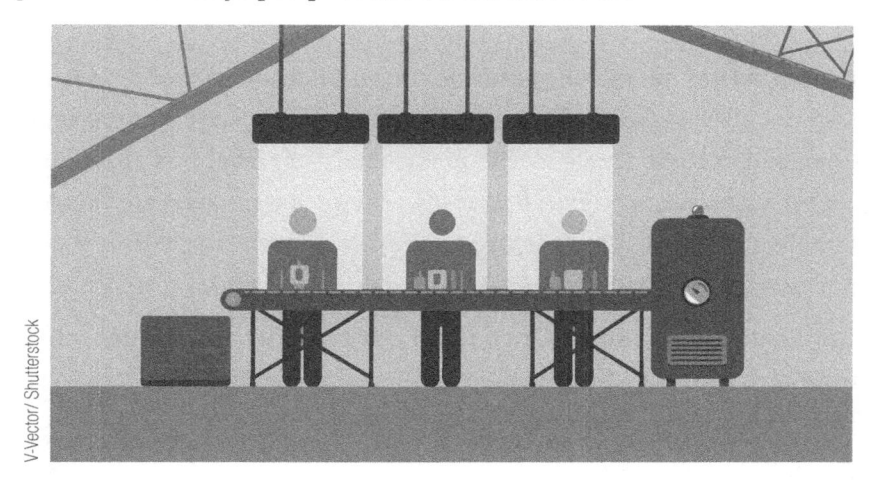

O arranjo físico em linha não é realizado apenas em linha reta, pois também há processos de fabricação em formato U.

Figura 4.5 – Arranjo por produto ou em linha – em formato U

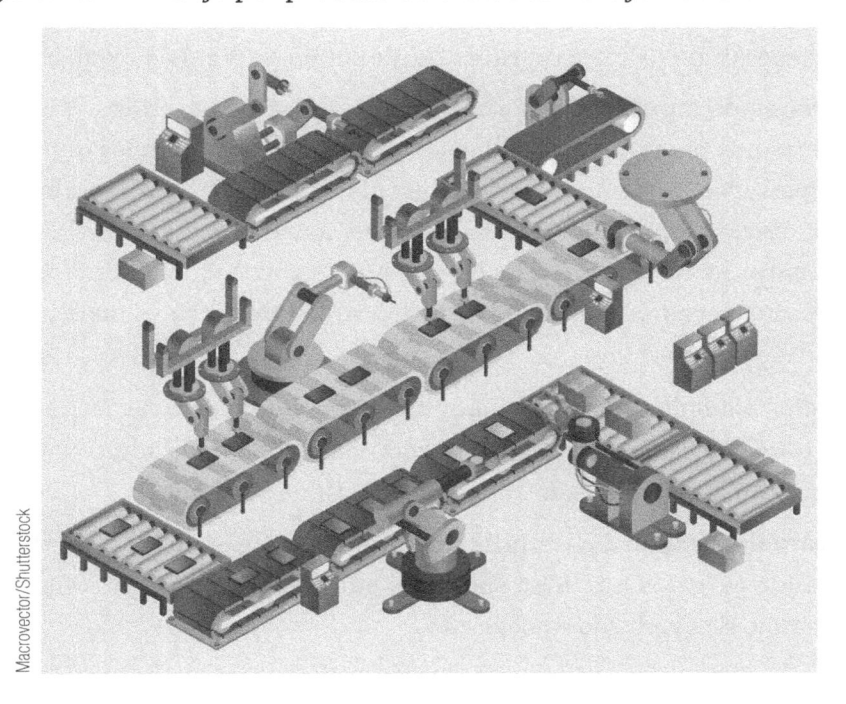

As vantagens do arranjo físico por produto ou em linha são as descritas a seguir:

- **Produção em massa com grande produtividade**: as montadoras apresentam um alto custo com instalações e requerem equipamentos específicos. Com isso, o custo fixo é maior, mas o custo variável por unidade é menor, representando um elevado grau de alavancagem operacional. A produtividade por mão de obra torna-se mais elevada em razão da especialização por tarefas, com menor grau de complexidade e maior grau de automação.
- **Capacidade de máquina e consumo de material constante**: consegue-se uma produção balanceada pelo fato de o mesmo tipo de produto ser fabricado a qualquer momento.
- **Facilidade em controlar a produtividade**: a velocidade do processo de fabricação torna-se mais fácil de ser controlada e alterada (ampliada ou reduzida, conforme a necessidade).

Entre as desvantagens, destacam-se:

- **Capital elevado em máquinas**: em virtude do grau elevado de automatização, as máquinas utilizadas nesse tipo de arranjo físico são mais caras e necessitam de um programa de manutenção rígido e frequente.
- **Trabalhos monótonos**: o alto grau de divisão de tarefas costuma gerar tédio nos operadores. As doenças ocupacionais, como lesão por esforço repetitivo (LER), doenças osteomusculares relacionadas ao trabalho (Dort) ou afecções musculoesqueléticas relacionadas ao trabalho (Amert) são comuns nesse tipo de linha de produção, provocando um índice de absenteísmo elevado. Programas de rodízios de tarefas são a melhor forma de evitar a monotonia.
- **Inflexibilidade de linha**: as máquinas apresentam características próprias, o que dificulta a mudança de produtos. O tempo de *setup* (mudança de produto a ser fabricado), portanto, costuma ser longo.
- **Gargalos**: existe a possibilidade de processos serem mais lentos, ocasionando gargalos na linha, enquanto outras operações são mais simples e o ritmo de produção é acelerado.

Observando-se as vantagens e as desvantagens desse tipo de arranjo físico e considerando-se a monotonia do trabalho, processos mais rápidos e outros mais lentos, é possível assegurar que a divisão de tarefas faz com que a curva de aprendizagem seja muito próxima ao ideal, ou seja, 100%. Mesmo assim, é necessário haver um balanceamento da linha de produção e atribuir tarefas nas estações de trabalho para que haja um ritmo cadenciado em sua execução. Dessa forma, não haverá tempo ocioso e o trabalho flui de uma estação para outra.

Figura 4.6 – Linha balanceada

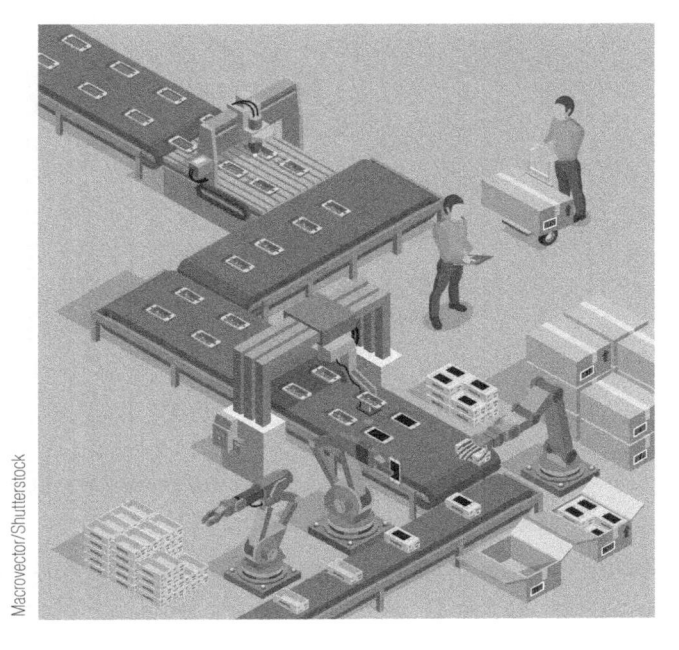

4.4.2 Arranjo por processo ou funcional

O arranjo por processo agrupa, em uma mesma área, os recursos transformadores e todos os processos e equipamentos que compõem o mesmo tipo e função. Assim, esse arranjo também é conhecido como *arranjo funcional* e reúne processos com necessidades similares em uma mesma área de operação ou em montagens semelhantes. Mesmo com diferentes produtos, materiais, informações ou clientes, esse arranjo abrange diferentes processos ou roteiros de acordo com a necessidade.

Figura 4.7 – Arranjo por processo ou funcional

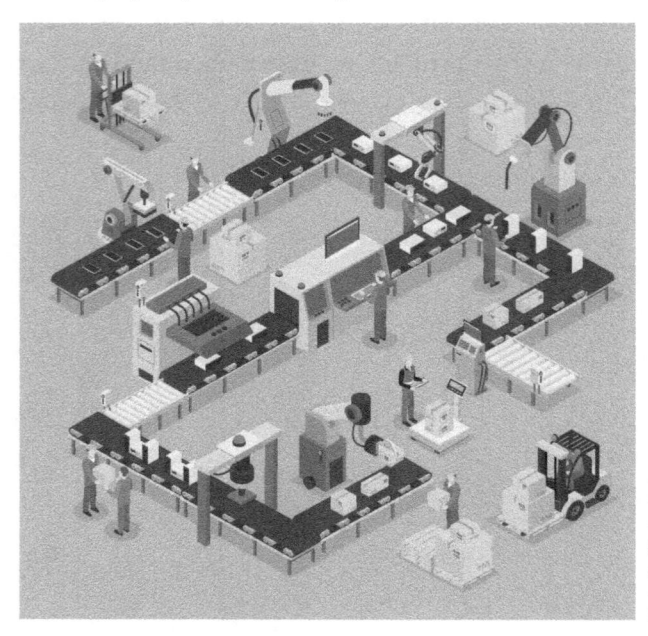

É comum encontrar esse modelo de arranjo em prestadores de serviços e em organizações comerciais. Vejamos alguns casos:

- **Hospitais**: predomina o arranjo físico por processos, pois os consultórios clínicos são agrupados ao setor de raios X, ao centro cirúrgico, à pediatria, ao pronto-socorro, à farmácia, à unidade de tratamento intensivo, aos leitos e às equipes de atendimento etc.

- **Usinagem de peças, tratamentos térmicos, fabricação de moldes e ferramentas**: empresas com esse perfil e prestadoras de serviços necessitam de instalações especiais e utilizam o arranjo físico por processo. Essas empresas precisam de grupos de técnicos especializados em razão de seu elevado grau de complexidade e do custo operacional envolvido. Exigem, para tais operações, tempos e sequências independentes na preparação e equipamentos específicos, o que inviabiliza outro tipo de arranjo físico menos flexível.

- **Supermercados e lojas comerciais**: para facilitar a localização de um produto que o cliente deseja, os supermercados e as lojas dividem seus artigos por categoria, como eletrodomésticos, enlatados, congelados, roupas sociais, esporte e calçados, roupas masculinas, femininas e infantis, artigos de cama, mesa e banho, entre outros. Normalmente, o cliente deseja visitar alguns setores específicos da loja, então se define o arranjo físico para que o consumidor seja estimulado ou obrigado a circular por outros departamentos no interior da loja. Com esse modelo de arranjo, há maior visibilidade dos produtos ofertados pelo estabelecimento. Estudos de *marketing* apontam que a grande maioria dos consumidores, ao entrar em uma loja ou supermercado, olha primeiro à direita e depois à esquerda do estabelecimento. Dessa forma, os produtos que são mais caros ou com baixa saída são dispostos à direita da loja, e os consumidores são atraídos a comprar esses produtos.

As principais vantagens do arranjo físico por processo são:

- **Maior nível de motivação do trabalhador em relação às metas no trabalho**: quase não existe produção repetitiva, o que colabora para a redução da monotonia e do tédio no trabalho.

- **Fabricação de produtos diversificados em quantidades variáveis simultaneamente**: é possível que um produto esteja sendo processado em um local e outro produto diferente esteja passando por um processo na mesma unidade de fabricação.

- **Menor investimento para instalação da indústria**: equipamentos semelhantes podem ser agrupados, tornando o custo de instalação menor.

As principais desvantagens do arranjo físico por processo são:

- **Longos trajetos dentro da fábrica**: conforme a sequência do posicionamento das máquinas, é necessário percorrer distâncias maiores para que as operações sejam concluídas.

- **Maior valor agregado de produto e menor diluição de custo fixo**: essa função ocorre pela menor expectativa de produção.

- **Dificuldade de balanceamento**: por causa das alterações de produto e das atividades executadas em curtos intervalos de tempo, torna-se mais difícil programar e balancear a linha de produção.

- **Mão de obra especializada e qualificada**: exige a necessidade de um supervisor para cada área de trabalho por causa da mão de obra especializada.

- **Maior frequência de preparo e *setup* de máquinas**: em razão da baixa produção, é necessário alterar os dispositivos do processo de fabricação e criar mais etapas, o que afeta o tempo de ciclo de operação (*takt time*).

4.4.3 Arranjo celular

O arranjo físico celular considera os recursos que serão transformados e, após a análise, reúne os processos inteiros ou em partes semelhantes de cada operação para serem colocados em um arranjo físico por processo ou produto.

Ao unir as vantagens do arranjo físico por processo e do arranjo físico por produto, o arranjo físico celular se apresenta como uma técnica mais simples e eficiente. Uma vez processados na célula, os recursos transformados podem prosseguir para outra célula, o que reduz os deslocamentos e permite que o mesmo operador efetue vários processos distintos. Portanto, sua característica fundamental é a flexibilidade.

Esse tipo de arranjo físico é muito comum em:
- montagem de placas de computadores;
- áreas para produtos específicos em supermercados;
- maternidade dentro do hospital;
- células em escritórios;
- lojas de conveniência.

Figura 4.8 – Arranjo celular

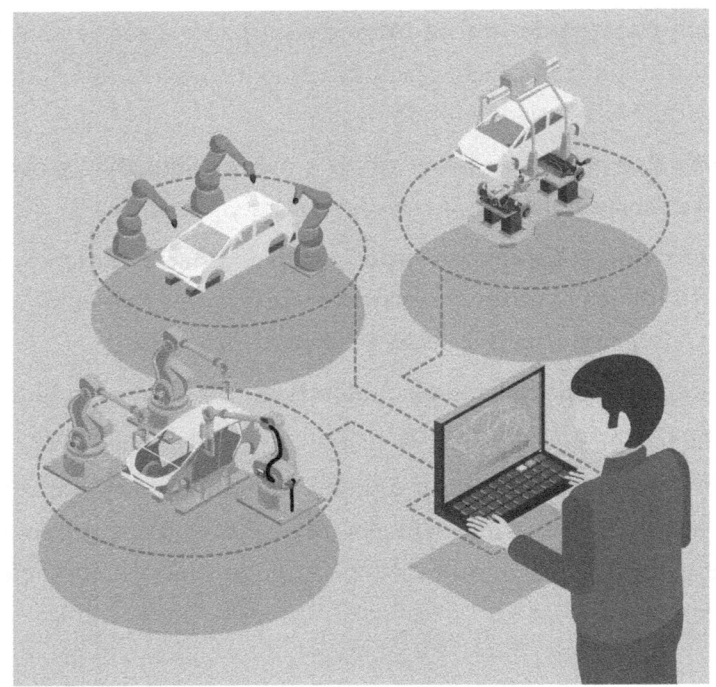

As três fases de implementação do arranjo físico celular são:
1. formação das células;
2. definição do *layout* celular;
3. programação das tarefas para cada célula.

A vantagem do arranjo físico celular é que ele resulta em um fluxo de tráfego mais ordenado, reduzindo filas e o tempo de passagem pelo processo de transformação. A desvantagem, porém, é que, em algumas situações, os recursos de transformação devem ser duplicados.

4.4.4 Arranjo por posição fixa

O arranjo físico por posição fixa ou posicional é um tipo de *layout* no qual o objeto a ser processado fica estacionado e o que se movimenta na medida do necessário são as pessoas, os componentes, os dispositivos, as máquinas e os equipamentos. A operação de transformação é feita dessa forma em virtude das dimensões do objeto, da delicadeza do produto, da dificuldade de locomoção, do alto grau de customização e pelo fato de ser um produto único ou fabricado em pequena quantidade. Exemplos:

- construção de uma rodovia;
- cirurgia de coração;
- restaurante de alta classe;
- construção de navios;
- construção de aviões;
- manutenção de computadores de grande porte.

Figura 4.9 – Arranjo por posição fixa

De modo geral, esse tipo de arranjo tem baixa eficiência. A eficácia de um arranjo físico posicional está diretamente ligada à programação de acesso ao canteiro de obras e à confiabilidade das entregas, em razão da falta de espaço para a alocação de espaços permanentes e de todos os subcontratados que precisam ter acesso à obra.

4.4.5 Arranjo misto

Outro caso comum em algumas empresas é o arranjo físico misto, no qual há a junção dos arranjos físicos estudados em um único ambiente ou em setores da mesma organização a fim de obter vantagens de cada tipo.

Figura 4.10 – Arranjo físico misto de restaurantes com quatro tipos básicos de arranjos físicos

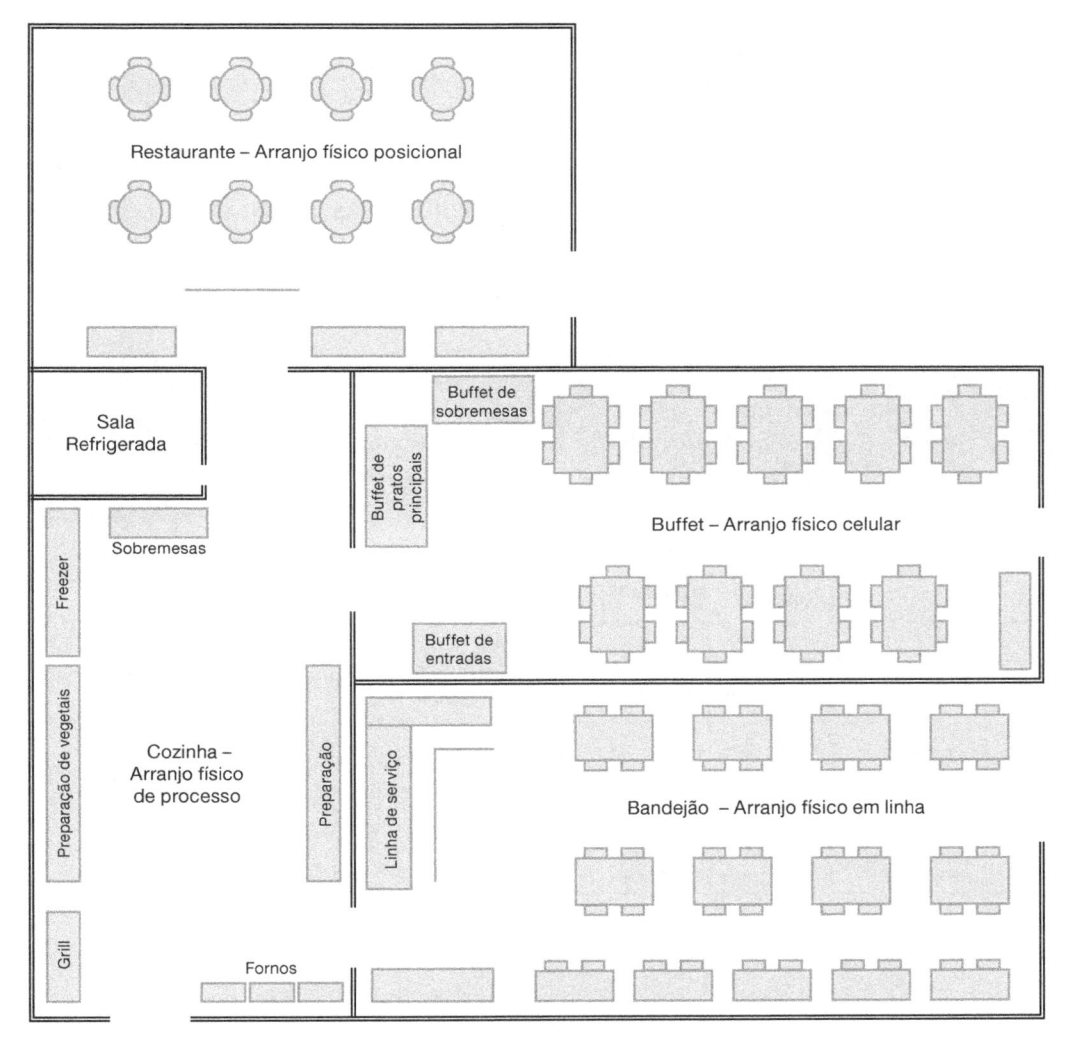

Fonte: Slack; Chambers; Johnston, 2009, p. 191.

Exemplos de arranjo físico misto:

- **Hospital**: tem como principal característica o arranjo físico funcional (departamento de radiologia, salas de cirurgia etc.) e, dentro de cada departamento, há diferentes arranjos físicos, como no departamento de radiologia (arranjo por processo) e na sala de cirurgia (arranjo posicional).
- **Complexo de restaurantes**: cozinha de um restaurante (arranjo por processo), restaurante tradicional (arranjo posicional), restaurante *buffet* (arranjo celular) e restaurante bandejão (arranjo por processo).

4.5 Características dos tipos de arranjos físicos

Nos arranjos físicos, é importante prever qual é o tipo de produto, sua diferenciação no mercado, o volume a ser produzido conforme o produto, o projeto, a flexibilidade de processo, a variação de roteiro e a mão de obra necessária.

Quadro 4.2 – Características dos tipos de arranjos físicos

	Tipo de produto	Diferenciação de produto	Volume de produção por tipo de produto	Produção	Projeto	Flexibilidade de processo	Variação de roteiro	Mão de obra
Posicional	Grande	Alta	Uma ou poucas unidades	Sob encomenda	Especial sob encomenda	Alta	Alta	Qualificada
Processo/ funcional	Médio / pequeno	Alta	Pequena quantidade	Sob encomenda	Variável/ customizável	Alta/média	Alta/média	Qualificada
Celular	Médio / pequeno	Média/ baixa	Pequena ou média quantidade	Para estoque	Repetitivo/ modular	Média/ baixa	Média/ baixa	Polivalente
Produto/ linha	Pequeno	Baixa/ nenhuma	Grande quantidade	Para estoque	Padronizado	Baixa/ nenhuma	Nenhuma	Baixa qualificação

Fonte: Martins e Laugeni, 2005; Slack et al., 2013.

4.6 Projetos detalhados de arranjos físicos

O projeto detalhado (PD) de arranjo físico é o ato de tornar executáveis as tarefas propostas no arranjo físico escolhido.

4.6.1 Projeto detalhado de arranjo físico por produto

Pelo fato de se referir a um arranjo físico de acordo com a sequência das operações a serem realizadas, a fórmula do PD de arranjo físico por produto é mais simples, ou seja:

$$\text{operação} = \sum (\text{elementos de trabalho})$$

4.6.1.1 Tempo de ciclo para arranjo físico por produto

O **tempo de ciclo** é o tempo que uma linha de produção leva para montar uma peça. Dessa forma, haverá outro tempo de ciclo na operação seguinte, e assim sucessivamente, até a conclusão do produto. Então, para manter o balanceamento da linha de produção, o tempo de ciclo deve ser constante, evitando-se, assim, as ociosidades na linha. O tempo máximo de duração do processo será a somatória das tarefas individuais, por exemplo: 17 + 18 + 28 + 24 + 40 = 127 segundos.

Quadro 4.3 – Exemplo de tempo de ciclo de montagem

Estação de trabalho	Tarefas	Tempo de trabalho	Tempo total disponível	Tempo ocioso
1	op 10 e 20	35 segundos	40 segundos	5 segundos
2	op 30	28 segundos	40 segundos	12 segundos
3	op 40	24 segundos	40 segundos	16 segundos
4	op 50	40 segundos	40 segundos	0 segundos

Tempo de trabalho: op 10 + op 20 = 17 + 18 = 35 segundos

Tempo de ciclo: 40 segundos

Tempo ocioso: 33 segundos

A **capacidade de produção** é obtida por meio da relação entre a capacidade disponível na linha de produção e o tempo de ciclo.

$$\text{capacidade de produção} = \frac{\text{capacidade disponível}}{\text{tempo de ciclo}}$$

Para calcular o tempo de ciclo, deve-se converter a hora sexagesimal em centesimal:

$$\frac{15}{60} = 0{,}25 \quad \frac{20}{60} = 0{,}33 \quad \frac{30}{60} = 0{,}5 \quad \frac{36}{60} = 0{,}6 \quad \frac{40}{60} = 0{,}67 \quad \frac{45}{60} = 0{,}75 \quad \frac{50}{60} = 0{,}83$$

Supondo-se que em uma empresa exista um tempo de ciclo de 40 segundos, trabalhe-se 8 horas por dia e haja 4 estações de trabalho, a capacidade de produção será:

8 horas × 60 minutos = 480 minutos

40 segundos = 0,67 minutos

$$\text{capacidade de produção} = \frac{480}{0{,}67} = 720 \text{ peças por dia}$$

Contudo, se haver uma demanda de 1 000 peças por dia, será necessário ajustar o tempo de ciclo:

$$\text{tempo de ciclo} = \frac{\text{capacidade disponível}}{\text{demanda}}$$

$$\text{tempo de ciclo} = \frac{480}{1\,000} = 0{,}48 \text{ minuto por peça}$$

Portanto, para atender a essa demanda, será preciso aumentar a quantidade de estações de trabalho.

$$\text{número de estações de trabalho} = \frac{\Sigma \text{ tempos individuais}}{\text{tempo de ciclo}}$$

Dessa forma, para atender à demanda de 1 000 peças por dia, o tempo necessário será 127 segundos = 2,12 minutos. Logo:

$$\text{número de estações de trabalho} = \frac{2{,}12}{0{,}48} = 4{,}4167 \text{ estações de trabalho}$$

Nesse caso, serão necessárias 5 estações de trabalho para suprir essa demanda.

Outro item importante para realizar o balanceamento da linha de produção é calcular o **índice de ociosidade**, isto é, o percentual de tempo ocioso que pode ser medido, controlado:

$$\% \text{ de ociosidade} = \frac{\Sigma \text{ tempos ociosos das estações}}{\text{número de estações} \times \text{tempo de ciclo}}$$

$$\% \text{ de ociosidade} = \frac{33}{4 \times 40} = 0{,}20625 = 20{,}625\%$$

A mão de obra e os equipamentos disponíveis na linha de produção dizem respeito ao *grau de utilização*. Esse é o complemento do índice de ociosidade para atingir 100%.

> grau de utilização = 1 − índice de ociosidade

O grau de utilização no exemplo anterior corresponde a:
grau de utilização = 1 − 0,10625 = 0,79375 = 79,375%

4.6.1.2 Balanceamento de linha

Conforme Moreira (2004), "a função do balanceamento de linha é a de atribuir as tarefas aos postos de trabalho para atingir a taxa de produção de forma que o trabalho seja dividido igualmente entre os postos".

Portanto, o balanceamento é uma técnica utilizada para:

- distribuir atividades sequenciais por postos de trabalho;
- melhorar o fluxo de produção;
- permitir uma *performance* elevada da taxa de utilização de equipamentos, de maneira a tornar mínimo o tempo em ociosidade de máquina;
- ajustar e anular os gargalos de fabricação;
- definir o menor número de postos de trabalho necessários;
- maximizar a produção;
- manter eficiente o ritmo de trabalho no processo produtivo;
- dar suporte à área de planejamento, programação e controle da produção (PPCP ou PCP).

Para o cálculo do balanceamento de linha, é necessário considerar as definições apresentadas a seguir:

Estação	Posto de trabalho de uma linha ou unidade de estação de trabalho (UET).
N	Número de estações ao longo da linha.
C	Tempo de ciclo, tempo máximo permitido em cada estação ou tempo entre a produção de unidades sucessivas à saída da linha $$C = \frac{\text{tempo de produção}}{\text{demanda do cliente por turno}}$$
Tpi	Tempo de operação para a i-ésima operação.
Σ *Tpi*	Soma da duração de todas as operações (tempo total necessário para a produção de uma unidade).
Número$_{min}$	Número mínimo de UETs necessárias à linha. $$N_{min} = \frac{\Sigma Tpi}{C}$$

(continua)

(conclusão)

NC	Tempo gasto com cada unidade, incluindo tempos de parada.
Folga	F = NC − Σ Tpi
Eficiência	$E = \dfrac{\Sigma\, Tpi}{NC}$
N$_{op}$	Número teórico mínimo de operadores necessários para uma produção. $N_{op} = \dfrac{\text{tempo de produção (1 peça)}}{Tci}$
Takt time	Estabelece o ritmo da produção. O *takt time* não é medido, e sim calculado. $Takt\ time = \dfrac{\Sigma\, Tpi}{\text{demanda do cliente por turno}}$

Fonte: Moreira, 2008, p. 381-383; Slack, Chambers e Johnston, 2009, p. 185-189.

Segundo Slack, Chambers e Johnston (2009, p. 185-189), o método para a análise do balanceamento de linha consiste em:

- definir o número de unidades de estação de trabalho (UET) e o tempo disponível em cada uma delas;
- formar grupos para cada UET agrupados por tarefas individuais;
- avaliar a eficiência do agrupamento em análise;
- verificar se o tempo de produção em cada UET corresponde ao tempo de ciclo.

A heurística (método utilizado para inventar, descobrir ou resolver problemas) para efetuar o agrupamento das atividades é:

1. classificar as atividades por ordem decrescente em tempo de processamento;
2. reproduzir o ponto 2 para todas as UETs.

Exemplo:

Em uma indústria metalúrgica, um produto passa por 12 operações, cuja demanda prevista para o cliente é de 550 itens por dia. Suponha que esse produto seja manufaturado em apenas um turno de 8 horas, com um intervalo de 1 hora.

Calcule:

a. o tempo de ciclo;

b. o número mínimo de UETs;

c. o *takt time*;

d. o balanceamento de linha de produção;

e. a eficiência de linha.

Dados:

Atividade (operação)	Tempo de operação (minutos)	Operações dependentes
A	0,2	–
B	0,4	–
C	0,7	A
D	0,1	A, B
E	0,3	B
F	0,11	C
G	0,32	C
H	0,6	C, D
I	0,27	F, G, H
J	0,38	E, H
K	0,5	I, J
L	0,12	K

Resolução A

Inicialmente, efetua-se o cálculo do tempo de ciclo, que é "o tempo em minutos entre cada produto que sai no final de uma linha de produção" (Gaither; Frazier, 2002, p. 210).

$$\text{tempo de ciclo} = \frac{\text{tempo total disponível}}{\text{número de produtos fabricados}}$$

$$C = \frac{\text{tempo de produção}}{\text{demanda do cliente por turno}}$$

$$C = \frac{7 \times 60}{550}$$

C = 0,7636 minuto

Logo:

C = 52,38 segundos

Resolução B

Efetua-se o cálculo do número mínimo de estações de trabalho, que são "localizações físicas onde um conjunto particular de tarefas é executado" (Gaither; Frazier, 2002, p. 210).

$$N_{min} = \frac{\Sigma \, Tpi}{C}$$

$$N_{min} = \frac{0{,}2 + 0{,}4 + 0{,}7 + 0{,}1 + 0{,}3 + 0{,}11 + 0{,}32 + 0{,}6 + 0{,}27 + 0{,}38 + 0{,}5 + 0{,}12}{0{,}7636}$$

$$N_{min} = \frac{4 \text{ min}}{0{,}7636 \text{ min}}$$

$N_{min} = 5{,}2383 \approx 6$ (o número de estações deverá ser arredondado para cima a fim de que a operação seja completada dentro do tempo)

$N_{min} = 6$

Resolução C

Cálculo do *takt time*:

tempo total: 8 horas/dia

turnos: 1/dia

intervalos: 1 hora/dia

demanda do cliente: 550 unidades

$$takt\ time = \frac{\Sigma\ Tpi}{\text{demanda do cliente por turno}}$$

$$takt\ time = \frac{8 \text{ horas/dia} - 1 \text{ hora/dia}}{550 \text{ unidades/dia}}$$

$$takt\ time = \frac{7 \text{ horas/dia}}{550 \text{ unidades/dia}}$$

$$takt\ time = \frac{25200 \text{ segundos}}{550 \text{ unidades/dia}}$$

$takt\ time = 45{,}81$ segundos

O valor resultante do cálculo do *takt time* foi de 45,81 segundos. Comparando-se com o valor do C = 52,38 segundos, pode-se constatar que os valores encontrados são muito próximos, ou seja, é possível produzir conforme a demanda do cliente, ocorrendo atrasos no sistema produtivo. Caso o tempo de ciclo fosse muito maior que o encontrado no cálculo do *takt time*, não seria possível produzir. Se ocorresse o contrário, ou seja, se o tempo de ciclo fosse menor que o *takt time*, haveria excesso de produção (desperdício).

Resolução D

As atividades devem ser classificadas por ordem decrescente em tempo de processamento:

Atividade (operação)	Tempo de operação (minutos)	Operações dependentes
C	0,7	A
H	0,6	C, D
K	0,5	I, J

(continua)

(conclusão)

Atividade (operação)	Tempo de operação (minutos)	Operações dependentes
B	0,4	–
J	0,38	E, H
G	0,32	C
E	0,3	B
I	0,27	F, G, H
A	0,2	–
L	0,12	K
F	0,11	C
D	0,1	A, B

Segundo Slack, Chambers e Johnston (2009), a alocação de tarefas segue duas regras heurísticas diante da dificuldade de resolução do problema:

1. Escolher a maior tarefa que caiba no tempo remanescente daquela ΣUET;
2. Escolher a tarefa com o maior número de atividades subsequentes.

Aplicando-se a heurística estudada, obtém-se:

UET	Atividade (operação)	Tempo de operação (minutos)	Σ dos tempos por UET
A	B	0,4	
	E	0,3	
	A	0,2	
	D	0,1	1,0
B	C	0,7	
	F	0,11	0,81
C	H	0,6	
	J	0,38	0,98
D	G	0,32	
	I	0,27	0,59
E	K	0,5	
	L	0,11	0,61

Resolução D

Cálculo da eficiência de linha:

$$E = \frac{\Sigma Tpi}{NC}$$

$$E = \frac{4}{6 \times 0,7636}$$

$E = 0,8731$

Ou seja, 87,31% de eficiência.

4.6.2 Projeto detalhado de arranjo físico por processo/funcional

Por meio da análise combinatória, é possível fazer o arranjo físico de máquinas e equipamentos, porém devem-se observar os aspectos ergonômicos e estéticos. Outra questão a ser considerada é que, mesmo havendo, por exemplo, seis máquinas a serem distribuídas em um local, é necessário fixar uma delas, normalmente a do início do processo, e as demais serão posicionadas na sequência para otimizá-lo.

Nas fábricas, diferentemente do que algumas pessoas pensam, não há situações difíceis para o posicionamento das máquinas, exceto para aquelas que requerem cuidados especiais, como no caso de haver sensibilidade a vibrações e ao calor, o que poderá exigir um estudo para sua alocação. As instalações elétricas, hidráulicas, a gás e pneumáticas, porém, não são um empecilho, pois na maioria das vezes são aéreas, ou seja, ficam na parte superior da fábrica e não são embutidas como nas residências.

Há duas situações distintas que precisam ser observadas. Primeiro, é necessário verificar se uma máquina mestra deve ser alocada antes e as demais serão posicionadas da melhor forma a fim de evitar o gargalo; a segunda possibilidade é averiguar se existe a necessidade de haver a primeira máquina (mestra), no caso de todas as demais executarem ou terem as mesmas funções. Dessa forma, utiliza-se a pesquisa operacional para auxiliar na localização da posição ótima das máquinas.

Recordando fatorial:

$4! = 4 \times 3 \times 2 \times 1 = 24$

$0! = 1$ (por definição)

Na primeira situação, utiliza-se a pesquisa operacional com os princípios de roteirização. Assim, não será 6! (fatorial), mas 5!, pois uma máquina está fixa. Então, o cálculo será $5! = 5 \times 4 \times 3 \times 2 \times 1 = 120$ posições possíveis. Logo:

$$N - 1! = (N - 1) \times (N - 2) \times (N - 3) \ldots \times (1)$$

Na segunda situação, utiliza-se a pesquisa operacional com os princípios de designação e considera-se o número total de máquinas, ou seja, 6. Então o cálculo será $6! = 6 \times 5 \times 4 \times 3 \times 2 \times 1 = 720$. Logo:

$$N! = N \times (N - 1) \times (N - 2) \times (N - 3) \ldots \times (1)$$

4.6.2.1 Aspectos básicos do projeto de um layout

O arranjo físico depende de cinco elementos básicos para o planejamento do *layout*:

- **P**: produto, material ou serviço (*product*);
- **Q**: quantidade ou volume (*quantity*);
- **R**: roteamento ou processo (*routing*);
- **S**: serviços de suporte ou serviços de apoio (*supporting services*);
- **T**: tempo (*time* ou *timing*).

Essa sequência de letras (P, Q, R, S e T) é essencial ao planejador de *layout*, pois inicia com os dados básicos de entrada utilizados no projeto de *layout*.

4.6.2.2 Planejamento sistemático de layout (SLP)

Com base nos tipos de *layout* apresentados anteriormente, é possível notar que dificilmente será utilizado um *layout* que envolva os quatro tipos de arranjo físico ao mesmo tempo, pois são analisadas as variedades e os volumes de cada processo.

À procura de um enfoque mais organizado, o planejamento sistemático de *layout* (*systematic layout planning* – SLP) retrata uma metodologia de ampla aplicação no projeto de um arranjo físico, principalmente em *layouts* funcionais. Em meio às adequações, destaca-se a introdução da análise do fluxo de clientes ao modelo, cuja característica essencial é a participação do cliente nos sistemas de operações de serviços (Ponsignon; Smart; Maull, 2011; Sampson; Froehle, 2006).

A metodologia de aplicação do SLP implica que o projeto de um *layout* está apoiado em três conceitos básicos (Muther, 1973; Muther; Wheeler, 2000):

1. **Inter-relações** – nível de dependência ou proximidade entre as atividades.
2. **Espaço** – configuração dos itens a serem posicionados, seja em quantidade, tipo ou forma.
3. **Ajuste** – melhor condição possível de *layout* das áreas e dos equipamentos.

Além dos três conceitos básicos apresentados, os demais dados de entrada são representados pelos cinco elementos básicos para o planejamento do *layout*, ou seja, P, Q, R, S e T.

Quadro 4.4 – Cinco Elementos de Muther e Hales

P - Produto (Material)
Q - Quantidade (Volume)
R - Roteamento (sequência do processo)
S - Serviços de Suporte
T - Tempo (Cronometragem)

Fonte: Muther; Hales, 2015, p. 1.4.

4.6.2.3 Diagrama de relacionamentos de atividades (DRA)

Também conhecida como Gráfico de Relacionamento de Atividades (*Relationship Chart Activities*) ou Diagrama de Configurações, o DRA é uma matriz triangular (Figura 4.11) em que são representados os graus de inter-relações ou proximidade razão de importância entre cada par de atividades (Mother; Hales, 2015, p. 5.2-5.4). Para utilizar o diagrama, é necessário organizá-lo classificando as inter-relações existentes entre as áreas ou funções. Desta forma utiliza-se as letras A, E, I, O, U e X, que representam os valores dos graus de importância.

Quadro 4.5 – Diagrama de relacionamentos de atividades (DRA)

Código	Proximidades
A	Absolutamente importante
E	Especialmente importante
I	Importante
O	Pouco importante
U	Sem importância
X	Não desejável

Fonte: Muther; Hales, 2015. p. 5.2-5.3.

Figura 4.11 – Diagrama de relacionamentos de atividades

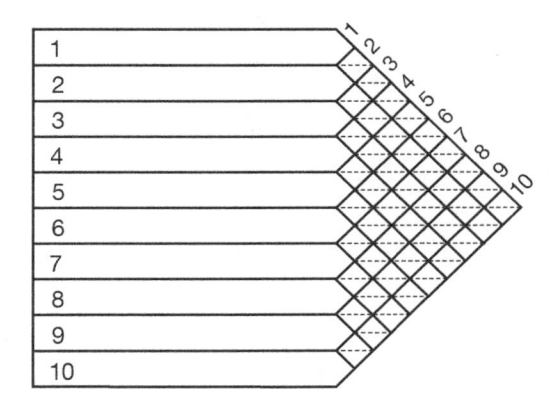

Fonte: Elaborado com base em Muther; Hales, 2015, p. 5.4.

Para completar o quadro, é necessário representar a razão de inter-relação. É possível observar, como exemplo, a inter-relação em uma empresa na Figura 4.12.

Figura 4.12 – Preenchimento do diagrama de relacionamentos de atividades

	Proximidades
A	Absolutamente importante
E	Especialmente importante
I	Importante
O	Pouco importante
U	Sem importância
X	Não desejável
	Razão
1	Movimentação de MP
2	Área compartilhada
3	Poluição audiovisual
4	Não possui relação

Fonte: Elaborado com base em Muther; Wheeler, 2000; Mother e Hales, 2015, p. 5.2 - 5.3.

Para melhor representar o diagrama de relacionamento, utiliza-se o quadro de classificação por cores, conforme pode ser verificado no Quasdro 4.5.

Quadro 4.6 – Código de linha para identificação de proximidades

Código	Inter-relação	Cor	
A	Absolutamente importante	≡≡≡≡≡	Vermelho
E	Especialmente importante	≡≡≡≡	Laranja
I	Importante	▬▬▬	Verde
O	Pouco importante	───	Azul
U	Sem importância	Sem linha	Sem cor
X	Não desejável	∼∼∼	Marrom

Fonte: Muther; Wheeler, 2000; Mother; Hales, 2015, p. 5.5 – 6.5.

Conforme o código de cores, o *layout* inicial seria de acordo com a Figura 4.13.

Figura 4.13 – Diagrama de relacionamentos por cores

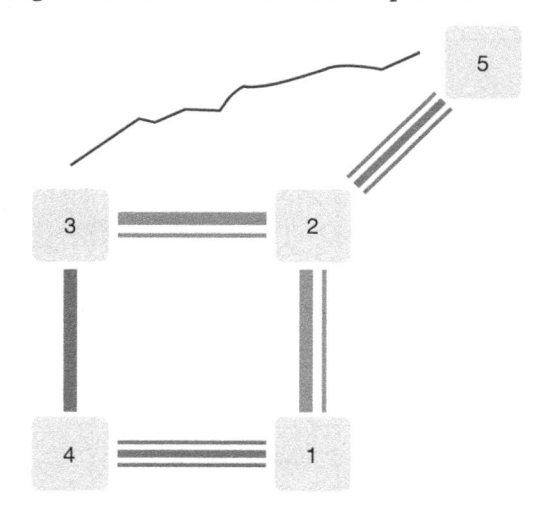

Fonte: Muther; Wheeler, 2000.

■ Síntese

Neste capítulo, discutimos a teoria das restrições de Goldratt, segundo a qual é possível verificar os processos para a eliminação de desperdícios e otimizar as linhas de produção. Dessa forma, é possível realizar os arranjos físicos e melhorar o fluxo da produção.

Os princípios básicos dos arranjos físicos são a segurança, a economia dos movimentos, a flexibilidade a longo prazo, a progressividade e a utilização do espaço produtivo. Portanto, para otimizar o processo produtivo, é necessário observar qual modelo é mais viável.

O primeiro arranjo físico abordado foi o por produto ou em linha, o qual é muito utilizado pela indústria e em algumas prestadoras de serviços. Por ser de fácil visualização, torna-se fácil o processo de controle, além de poder ser utilizado no formato U. É adequado à produção em massa e que exige o consumo constante de material, porém com a desvantagem de produzir trabalhos monótonos e implicar um alto custo com máquinas.

Outro modelo de arranjo físico apresentado foi o por processo ou funcional, que agrupa processos com necessidades similares em uma mesma área de operação. Esse modelo é bastante comum em prestadores de serviços, hospitais, supermercados e lojas comerciais. É adequado para a fabricação de produtos diversificados, pois há menor investimento nas instalações; contudo, requer longos trajetos, além de mão de obra especializada e qualificada.

O arranjo celular é muito comum em montagem de placas de computadores, o que permite um fluxo de tráfego mais ordenado, reduzindo o tempo de passagem pelo processo de transformação.

O arranjo por posição fixa é adequado a produtos customizados ou a um produto único, como a construção de rodovias, navios e aviões.

O arranjo misto reúne os diferentes modelos de arranjos físicos em setores variados da empresa, como ocorre em hospitais e restaurantes *à la carte*.

O estudo sobre arranjos físicos é mais complexo e, por isso, deve-se tomar cuidado ao escolher a forma mais adequada e seguir um projeto detalhado. É preciso considerar o tempo de ciclo, a capacidade de produção, o índice de ociosidade, o grau de utilização e o balanceamento de linha. Portanto, cada item citado deve ser calculado a fim de se obter o valor mais real para o processo a ser executado.

Por fim, vimos o planejamento sistemático de *layout* (SLP), representado por cinco elementos básicos – P, Q, R, S e T. Abordamos também o diagrama de relacionamentos de atividades (DRA), em cuja matriz triangular são aplicados os respectivos graus de inter-relação, porém com as letras A, E, I, O, U e X, que representam os graus de importância e estão associadas a um código de cores.

■ Questões para revisão

1. A decisão quanto à alteração do *layout* de uma fábrica compete ao nível estratégico ou ao gerente de produção? Justifique.

2. Quais são os principais objetivos de um arranjo físico?

3. O arranjo físico celular pode ser aplicado em:
   a. hospitais, usinagem de peças, tratamentos térmicos, fabricação de moldes e ferramentas, supermercados e lojas comerciais.
   b. hospitais e complexos de restaurantes.
   c. construção de rodovias, cirurgia de coração, restaurante de alta classe, construção de navios, construção de aviões e manutenção de computadores de grande porte.
   d. montagem de placas de computadores, área para produtos específicos em supermercados, maternidade dentro do hospital, células em escritórios e lojas de conveniência.
   e. indústrias montadoras, indústrias alimentícias, programas de vacinação em massa e restaurantes por quilo ou *self-service*.

4. Os três conceitos básicos da metodologia de aplicação do planejamento sistemático de *layout* (SLP) são:
   a. eficiência, heurística e *takt time*.
   b. inter-relações, espaço e ajuste.
   c. divisão de tarefas, anulação dos gargalos e balanceamento de linha.
   d. tempo de ciclo, projeto detalhado e processo tipo *jobbing*.
   e. *drum, buffer* e *rope*.

5. O diagrama de relacionamentos de atividades (DRA) ou diagrama de configurações utiliza letras para representar seus graus de liberdade. A sequência exata dessas letras é:
   a. W, X, Y e Z.
   b. P, Q, R, S e T.
   c. A, B, C, D, E e J.
   d. F, G, H, I, J, K e L.
   e. A, E, I, O, U e X.

■ Questões para reflexão

1. Explique como a teoria das restrições contribui para a melhoria contínua dos arranjos físicos em uma empresa.

2. Explique como o arranjo físico por processo ou funcional e o arranjo físico misto são utilizados em hospitais.

3. Explique a diferença entre tempo de ciclo e balanceamento de linha.

5 Tecnologia de processo

Conteúdos do capítulo
- *Tecnologia de processo.*
- Advanced manufacturing technology *(AMT).*
- *Comando numérico computadorizado (CNC).*
- Guided vehicle solutions *(AGV/LGV/RGV).*
- *Sistema flexível de manufatura (FMS).*
- Computer integrated manufacturing *(CIM).*
- *Processamento de informações.*
- *Sistemas ERP.*
- *Tecnologia de processamento de clientes.*
- *Grau de automação da tecnologia.*
- *Escala da tecnologia.*

Após o estudo deste capítulo, você será capaz de:

1. *compreender a integração crescente de tecnologias de manufatura;*
2. *identificar as tecnologias dos sistemas de automação da produção utilizadas para executar o controle da produção de forma automática ou semiautomática;*
3. *compreender o conceito AMT e a integração entre o ser humano, o* hardware *e o* software*;*
4. *identificar as AMTs;*
5. *compreender o conceito de CNC, sua aplicação e suas vantagens e desvantagens;*
6. *identificar e compreender os robôs industriais, seus elementos e sua anatomia;*
7. *Identificar e compreender as soluções de veículos guiados (AGV/LGV/RGV) e diferenciá-las;*
8. *compreender o FMS;*
9. *compreender o conceito de CIM e seus objetivos;*
10. *identificar as tecnologias de processamento das informações, como os ERPs, a tecnologia de processo e suas dimensões de grau de automação da tecnologia e a escala da tecnologia.*

5.1 Metas tecnológicas

Segundo Slack, Chambers e Johnston (2009), a tecnologia é um produto da ciência, ou seja, envolve conhecimento técnico e aplicação científica. Vivemos hoje em um contexto científico muito avançado, sendo que as tecnologias de processos existentes são as máquinas e os aparelhos que utilizamos, além de dispositivos materiais e virtuais que possibilitam a transformação de materiais e informações com o propósito de alcançar as metas estratégicas da produção.

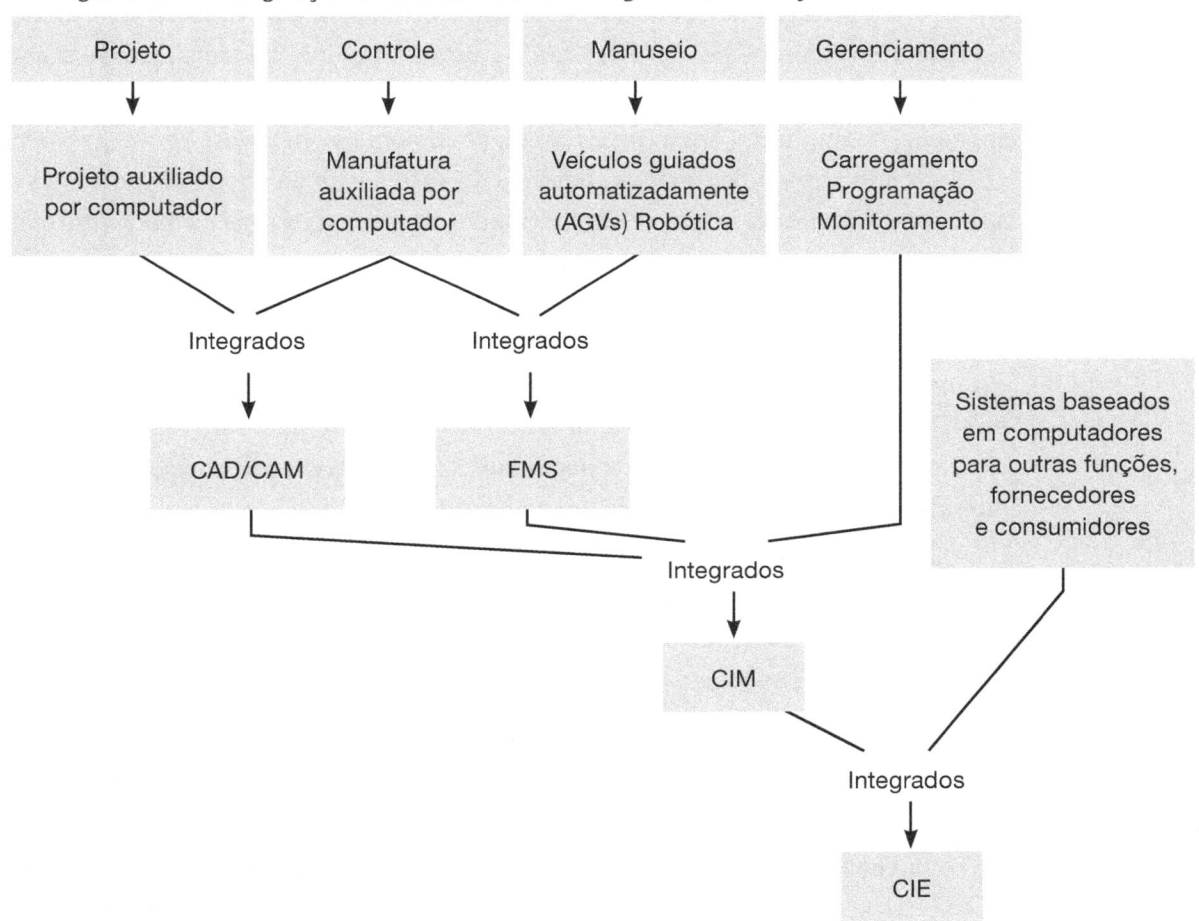

Figura 5.1 – Integração crescente de tecnologias de manufatura

```
Projeto          Controle         Manuseio          Gerenciamento
   ↓                ↓                ↓                   ↓
Projeto         Manufatura      Veículos guiados     Carregamento
auxiliado       auxiliada por   automatizadamente    Programação
por computador  computador      (AGVs) Robótica      Monitoramento

        Integrados        Integrados
           ↓                 ↓
        CAD/CAM            FMS                    Sistemas baseados
                                                  em computadores
                                                  para outras funções,
                                                  fornecedores
                                                  e consumidores
                    Integrados
                       ↓
                      CIM
                    Integrados
                       ↓
                      CIE
```

Fonte: Slack, Chambers, Johnston, 2002, p.249.

Assim, o gestor de produção deve avaliar como:
- a tecnologia utilizada melhora o desempenho da produção;
- utilizar a tecnologia escolhida;

- integrar as tecnologias empregadas com toda a produção;
- medir e controlar o desempenho da produção;
- saber a hora de atualizar ou substituir a tecnologia utilizada.

O gestor não precisa ter conhecimento em todas as áreas da ciência, mas deve estar atualizado e entender as tecnologias que fazem parte da empresa na qual está atuando, bem como verificar constantemente as novas tecnologias que envolvem seu nicho de mercado.

Nas últimas décadas, os avanços tecnológicos alteraram significativamente aquilo que compramos, vestimos, comemos e usamos, ou seja, em pouco tempo houve uma evolução extraordinária na área de materiais como metais, plásticos e tecidos. Outro fato bastante relevante é a aplicação da física quântica na medicina, que alterou padrões e quebrou paradigmas, pois os diagnósticos são obtidos em questão de segundos, com 100% de acerto, e o tratamento, quando no início da doença, passa a ser mais rápido e menos doloroso. Desse modo, a tecnologia de processo tem se mostrado atuante na indústria, nas empresas de serviços, na medicina, na agropecuária, na biologia e em diversas outras áreas.

Para que as tecnologias dos sistemas de automação da produção possam ser aplicadas, é necessário que sejam instalados dispositivos lógicos nas máquinas, como controladores lógicos programáveis (CLPs), sensores, *displays*, gravadores, atuadores, interfaces homem-máquina (IHMs), computadores industriais adicionados, *softwares*, inversores de frequência, *hardwares* de serviço, robôs e comandos numéricos computadorizados (CNCs). Assim, qualquer máquina, equipamento ou processo automatizado necessita de dispositivos mecânicos, eletrônicos ou eletroeletrônicos para executar o controle da produção de forma automática ou semiautomática (Rosário, 2009).

Vejamos algumas definições básicas:

- **Controladores lógicos programáveis (CLPs)**: controlam todo o sistema de forma automatizada, sem a necessidade de intervenção humana no processo produtivo.
- **Interface homem-máquina (IHM)**: é um equipamento com uma interface do tipo visor ou tela que possibilita a comunicação rápida entre o operador e a máquina.
- **Inversores de frequência**: também denominados *conversores de frequência*, são dispositivos elétricos que convertem a tensão alternada em tensão contínua em um barramento.
- **Sensores**: são dispositivos que detectam os diversos tipos de odores, cores, metais, sons, líquidos, plásticos etc.

- **Atuadores**: são dispositivos que convertem energia em movimento e podem ser empregados para aplicar força. A energia pode ser gerada por eletricidade, ar ou líquido e resulta em movimento.

5.1.1 *Advanced manufacturing technology* (AMT)

Segundo Sambasivarao e Deshmukh (1995), Small (1995) e Chen (1996), os avanços tecnológicos da manufatura deram origem ao conceito de tecnologias avançadas de manufatura (a*dvanced manufacturing technology* – AMT).

De acordo com Jonsson (2000) e Beaumont Shoroder e Sohal (2002), as AMTs envolvem uma diversidade de tecnologias que empregam a computação e/ou a microeletrônica para controlar e/ou avaliar processos produtivos (*hardware*) e armazenar e/ou manipular dados e informações (*software*). O fator humano para as AMTs programa e controla as informações.

Qualquer processo de manufatura necessita da integração de três elementos: ser humano, *hardware* e *software*. No entanto, as AMTs não se limitam a esses elementos, pois integram as filosofias organizacionais que têm por objetivo a melhoria contínua e a eficiência dos processos produtivos.

Para Burcher e Lee (1999), Cagliano e Spina (2000), Gerwin e Kolodny (1992), Small e Yasin (1997) e Godoy et al. (2001), as AMTs classificam-se em três grandes grupos, conforme pode ser verificado no Quadro 5.1.

Quadro 5.1 – Classificação de alguns tipos das AMTs

Software	Hardware
CAD (*computer aided design*) **CAM** (*computer aided manufacturing*) **CAE** (*computer aided engineering*) **CAPP** (*computer aided process planning*) **CIM** (*computer integrated manufacturing*) **CNC** (*computer numeric control*) **DNC** (*direct numeric control*)	**CNCM** (*computer numeric control machines tools*) **IR** (*industrial robots*) **AMHS** (*automated material handling systems*) **AS/RS** (*automated storage/retrieval systems*) **RP** (*rapid prototyping*) **AGV** (*automatic guided vehicles*) **FMS** (*flexible manufacturing systems*)
Técnicas de gerenciamento da manufatura	
SPC (*statistical process control*) **GT** (*group technology*) **JIT** (*just in time*) **FMEA** (*failure mode and effects analysis*) **TQM** (*total quality management*) **FAS** (*flexible assemble systems*) **TQC** (*total quality control*)	

Fonte: Elaborado com base em Burcher; Lee, 1999; Cagliano; Spina, 2000; Gerwin; Kolodny, 1992; Small; Yasin, 1997; e Godoy et al., 2001.

As AMTs apresentam grande potencialidade nas técnicas do *kaizen*, pois melhoram o desempenho produtivo e criam oportunidades organizacionais de implementação e gerenciamento. De acordo com Schroder e Sohal (1999) e Small (1995), os benefícios das tecnologias avançadas de manufatura são classificados em duas categorias:

- **tangíveis**: benefícios mensuráveis;
- **intangíveis**: benefícios intrínsecos.

Quadro 5.2 – Classificação dos benefícios das AMTs

Tangíveis	Intangíveis
• Aumento da produção • Redução do custo de estoque • Redução do tempo de preparação (*setup*) • Redução do tempos de abastecimento e descarregamento da linha • Redução do custo com dispositivos • Redução dos refugos • Redução da área de armazenagem • Redução do custo com mão de obra • Redução do custo de retrabalho • Aumento do lucro organizacional	• Aumento da vantagem competitiva • Adequação a produtos com curto ciclo de vida • Ampliação das habilidades organizacionais • Melhor controle de peças • Liderança em novas tecnologias • Aumento da flexibilidade • Aumento no controle da produção • Aumento do rendimento operacional • Agilidade ao inserir novos produtos • Agilidade ao inserir novos processos • Agilidade na manutenção industrial • Aumento do tempo de respostas a variações da demanda • Aumento na qualidade do produto ou serviço

Fonte: Elaborado com base em Schroder; Sohal, 1999; Small, 1995.

5.1.2 Comando numérico computadorizado (CNC)

O controle numérico (NC) foi utilizado pela primeira vez em 1952 no Massachusetts Institute of Technology (MIT), em uma fresadora vertical copiadora. Os dados de usinagem eram introduzidos por meio de uma fita perfurada e os comandos eram transmitidos aos servomotores que executavam as operações de usinagem. Hoje, utiliza-se o comando ou controle numérico computadorizado (*computer numerical control* – CNC).

Segundo Groover (2001) e Kief e Waters (1992), as novas máquinas-ferramentas CNC apresentam um elevado nível de precisão das medidas, pelo menos ± 3 μm de posicionamento (erro entre a posição desejada e a posição real), cerca de ± 8 μm de repetibilidade (erro de posicionamento após repetidos movimentos) e 2,5 μm de resolução (menor incremento de movimento que pode ser obtido), bem como uma alta velocidade de operações, o que reduz significativamente o tempo de processamento e aumenta a eficiência de linha, possibilitando que a máquina reproduza inúmeras peças idênticas mesmo com superfícies, entalhes e detalhes complexos. Isto é possível pois o controle numérico permite que o operador se comunique com as máquinas-ferramentas por meio de uma série de números e símbolos. É importante ressaltar que os CNCs apresentam altas velocidades de corte, entre 18 000 a 27 000 rpm, o que possibilita uma usinagem mais precisa e isenta de rebarbas.

Figura 5.2 – Máquina CNC

As máquinas CNC mais comuns são tornos, fresadoras, retíficas, eletroerosão, cortes a *laser* e centros de usinagem.

As vantagens das máquinas CNC em relação às convencionais são as seguintes:

- Existe flexibilidade de operação: fabricam-se peças com geometrias complexas em alta produtividade, com boa precisão dimensional e boa repetibilidade;
- Normalmente, o custo de ferramentas é menor.
- Apresentam dispositivos eletrônicos de autoajuste, facilitando a calibração da máquina.
- O tempo de *setup* e usinagem é menor.
- A programação do CNC é rápida e armazenada eletronicamente, podendo ser recuperada facilmente.

- A prototipagem é rápida.
- Não depende de operador habilidoso.

As desvantagens são:

- A máquina é bem mais cara.
- O custo de manutenção é maior.

Segundo Santos (2006), as máquinas CNC se compõem de três (X, Y e Z) a seis eixos (X, Y, Z, A, B e C).

Figura 5.3 – Coordenadas de seis eixos (regra da mão direita)

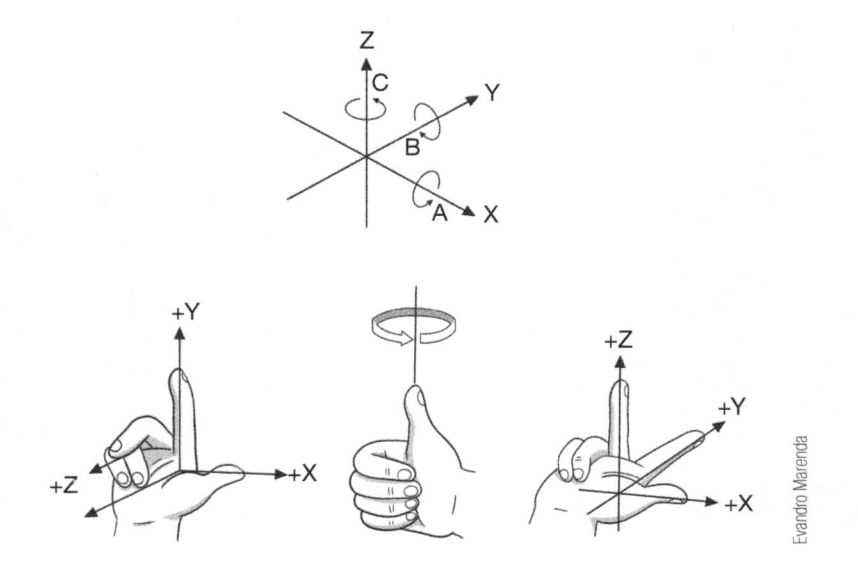

Fonte: Sandin, 2003.

Com a utilização cada vez mais constante das máquinas CNC na indústria, tornou-se necessário que os operadores saibam programá-las e prepará-las para que possam produzir peças conforme o projeto e de forma que as medidas sejam mais precisas. Além disso, a indústria necessita de profissionais especializados em automação, sequência lógica e medição.

Figura 5.4 – Máquina CNC com sistema transfer

Conforme Souza e Ulbrich (2013, p. 201-202):

> Embora as máquinas-ferramenta para usinagem sejam as mais conhecidas na aplicação CNC, outros equipamentos também podem ser controlados por um CNC, como máquinas de medir por coordenadas; equipamentos para desenho; máquinas para montagem; para corte a laser ou jato d'água, para soldagem, etc.
>
> Os principais componentes de uma máquina CNC são: mesa de trabalho, eixo-árvore, motores de acionamento e respectivos controles. Atualmente, as operações CNC envolvem uma gama de aplicações que se iniciam com simples casos de movimentações lineares envolvendo apenas um eixo da máquina, até equipamentos mais sofisticados, como é o caso do fresamento empregando movimentações em cinco eixos simultâneos, e máquinas para afiação de ferramentas de corte.

Quando o operador programa movimentos de usinagem simultâneos nos eixos X e Y, por exemplo, a máquina descreve uma trajetória denominada *interpolação*, que pode ser linear ou circular.

5.1.3 Robôs

Em 1921, o escritor e dramaturgo tcheco Karel Capek empregou a palavra *robô* na peça teatral *R.U.R.* (Robôs Universais de Russum), na qual há um personagem autômato que se revolta contra os seres humanos. O termo *robô* provém do vocábulo *robota*, de origem eslava, que significa "trabalho forçado" ou "trabalho escravo".

O escritor russo Isaac Asimov popularizou, na década de 1940, a definição de *robô* como uma máquina com características humanas, porém isenta de sentimentos, e cujo desempenho seria determinado segundo a programação realizada pelos seres humanos (programadores). Se as máquinas ultrainteligentes são uma possibilidade, nós, seres humanos, faríamos bem em ter certeza que projetamos os seus antecessores de tal forma que eles projetem a si mesmos para nos tratar bem. Asimov (1942) foi o primeiro a abordar essa questão, com suas três leis da robótica:

1. Um robô não pode ferir um ser humano ou, por omissão, permitir que um ser humano sofra algum mal.
2. Um robô deve obedecer às ordens que lhe sejam dadas por seres humanos, exceto nos casos em que tais ordens contrariem a primeira lei.
3. Um robô deve proteger sua própria existência desde que tal proteção não entre em conflito com a primeira ou a segunda lei. (Russell; Norvig, 2013, p. 1193)

Segundo Craig (2005, p. 1) "a história da automação industrial é caracterizada por períodos de rápidas mudanças nos métodos populares. Como causa ou, talvez, como efeito, esses períodos de mudança de técnicas de automação parecem intimamente ligadas à economia mundial".

Por outro lado, a norma 10218 da International Organization for Standardization (ISO, 2011) define *robô industrial* como "uma máquina manipuladora com vários graus de liberdade controlada automaticamente, reprogramável, multifuncional, que pode ter base fixa ou móvel para utilização em aplicações de automação industrial".

Grau de liberdade refere-se ao número de movimentos individuais das articulações, ou seja, o quanto o robô é versátil. A configuração mais complexa corresponde a um robô que apresenta seis graus de liberdade, ou seja, três graus para posicionar o efetuador final e três para orientá-lo.

Segundo Rivin (1988), Seering e Scheinman (1985), Warnecke Schraft e Wanner. (1985), Scieszko (1988) e Borodin (1988), o robô industrial é constituído pelos seguintes elementos em sua anatomia:

- **Manipulador mecânico**: estrutura mecânica do robô, que apresenta peças rígidas (corpos ou elos) acoplados por articulações (juntas), tendo uma base e um corpo terminal, e um braço com o componente efetuador (garra ou ferramenta).

- **Atuadores**: componentes elétricos, hidráulicos ou pneumáticos, que produzem energia potencial mecânica aos movimentos.

- **Sensores**: são transdutores, isto é, conversores de grandezas físicas em sinais elétricos.

- **Unidade de controle**: gerenciador de monitoramento das tarefas realizadas pelo robô. Os comandos são originados pelos controladores (computador industrial, CLP, placa controladora de passo) por meio de informações obtidas dos sensores.

- **Unidade de potência**: fornecedores da potência necessária para a movimentação dos atuadores.

- **Efetuador final**: garra ou ferramenta de trabalho.

Figura 5.5 – Robô flexível

A programação dos robôs é flexível e projetada para atuar em diversas condições. Portanto, o gestor deve optar pelas especificações relacionadas ao volume de tarefas, à capacidade de carga, à velocidade máxima de operação, à precisão dos movimentos e à repetibilidade. Além disso, deve analisar os aspectos econômicos e sociais da empresa, bem como o custo-benefício, as mudanças organizacionais, os investimentos diretos e indiretos na fabricação, a estrutura física da empresa, o treinamento dos operadores, a redução do número de trabalhadores e o remanejamento do pessoal.

As aplicações mais comuns de robôs industriais estão indicadas a seguir:

Movimentação

- posicionamento de peças em locais predefinidos;
- transferência de peças entre máquinas operatrizes;
- acoplagem e desacoplagem de peças em máquinas operatrizes;
- acoplagem e desacoplagem de peças em magazines;
- paletização.

Processamento

- soldagem;
- fixação de componentes em placas eletrônicas;
- pintura de superfícies e automotiva;
- montagem e fixação de peças;
- rebarbação e acabamento de superfícies;
- limpeza de superfícies utilizando água pressurizada e abrasivos;
- corte a *laser*, plasma, jato de água ou oxicorte;
- colagem de vidros automotivos;
- fixação de componentes automotivos (parafusos e rebites);
- empacotamento.

Controle de qualidade

- inspeção por visão;
- inspeção por som;
- inspeção por odor;
- inspeção dimensional por sensores.

Segundo a Federação Internacional de Robótica (International Federation of Robotics – IFR), as principais configurações são classificadas quanto à estrutura mecânica (IFR, 2019, Schiavicco, Siciliano, 1995).

Vejamos a seguir a classificação dos robôs quanto à estrutura mecânica.

Quadro 5.3 – Exemplos de robôs

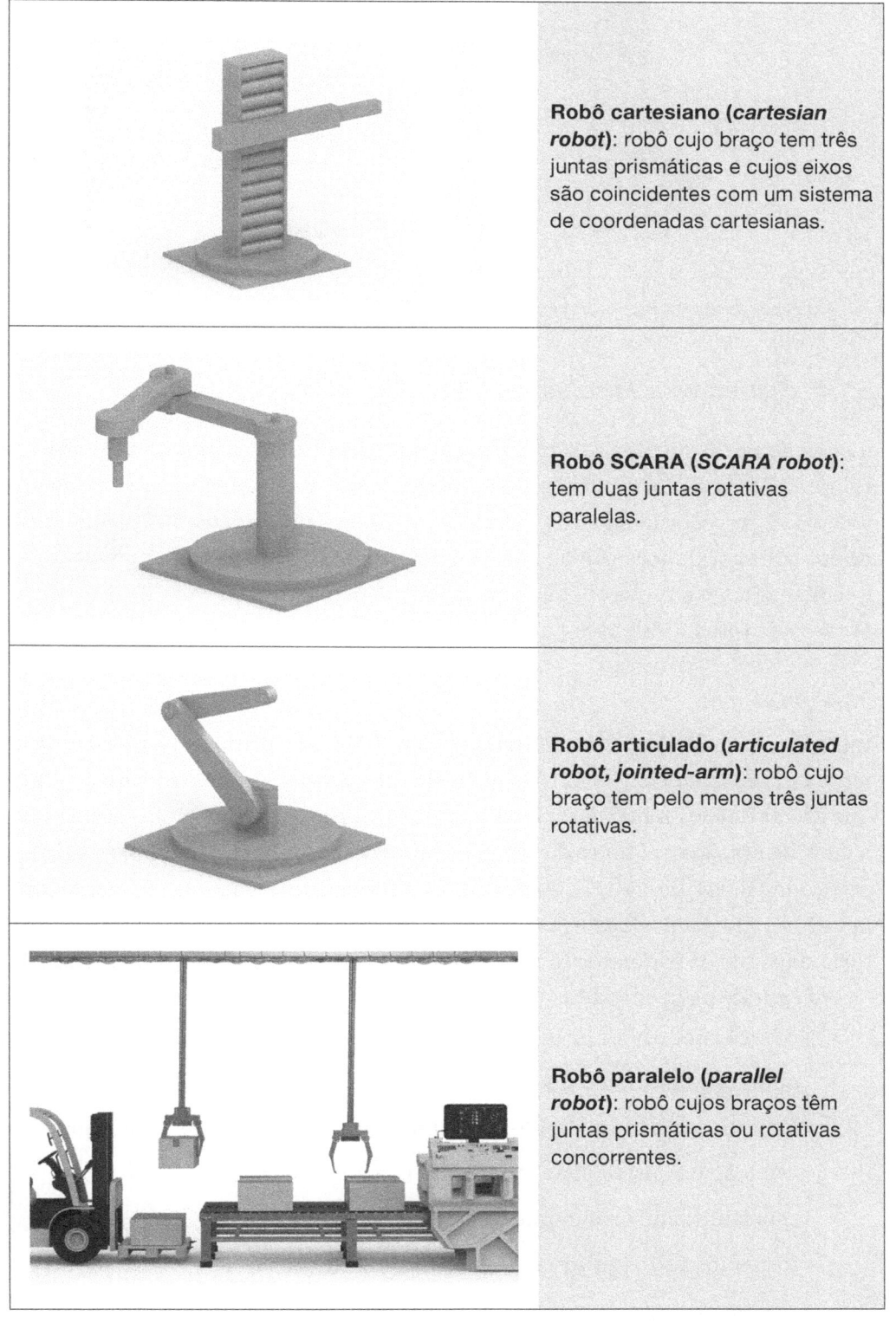

	Robô cartesiano (*cartesian robot*): robô cujo braço tem três juntas prismáticas e cujos eixos são coincidentes com um sistema de coordenadas cartesianas.
	Robô SCARA (*SCARA robot*): tem duas juntas rotativas paralelas.
	Robô articulado (*articulated robot, jointed-arm*): robô cujo braço tem pelo menos três juntas rotativas.
	Robô paralelo (*parallel robot*): robô cujos braços têm juntas prismáticas ou rotativas concorrentes.

(continua)

(Quadro 5.3 – conclusão)

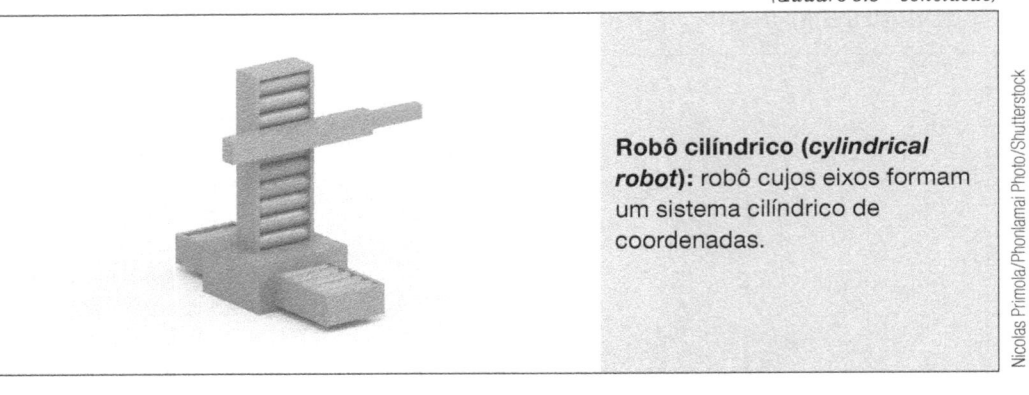

Robô cilíndrico (cylindrical robot): robô cujos eixos formam um sistema cilíndrico de coordenadas.

Fonte: Elaborado com base em IFR, 2019 e Schiavicco; Siciliano, 1995.

5.1.4 *Guided vehicle solutions* (AGV/LGV/RGV)

A solução para veículos não tripulados guiados automaticamente pelo chão de fábrica podem ser fornecidas por um fio enterrado, a ser detectado e seguido pelo veículo. Rotas e cruzamentos diferentes podem ser selecionados pelo sistema de controle geral, por meio de hastes-guia ou por trilhos, ou ainda por sensores que identificam a rota e obstáculos, permitindo que o veículo entregue produtos através de rotas diferentes para várias operações. (Wilson, 2005, p. 41-43).

5.1.4.1 AGV

Introduzidos na indústria manufatureira em 1955, os veículos autoguiados (*automated guided vehicles* – AGV) são dispositivos robóticos extremamente versáteis que são aplicados nas indústrias e nas empresas de distribuição e servem para a movimentação constante de cargas e alimentação (abastecimento) nas linhas de produção (Miller, 1987). Portanto, os AGVs são sistemas de transporte de materiais que se deslocam por um trilho (rota) previamente definido. A trajetória depende de inúmeros fatores, conforme a aplicação do AGV (Rocha, 2000).

As vantagens propiciadas pelo uso do AGV são:

- redução dos custos de mão de obra destinada à movimentação de materiais;
- operação de veículo não tripulado;
- fornecimento mais rápido de matéria-prima ao fluxo de produção;
- redução dos problemas ergonômicos dos operadores;
- repetibilidade de movimentos de materiais;
- fornecimento regular em turnos de trabalho;
- rastreabilidade de material.

Figura 5.6 – AGV

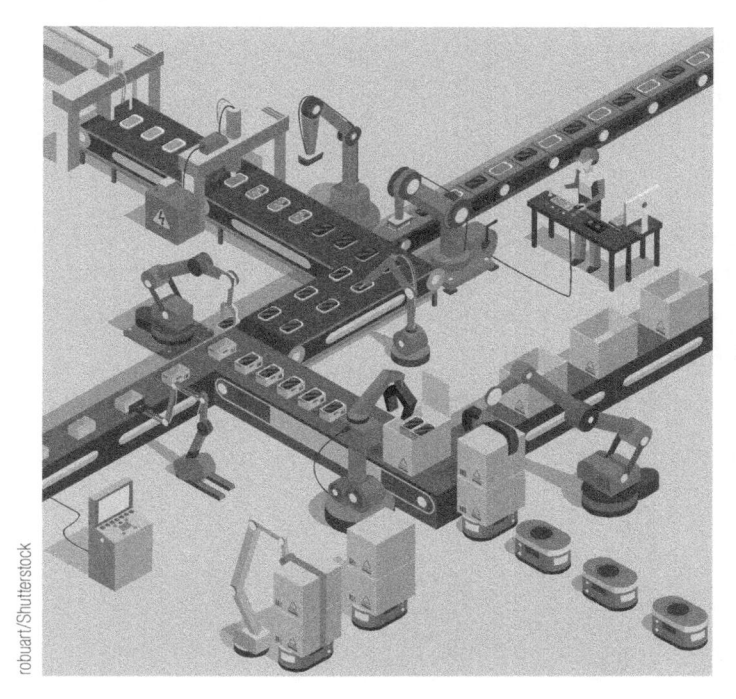

Existem diversos modelos de AGVs, que têm aplicações específicas de acordo com os locais em que são utilizados. Esses modelos podem ser:

- veículos de reboque;
- veículos de carga;
- empilhadeiras;
- veículos híbridos (há intervenção humana e/ou da máquina);
- veículos de montagem.

Assim, os AGVs podem ser utilizados em diferentes modalidades de empresas, pois apresentam sistemas de navegação flexíveis e avançados e fornecem um desempenho confiável no movimento de material automatizado. Exemplos de aplicações dos AGVs:

- indústria farmacêutica ou farmacológica;
- indústria química;
- fabricação geral de produtos;
- indústria automotiva;
- indústria de papel e celulose;
- indústria de alimentos e bebidas;

- hospitais;
- armazenagem;
- parques temáticos.

5.1.4.2 LGV

O veículo guiado a *laser* (*laser guided vehicle* – LGV) comunica dados via frequência *laser* e movimenta-se por uma rota preditiva. Com isso, não necessita de trilhos ou fita adesiva para se orientar e encontrar seu destino. As vantagens do uso do LGV são:

- garantia de a eficiência e velocidade;
- confiabilidade nas operações.

Figura 5.7 – LGV

5.1.4.3 RGV

O veículo guiado por trilhos (*rail guided vehicle* – RGV) é um sistema de transporte rápido de matéria-prima, flexível e de fácil instalação, e que tem estações de entrada e saída separadas. Apresenta trilhos lineares e circulares, que o RGV percorre de forma segura mesmo em alta velocidade. As vantagens de sua utilização são:

- fluxo automático eficiente de material controlado;
- várias combinações de estações;
- *layout* simples com distribuição controlada;

- frequentes atualizações da posição do veículo;
- veículo com operação independente por controlador;
- ruído e vibração moderados;
- capacidade de levantamento de cargas pesadas;
- diminuição de riscos ergonômicos para os operadores.

Figura 5.8 – RGV

5.1.5 *Flexible manufacturing system* (FMS)

Segundo Groover (2011), um sistema flexível de manufatura (*flexible manufacturing system* FMS) agrupa diversas tecnologias em um único sistema. Trata-se de uma tecnologia sofisticada que é utilizada para implementar a manufatura celular, sendo capaz de rotear várias estações automatizadas.

Conforme Slack, Chambers e Johnston (2009), o FMS é uma configuração controlada por computador de estações de trabalho semi-independentes e conectadas por manuseio de materiais e carregamento de máquinas automatizadas.

O FMS é composto por:

- **Unidade de estações de trabalho CNC**: são máquinas-ferramentas que realizam operações mecânicas.
- **Instalações de carga/descarga**: inclui a utilização de robôs para transferência de peças entre as UETs.
- **Instalações de transporte/manuseio de materiais**: inclui a utilização de robôs e/ou AGVs que movimentam as peças para/entre as UETs.

- **Sistema de controle central por computador**: controla e gerencia as atividades dos sistemas.

De acordo com Davis, Aquilano e Chase (2001), os FMSs integram diferentes áreas da organização, como usinagem, fabricação e montagem. Portanto, uma linha de produção flexível consiste em uma série de máquinas interligadas por esteiras transportadoras, robôs, AGVs, sistemas e dispositivos automatizados de transferência (*transfer*), com o objetivo de otimizar os processos produtivos.

Há três níveis de flexibilidade de fabricação, descritos no Quadro 5.4.

Quadro 5.4 – Sistemas flexíveis

Flexibilidades básicas	• flexibilidade da máquina para processar várias operações; • flexibilidade de manuseio de materiais; • flexibilidade de operações usadas para processar um tipo de peça.
Flexibilidades agregadas	• flexibilidade do programa sem intervenção externa; • flexibilidade de produção sem grandes investimentos em máquinas e financiamentos; • flexibilidade do mercado.
Flexibilidades do sistema	• flexibilidade de volume dos tipos de peças existentes; • flexibilidade de forma incremental; • flexibilidade de roteamento de forma a seguir caminhos alternativos; • flexibilidade do processo para produzir; • flexibilidade dos produtos que podem ser fabricados.

Fonte: Elaborado com base em Slack; Chambers; Johnston, 2009, p. 45-47, 220-223; Davis; Aquilano; Chase, 2001, p. 82.

Um FMS deve atender aos critérios dos seguintes testes:

- **Teste de variedade de peças**: o sistema deverá produzir diferentes tipos de peças.

- **Teste de mudanças de programação**: o sistema deve ser ajustável às mudanças no planejamento e programação da produção.

- **Teste de identificação e recuperação de erros**: o sistema deve recuperar eficazmente os erros de operação e dos equipamentos.

- **Teste de peças novas**: o sistema deve ser ajustável aos novos produtos projetados a serem manufaturados.

Segundo Slack, Chambers e Johnston (2009), as características indicativas de variedade × volume são representadas conforme o Gráfico 5.9.

Figura 5.9 – Matriz FMS

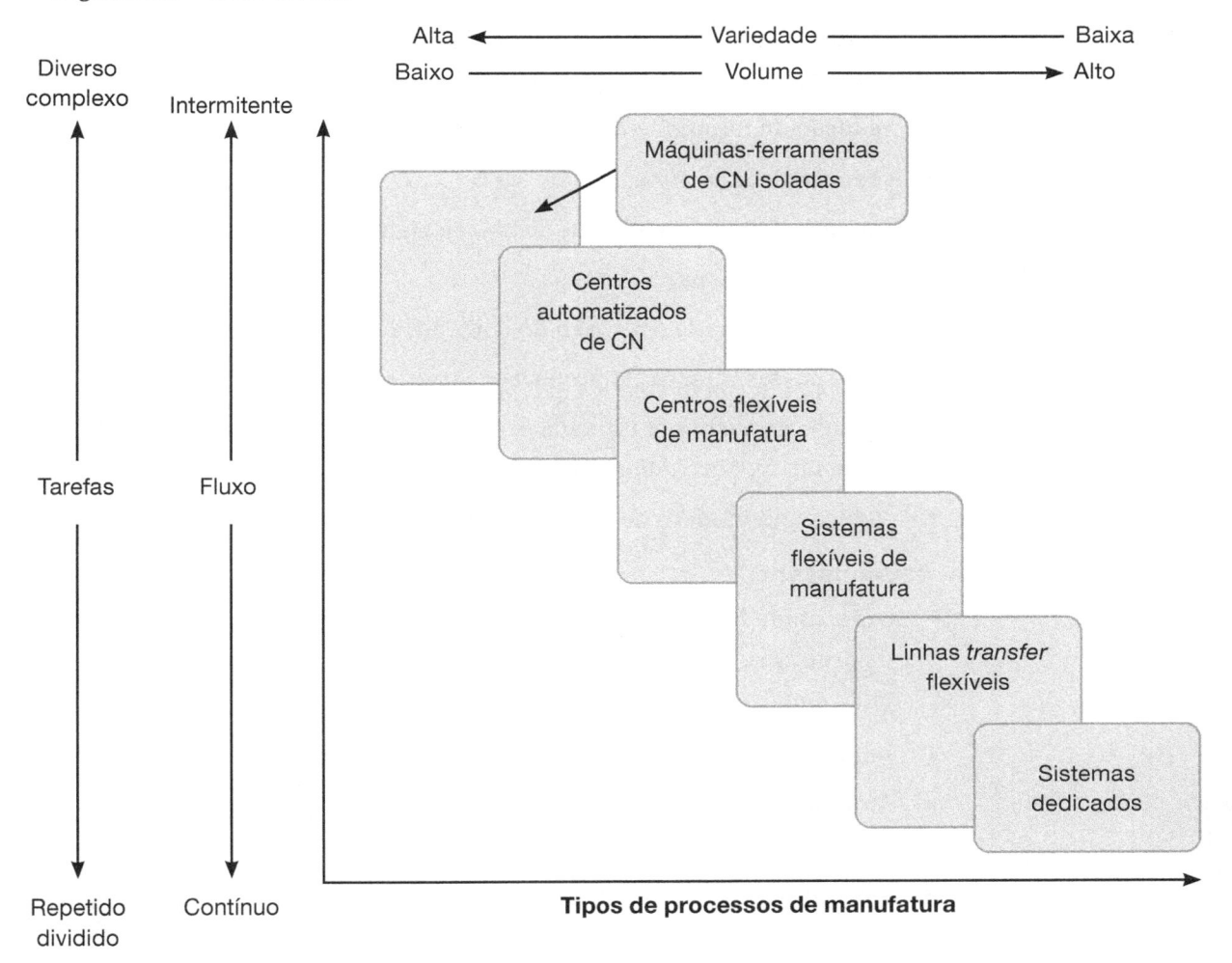

```
Diverso
complexo    Intermitente           Alta ←———— Variedade ———————— Baixa
                                   Baixo ————— Volume ————————→ Alto

                                        ┌─────────────────────┐
                                        │ Máquinas-ferramentas│
                                        │   de CN isoladas    │
                                        └─────────────────────┘
                                           ┌──────────────┐
                                           │   Centros    │
                                           │ automatizados│
                                           │    de CN     │
                                           └──────────────┘
                                              ┌────────────────┐
                                              │Centros flexíveis│
                                              │  de manufatura  │
                                              └────────────────┘
 Tarefas      Fluxo                              ┌──────────┐
                                                 │ Sistemas │
                                                 │flexíveis de│
                                                 │manufatura│
                                                 └──────────┘
                                                   ┌──────────────┐
                                                   │Linhas transfer│
                                                   │   flexíveis   │
                                                   └──────────────┘
                                                      ┌──────────┐
                                                      │ Sistemas │
                                                      │ dedicados│
                                                      └──────────┘

Repetido    Contínuo                Tipos de processos de manufatura
dividido
```

Fonte: Elaborado com base em Slack; Chambers; Johnston, 2009, p. 45-47, 220-223; Davis; Aquilano; Chase, 2001, p. 82; Martins; Laugeni, 2005, p. 480-492.

A necessidade de processos flexíveis permite a mudança rápida de produtos para outra linha com baixo custo de processo. Para isso, os operadores devem ser flexíveis e ter habilidades múltiplas e capacidade de mudar facilmente de um tipo de trabalho para outro. Para completar, além de processos e operadores flexíveis, há a necessidade de dispor de plantas flexíveis, capazes de se adaptarem às mudanças de *layout* em tempo real.

Slack, Chambers e Johnston (2009) descrevem as as vantagens e as desvantagens da implementação do FMS da seguinte maneira:

Vantagens:

- Melhor utilização do capital despendido decorrente da realização de mudanças mais rápidas a um baixo custo;
- redução do número e do custo de mão de obra direta;
- redução do *lead time*;
- estoque reduzido em virtude do planejamento da programação da produção;
- economia de espaços (áreas);
- melhor qualidade em razão do controle automatizado;
- redução dos tempos de preparação (*setup*);
- redução do custo por unidade produzida e maior produtividade utilizando o mesmo número de operadores;
- redução do número de trabalho indireto, retrabalho, reparos e rejeições.

Desvantagens:

- capacidade limitada de adaptar-se às mudanças do produto ou do *mix* de produtos;
- atividades de pré-planejamento reduzidas;
- implementação de alto custo;
- dificuldades tecnológicas de posicionamento para processar componentes;
- sofisticados sistemas de fabricação.

A complexidade e o custo elevado do FMS são motivos para sua lenta aceitação nas organizações.

5.1.6 *Computer integrated manufacturing* (CIM)

O primeiro conceito da manufatura integrada por computador (*computer integrated manufacturing* – CIM) surgiu em 1973, com o propósito de ser aplicado na "direção lógica de desenvolvimento das empresas industriais, onde a otimização não passaria por aumentar a eficiência da empresa em setores isolados, mas necessariamente no todo, de forma independente, guiada pela informação" (Harrington, 1973).

Conforme Groover (2001), o "termo CIM significa principalmente o uso de computadores nos modernos sistemas de planejamento de produção e projetos de produtos, controle de operações e funções relacionadas à manufatura". Segundo

Kalpakjian e Schmid (2001 p. 1103, tradução nossa), o CIM pode ser dividido em subsistemas:

- apoio ao planejamento do negócio;
- projeto do produto;
- planejamento de produção;
- controle de operações;
- acompanhamento do chão de fábrica,
- automação do processo.

O CIM é uma filosofia industrial e retrata uma classe distinta de integração de informações eficientes entre os departamentos, as atividades e os sistemas conforme o conceito do FMS. De acordo com Slack, Chambers e Johnston (2009), os objetivos da integração da informação são:

- integrar informações de produto (CAD);
- integrar informações de processo (CAM e CAPP);
- integrar informações de inspeção (CEP e CAI);
- integrar informações de produção (MRP e ERP);
- integrar informações de controle de chão de fábrica (CAP).

August-Wilhelm Scheer, da Universidade de Saarbrucken, na Alemanha, propõe um modelo funcional, denominado por ele *modelo Y*, no qual representa a integração das atividades de diversas áreas. Segundo Scheer (1993), o modelo Y apresenta, no lado esquerdo, a representação das atividades que englobam o planejamento e controle da produção (PCP) e, no lado direito, a representação das atividades que englobam as funções técnicas de processo. Observando-se atentamente o que é planejado (parte superior) e o que é realizado (parte inferior), essa diferença é a parte central do Y, ou seja, constitui a arquitetura do CIM e um banco de dados em que os fluxos de informações são alimentados, integrando todos os sistemas produtivos. No cabeçalho está representada a estrutura gerencial e financeira da organização, como indica a Figura 5.10.

Figura 5.10 – Modelo Y proposto por Scheer

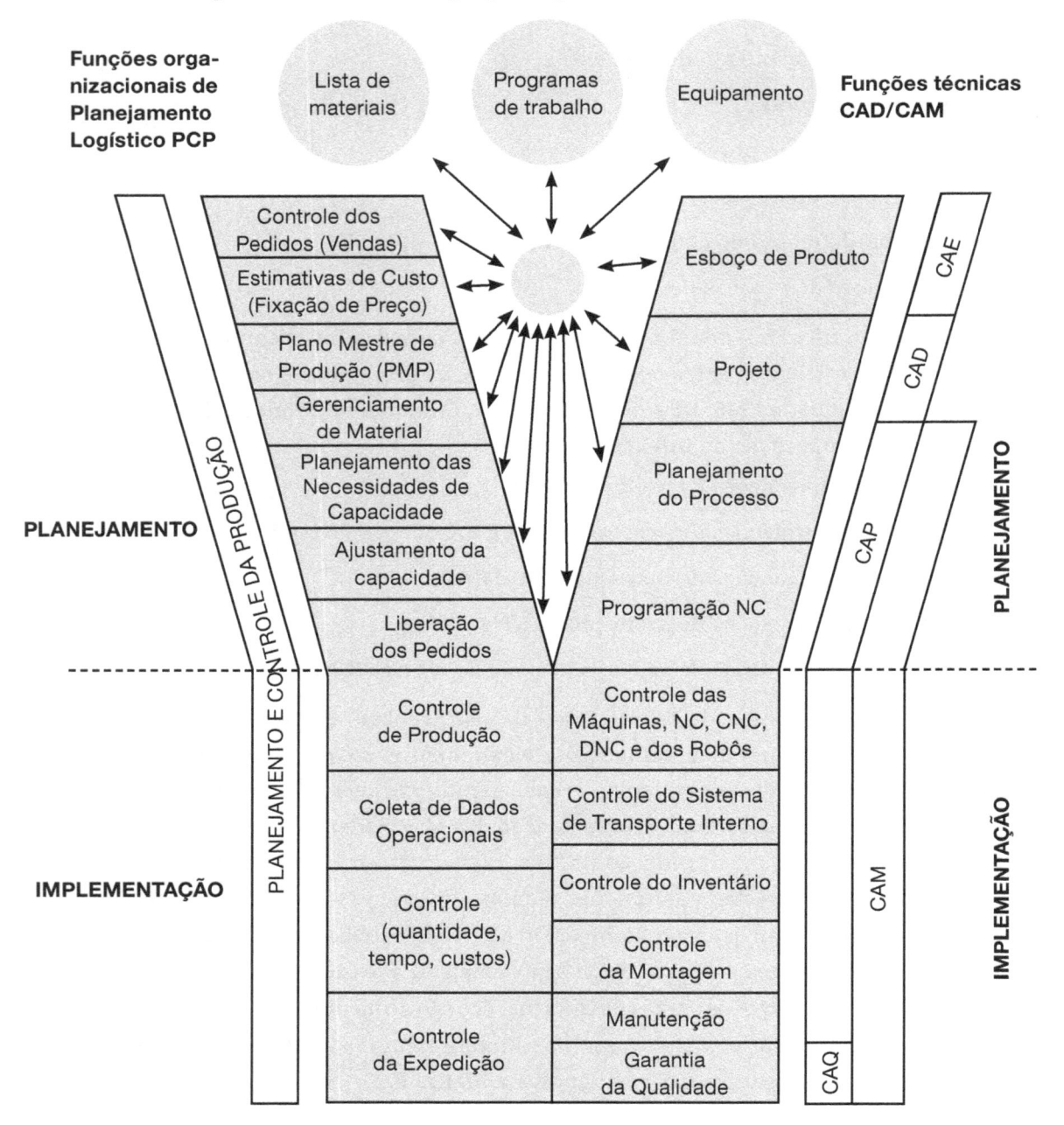

Funções organizacionais de Planejamento Logístico PCP

- Lista de materiais
- Programas de trabalho
- Equipamento

Funções técnicas CAD/CAM

PLANEJAMENTO

- Controle dos Pedidos (Vendas)
- Estimativas de Custo (Fixação de Preço)
- Plano Mestre de Produção (PMP)
- Gerenciamento de Material
- Planejamento das Necessidades de Capacidade
- Ajustamento da capacidade
- Liberação dos Pedidos

- Esboço de Produto
- Projeto
- Planejamento do Processo
- Programação NC

CAE / CAD / CAP

PLANEJAMENTO E CONTROLE DA PRODUÇÃO

IMPLEMENTAÇÃO

- Controle de Produção
- Coleta de Dados Operacionais
- Controle (quantidade, tempo, custos)
- Controle da Expedição

- Controle das Máquinas, NC, CNC, DNC e dos Robôs
- Controle do Sistema de Transporte Interno
- Controle do Inventário
- Controle da Montagem
- Manutenção
- Garantia da Qualidade

CAM / CAQ

PLANEJAMENTO

IMPLEMENTAÇÃO

Fonte: Scheer, 1993, p. 2.

Segundo Costa e Caulliraux (1995), o emprego do modelo Y torna-se mais conveniente quando a organização apresenta os seguintes atributos:

- realiza manufatura por lotes de peças em série ou customizados, conforme o pedido do cliente;
- efetua um processo de produção empurrada (sistemas do tipo MRP);
- dispõe de informações tecnológicas organizadas.

5.2 Processamento de informações

De acordo com Slack, Chambers e Johnston (2009), as tecnologias de processamento de informação compreendem qualquer mecanismo ou componente eletrônico que colete, manipule, armazene, compartilhe ou dissemine informação. Da mesma forma, Stair (1998, p. 11) afirma que "os sistemas de informação são dispositivos inter-relacionados que coletem dados (entrada), manipulem e armazenem (processamento), distribuam (saída) os dados e informações e forneçam elementos de retroalimentação".

A tecnologia da informação existe em todos os modelos de operações e proporciona um ritmo de desenvolvimento acelerado jamais visto nas outras revoluções industriais. Portanto, os *hardwares* que processam tais informações necessitam de maior velocidade e os *softwares*, de maior capacidade no gerenciamento dessas informações. Essa tecnologia requer máquinas que coletam dados e as processam e de pessoas que gerenciam os sistemas para transmitir as informações pertinentes aos clientes internos, externos ou fornecedores.

Conforme Rezende e Abreu (2000, p. 84), a tecnologia da informação está baseada nos seguintes componentes:

- *hardwares* e periféricos;
- *softwares*;
- sistemas de telecomunicações;
- gerenciamento de dados e informações.

As tecnologias de processamento de informação têm por finalidade:

- prevenir ou solucionar problemas organizacionais;
- reagir a modificações no ambiente operacional;
- tornar os processos mais eficientes e ágeis;
- auxiliar na implementação e no gerenciamento dos processos;
- auxiliar no controle dos processos;
- aumentar a produtividade;
- reduzir custos organizacionais;
- integrar os departamentos da organização;

- gerenciar os recursos da organização;
- ajudar na tomada de decisão;
- possibilitar a customização de produtos aos clientes.

Com o surgimento dos microcomputadores, houve a descentralização do processamento das informações, e as empresas passaram a necessitar de uma nova alternativa para interligar os equipamentos e fazer com que eles voltassem a se comunicar. Optou-se por uma rede de área local (*local area network* – LAN), que conecta os computadores pessoais a grupos de trabalho e permite o compartilhamento de arquivos de dados, impressoras e internet.

Slack, Chambers e Johnston (2009) afirmam que a internet é a tecnologia mais significativa dos últimos tempos, capaz de causar grandes impactos no gerenciamento da produção, estabelecendo conexões com redes de computadores em diferentes locais do planeta.

A internet, quando empregada para trocar informações entre clientes e fornecedores na gestão da cadeia de suprimentos, é denominada *intercâmbio eletrônico de dados* (*electronic data interchange* – EDI).

Além disso, há uma nova tendência de troca de informações em redes sem fio, chamadas *redes wireless*.

5.2.1 Sistemas ERP

Durante a década de 1990, os *softwares* de computador tornaram-se ferramentas tecnológicas poderosas e foram denominados *sistemas de planejamento dos recursos empresariais* (*enterprise resource planning* – ERP).

Com a finalidade de automatizar processos de manufatura, os ERPs dispõem de um complexo conjunto de programas capaz de integrar todas as atividades da organização, incluindo as de recursos humanos, compras, vendas, financeiro, planejamento de produção, manutenção, logística, almoxarifado, *marketing* e serviços.

5.2.2 Tecnologia de processamento de clientes

Apesar de as tecnologias de processamento integrarem as máquinas CNC, os robôs, os AGVs e os FMSs são importantes no CIM e os setores de serviços também utilizam ferramentas tecnológicas.

Isso pode ser facilmente observado em uma empresa de transporte aéreo, que necessita de uma tecnologia para compra e reserva de passagens aéreas, alocação de aeronaves, sistema de controle de voo, sistema de controle de embarque e desembarque, sistema de controle de despacho de bagagens e sistema de controle de conexões, entre outros. Essa tecnologia também está presente em hotéis, escolas, hospitais, serviços de transporte públicos ou privados, desembaraços alfandegários, caixas eletrônicos, estádios de futebol, cinemas etc.

A relação entre o consumidor e a tecnologia de processamento do serviço pode ocorrer de forma direta, como no caso de compras pela internet e operações no caixa eletrônico, ou de forma indireta, requerendo um intermediário. Logo, a tecnologia de processo envolve duas dimensões diferentes: grau de automação da tecnologia e escala da tecnologia.

5.2.3 Grau de automação da tecnologia

Nenhuma tecnologia existente hoje atua sem a intervenção humana e, quanto menor o nível de intervenção, maior o grau de automação. Portanto, os benefícios do grau elevado de automação da tecnologia são a redução do custo de mão de obra direta e a redução da variabilidade de processo.

Quanto maior o grau de automação, menor a flexibilidade dos sistemas, principalmente nos processos que necessitam de baixo volume e alta variedade. Segundo Gaither e Frazier (2002, p. 156), nem todos os projetos de automação deram certo, pois algumas empresas erraram na aquisição e implementação das máquinas automatizadas e apresentaram resultados piores do que antes da automatização.

A alta administração, portanto, tem um papel fundamental para que a organização alcance os resultados e seja bem-sucedida. É preciso considerar que a automação nem sempre é a opção mais econômica. A alta administração deve verificar o custo de mão de obra e compará-lo ao do equipamento automatizado, pois, se o valor salarial pago aos funcionários for baixo e o valor do equipamento for muito alto, pode não compensar o desembolso exigido para a aquisição do maquinário.

Existem setores nos quais a automatização de máquinas em determinadas operações não é viável tecnicamente, pois a destreza humana ainda é bem superior à das máquinas. Por outro lado, há empresas fornecedoras de bens e serviços que conseguem automatizar parte do setor produtivo, em que o sistema é mais bruto e pode trazer sérios problemas ergonômicos ou de saúde aos trabalhadores.

5.2.4 Escala da tecnologia

A escala da tecnologia indica quanto uma máquina é mais vantajosa em relação a outra. Existem máquinas que apresentam alta *performance*, porém o custo é elevado e podem ser facilmente substituídas por duas ou três máquinas de menor valor, pois executariam o mesmo serviço no mesmo tempo. A diferença está no tamanho ou na área ocupada. Assim, é necessário observar as vantagens e as desvantagens de cada uma das oportunidades de aquisição.

Por um lado, a máquina de alta *performance* é mais vantajosa, pois toma apenas uma parte do arranjo físico local e necessita de somente um operador. Por outro lado, o custo de aquisição e manutenção é maior e uma situação de emergência ou quebra da máquina escolhida pode paralisar todo o processo, deixando a fábrica parada.

Quando há mais máquinas de menor valor, a área ocupada é maior e necessita de mais operadores, porém, em caso de manutenção, é possível fazer arranjos ou diminuir a cadência para atender à demanda e, portanto, a fábrica não fica parada.

O gestor, então, deve escolher a tecnologia de produção que mais influencia na melhoria do desempenho da produção e no pacote de bens e serviços (qualidade, rapidez, confiabilidade, flexibilidade e custos) que será oferecido ao cliente.

■ Síntese

Neste capítulo, vimos as principais tecnologias utilizadas atualmente em um processo produtivo. Esses dispositivos lógicos instalados nas máquinas são controladores lógicos programáveis (CLPs), sensores, *displays*, gravadores, atuadores, interfaces homem-máquina (IHMs), computadores industriais adicionados, *softwares*, inversores de frequência, *hardwares* de serviço, robôs e comandos numéricos computadorizados (CNCs).

As tecnologias avançadas de manufatura (AMTs) necessitam da integração de três elementos: ser humano, *hardware* e *software*. Vimos que, no comando numérico computadorizado (CNC), as novas máquinas-ferramentas apresentam um elevado nível de precisão das medidas e alta velocidade nas operações e corte, o que reduz significativamente o tempo de processamento e aumenta a eficiência de linha. Dessa forma, têm maior flexibilidade de operação e menor tempo de *setup* e usinagem, porém seu custo é mais elevado, bem como sua manutenção.

Para os robôs industriais, o que determina sua versatilidade é a quantidade de graus de liberdade que a máquina tem. Os robôs mais conhecidos são o cartesiano, o SCARA, o articulado, o paralelo e o cilíndrico.

Vimos que o veículo guiado AGV (*automated guided vehicle*) é um veículo não tripulado que diminui os custos de mão de obra destinada à movimentação de materiais, reduz os problemas ergonômicos dos operadores e pode ser utilizado em diversos setores, como indústrias, hospitais, armazéns e parques temáticos. Por outro lado, os LGVs (*laser guided vehicle*) não necessitam de trilhos ou fita adesiva para se orientar e encontrar seu destino em alta velocidade, o que garante eficiência e confiabilidade nas operações. Diferentemente dos LGVs, os RGVs precisam de trilhos para se movimentar. Têm como vantagem o *layout* simples com distribuição controlada, ruído e vibração moderados e maior capacidade de levantamento de cargas pesadas.

A automação composta por unidades de estações de trabalho CNC, instalações de carga/descarga, instalações do transporte/manuseio de materiais e sistema de controle central por computador é denominada *sistema flexível de manufatura* (FMS). Ela proporciona mudanças mais rápidas a um baixo custo, melhora a utilização do capital despendido e reduz o *lead time*, porém apresenta capacidade limitada de adaptação às mudanças do produto ou ao *mix* de produtos.

Na manufatura integrada por computador (CIM), os objetivos são a integração da informação de produto (CAD), de processo (CAM e CAPP), de inspeção (CEP e CAI), de produção (MRP e ERP) e de controle de chão de fábrica (CAP).

Por fim, vimos o intercâmbio eletrônico de dados (EDI), que consiste na troca de informações entre clientes e fornecedores na gestão da cadeia de suprimentos. Os *softwares* de computador utilizados para os sistemas de planejamento dos recursos empresariais (ERPs) têm como finalidade a automatização dos processos de manufatura e integram todas as atividades da organização.

■ Questões para revisão

1. As tecnologias avançadas de manufatura (AMTs) envolvem uma diversidade de tecnologias que empregam a computação e a microeletrônica para controlar e avaliar processos produtivos. Descreva algumas delas.

2. Quais são as principais vantagens e desvantagens de uma máquina?

3. Quando o operador programa em uma máquina CNC os movimentos simultâneos de usinagem nos eixos X e Y, a máquina descreve uma trajetória denominada:
   a. prototipagem rápida.
   b. interpolação linear ou interpolação circular.
   c. servomotores.
   d. interface homem-máquina (IHM).
   e. controladores lógicos programáveis (CLP).

4. Os principais elementos da anatomia de um robô industrial são:
   a. *hardware*, *software*, atuadores, sensores, interface homem-máquina, inversores de frequência e controladores lógicos programáveis.
   b. servomotores, robótica, graus de liberdade, movimentação, processamento e controle de qualidade.
   c. manipulador mecânico, atuadores, sensores, unidade de controle, unidade de controle e efetuador final.
   d. robô cartesiano, robô SCARA, robô articulado, robô paralelo, robô cilíndrico, servomotores e processadores.
   e. atuadores, interface homem-máquina, robô cartesiano, unidade de controle, efetuador final, controladores lógicos programáveis e inversores de frequência.

5. Os *guided vehicle solutions* são veículos muito utilizados na indústria e em prestadores de serviços. Alguns desses veículos necessitam de trilhos lineares e circulares, outros precisam de trilhos ou fita adesiva para se orientarem (rota previamente definida) e alguns funcionam via frequência *laser* e movimentam-se por uma rota preditiva. Qual é o veículo que não requer trilhos ou fita adesiva para se orientar e encontrar seu destino?
   a. LGV.
   b. CIM.
   c. RGV.
   d. FMS.
   e. AGV.

■ Questões para reflexão ─────────────────────────

1. Explique as coordenadas de seis eixos (regra da mão direita).

2. Explique as diferenças entre os robôs cartesiano, SCARA, articulado, paralelo e cilíndrico.

3. Descreva o modelo Y proposto por Scheer.

6 Projeto e organização do trabalho

Conteúdos do capítulo
- *Projeto e organização do trabalho.*
- *Elementos do projeto do trabalho.*
- *Estudo do método.*
- *Diagrama AV/NAV.*
- *Estudo do posto de trabalho (análise taylorista e análise biomecânica).*
- *Projeto e posto de trabalho.*
- *Trabalho em equipe.*
- *Trabalho flexível.*

Após o estudo deste capítulo, você será capaz de:
1. descrever o conteúdo de um trabalho e as habilidades para executá-lo;
2. identificar um projeto de trabalho eficaz;
3. compreender os conceitos da indústria 4.0;
4. compreender os catorze princípios de Deming;
5. identificar e compreender a teoria da divisão do trabalho e os estudos dos tempos e métodos;
6. compreender a utilização do fluxograma;
7. compreender o conceito do diagrama AV/NAV;
8. identificar as regras ou leis naturais para desempenhar um trabalho e os conceitos de ergonomia;
9. compreender a análise taylorista e a análise biomecânica;
10. compreender os projetos de macroespaço, microespaço e detalhado;
11. compreender o que é empowerment;
12. identificar e compreender o trabalho em equipe;
13. compreender os princípios da abordagem sociotécnica no trabalho flexível.

6.1 Trabalho e suas responsabilidades

O projeto de trabalho determina o modo como as pessoas se relacionam em um ambiente de trabalho e suas responsabilidades e atitudes perante os colegas diante da execução de uma ou mais tarefas. Portanto, o projeto considera as funções que inter-relacionam os trabalhadores, a utilização da tecnologia, as técnicas produtivas e o desenvolvimento da filosofia organizacional, isto é, a visão e os valores da empresa (Slack; Chambers; Johnston, 2009, p. 247). Para Drucker (1997, p. 32), somente nos últimos anos está sendo dada a devida atenção ao trabalhador:

> Apesar de sempre ter sido algo tão fundamental para o homem, o estudo organizado do trabalho só foi iniciado nas últimas décadas do século dezenove. Frederick W. Taylor foi o primeiro homem da história conhecida a considerar o trabalho merecedor de observação e estudo sistemático. E pouco foi construído sobre ele desde então).

Gaither e Frazier (2002, p. 578) definem o projeto do trabalho como a "descrição do conteúdo de um trabalho e especificação das habilidades e treinamento necessário para executar esse trabalho". Na maioria das vezes, a organização do trabalho ocorre à medida que a produção de bens e serviços se desenvolve, o que garante o desempenho das atividades e a incorporação de padrões de qualidade e de custos (Gaither; Frazier, 2002, p. 529).

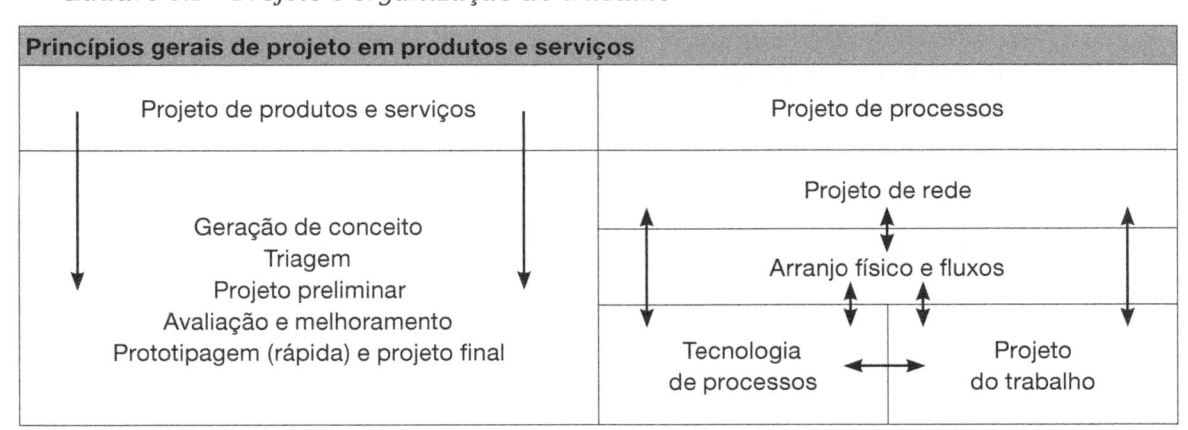

Quadro 6.1 – Projeto e organização do trabalho

Princípios gerais de projeto em produtos e serviços	
Projeto de produtos e serviços	Projeto de processos
Geração de conceito Triagem Projeto preliminar Avaliação e melhoramento Prototipagem (rápida) e projeto final	Projeto de rede Arranjo físico e fluxos Tecnologia de processos ↔ Projeto do trabalho

Fonte: Elaborado com base em Slack; Chambers; Johnston, 2009, p. 246-270; Martins; Laugeni, 2005, p. 103-109.

6.1.1 Elementos do projeto de trabalho

Os diversos elementos do projeto de trabalho, quando agrupados, determinam quais são as tarefas a serem desenvolvidas pelos trabalhadores (Slack; Chambers; Johnston, 2009, p. 248-249). Esses elementos são:

- alocação de tarefas (divisão de tarefas) por competência e habilidade do operador;
- sequenciamento (método) e tempo de duração de cada tarefa a ser realizada;
- alocação de tarefas por operação e quantidade de pessoas necessárias para executá-las por unidade de estação de trabalho (UET);
- aspectos tecnológicos disponíveis;
- aspectos das instalações industriais ou empresariais (*layout*) disponíveis;
- comprometimento de desempenho das tarefas na operação;
- aspectos ergonômicos, físico-ambientais e segurança dos trabalhadores;
- treinamentos dos trabalhadores para uma maior eficácia nos resultados e maior obtenção de lucros.

Segundo Cury (2000), para um projeto de trabalho tornar-se eficaz, é necessário conhecer o local em que a UET será instalada, para o qual o planejamento do *layout* deve ser previsto:

> O *layout* corresponde ao arranjo dos diversos postos de trabalho nos espaços existentes na organização, envolvendo, além da preocupação de melhor adaptar as pessoas ao ambiente de trabalho, segundo a natureza da atividade desempenhada, a arrumação dos móveis, máquinas, equipamentos e matérias-primas. (Cury, 2000, p. 386)

No momento de projetar as UETs, devem ser levados em conta os fatores relacionados à saúde e à segurança do trabalhador para não pôr em risco o bem-estar dos funcionários da organização. O calor ou o frio excessivo, a intensidade luminosa inadequada para uma perfeita execução do trabalho e os níveis elevados de ruído podem prejudicar o desempenho de quem está produzindo. Assim, Slack, Chambers e Johnston (2009, p. 249) observam que:

> - A faixa de temperatura confortável dependerá do tipo de trabalho que está sendo feito; trabalhos mais leves requerem temperaturas mais altas do que os trabalhos mais pesados.

- A eficácia das pessoas fazendo tarefas de vigilância se reduz a temperaturas acima de cerca de 29 °C; a temperatura equivalente para pessoas fazendo trabalhos manuais leves é um pouco menor.
- As chances de ocorrer acidentes aumentam a temperaturas que estão acima ou abaixo da faixa confortável para o trabalho envolvido.

Conforme Gaither e Frazier (2001), a produtividade pode ser aumentada de diversas formas, entre as quais estão:

- ampliar a produção utilizando menos recursos;
- reduzir ou simplificar a capacidade utilizada de recursos enquanto a produção é mantida ou ampliada;
- permitir que a capacidade utilizada de recursos seja ampliada contanto que a produção também seja ampliada;
- permitir que a produção reduza contanto que a capacidade utilizada de recursos também seja reduzida.

Conforme as teorias da administração científica de Taylor, os sistemas Toyota de produção, os sistemas reflexivos de produção (sistema Volvo) e as *smart factories* da indústria 4.0, para o crescimento da produtividade é necessário haver um melhor aproveitamento das entradas do processo *(inputs)*, da transformação do processo (produtos e/ou serviços) e das saídas do processo *(outputs)*.

Figura 6.1 – Inputs *e* outputs

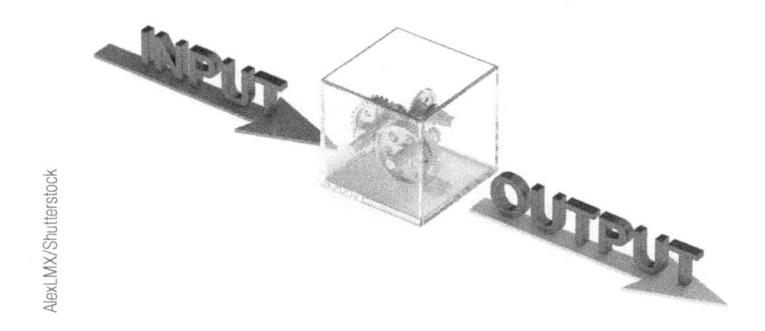

Portanto, a produtividade se baseia nos resultados de cada processo. Para melhorar as entradas (X *inputs*) e as saídas do processo (Y *output*), é indispensável identificar, medir e melhorar as métricas de entrada, conforme a equação $Y = f(x)$, em que Y é função de x, ou seja, $(Y = f(x_n) = f(x_1, x_2, x_3, ..., x_n)$.

Segundo Seixas (2016), a relação Y = f(x) é uma maneira fácil de trabalhar as causas potenciais e os efeitos de um problema. Entender a relação Y = f(x) é o primeiro passo para selecionar, com sucesso, um projeto.

Figura 6.2 – Função Y = f(x)

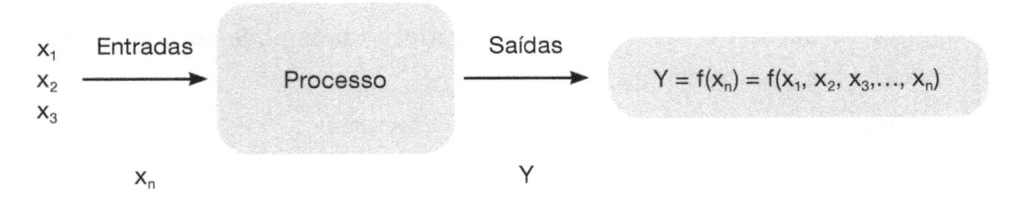

$x_1, x_2, x_3, \ldots, x_n$ Entradas → Processo → Saídas → $Y = f(x_n) = f(x_1, x_2, x_3, \ldots, x_n)$

Fonte: Elaborado com base em Seixas, 2016.

De acordo com essas teorias, as organizações que adotam a administração da produção e serviços obtêm como benefícios:

- qualidade em produtos e serviços;
- produtividade;
- velocidade de resposta;
- rentabilidade e redução dos custos organizacionais;
- qualidade de vida no trabalho;
- participação dos grupos de trabalho;
- saúde e segurança no trabalho;
- confiabilidade no fornecimento de bens e serviços;
- retenção de clientes;
- otimização das atividades que agregam valor;
- revolução cultural;
- flexibilidade nos processos.

Neumann (2013, p. 52) destaca que

> Melhorias de processos devem ser atingidas a partir de abordagens estruturadas, que possibilitem o desenvolvimento e a implementação de mudanças que produzam efeitos benéficos e sustentáveis ao desempenho do processo. Devem ser utilizados indicadores de desempenho para avaliar e monitorar a *performance* dos processos.

Dessa forma, há um melhor aproveitamento dos insumos, ou seja, dos *inputs* (matéria-prima, energia, máquinas, combustíveis consumidos etc.) e das boas práticas da organização (Moreira, 1999).

Deming (1990) estabelece catorze princípios aplicáveis a qualquer organização, grande ou pequena, indústria de transformação, empresa de serviços ou até mesmo divisões, subdivisões, unidades ou UETs.

Quadro 6.2 – Os catorze princípios de Deming

Princípio	Definição
1º	Estabeleça constância de propósitos para a melhoria do produto e do serviço, objetivando tornar-se competitivo e manter-se em atividade, bem como criar emprego.
2º	Adote a nova filosofia. Estamos numa nova era econômica. A administração ocidental deve acordar para o desafio, conscientizar-se de suas responsabilidades e assumir a liderança no processo de transformação.
3º	Deixe de depender da inspeção para atingir a qualidade. Elimine a necessidade de inspeção em massa, introduzindo a qualidade no produto desde seu primeiro estágio.
4º	Cesse a prática de aprovar orçamentos com base no preço. Em vez disso, minimize o custo total. Desenvolva um único fornecedor para cada item, em um relacionamento de longo prazo fundamentado na lealdade e na confiança.
5º	Melhore constantemente o sistema de produção e de prestação de serviços, de modo a melhorar a qualidade e a produtividade e, consequentemente, reduzir de forma sistemática os custos.
6º	Institua treinamentos no local de trabalho.
7º	Institua liderança. O objetivo da chefia deve ser ajudar as pessoas, as máquinas e os dispositivos a executar um trabalho melhor. A chefia administrativa está necessitando de uma revisão geral, tanto quanto a chefia dos trabalhadores de produção.
8º	Elimine o medo, de tal forma que todos trabalhem de modo eficaz para a empresa.
9º	Elimine as barreiras entre os departamentos. As pessoas engajadas em pesquisas, projetos, vendas e produção devem trabalhar em equipe, de modo a preverem problemas de produção e de utilização do produto ou serviço.
10º	Elimine lemas, exortações e metas para a mão de obra que exijam nível zero de falhas e estabeleçam novos níveis de produtividade. Tais exortações apenas geram inimizades, visto que o grosso das causas da baixa qualidade e da baixa produtividade encontram-se no sistema, estando, portanto, fora do alcance dos trabalhadores.
11º	Elimine padrões de trabalho (quotas) na linha de produção. Substitua-os pela liderança; elimine o processo de administração por objetivos. Elimine o processo de administração por cifras e os objetivos numéricos. Substitua-os pela administração por processos com base no exemplo de líderes.
12º	Remova as barreiras que privam o operário horista de seu direito de orgulhar-se de seu desempenho. A responsabilidade dos chefes deve ser mudada de números absolutos para a qualidade; remova as barreiras que privam as pessoas de orgulharem-se de seu desempenho. Isso significa a abolição da avaliação anual de desempenho ou de mérito, bem como da administração por objetivos.
13º	Institua um forte programa de educação e autoaprimoramento.
14º	Engaje todos da empresa no processo de realizar a transformação. A transformação é da competência de todos.

Fonte: Elaborado com base em Deming, 1990, p. 17-19.

8 aspectos de sistemas organizacionais inovadores

1. organização e gestão por processos (transversais), em contraposição àquela funcional/departamentalizada;

2. coordenação das atividades de trabalho direto feita prioritariamente ao próprio nível operário e não pela supervisão direta (hierarquia) ou pelo dispositivo técnico;

3. trabalho em grupo com autonomia, onde a definição do método e da divisão do trabalho seja prerrogativa do grupo, e não uma função externa, em contraposição ao conceito clássico de "tarefa";

4. polivalência como uma multiqualificação - qual seja, o desenvolvimento de um repertório profissional mais geral e variado, envolvendo um aumento da competência para lidar com os eventos do mundo fabril - e não como uma multitarefa;

5. um novo olhar para a comunicação intersubjetiva no trabalho, e a inserção do operário direto em atividades classicamente consideradas como de apoio ou gestão, alargando seu raio de ação, de poder e de nível de decisão na empresa, o que significa uma ruptura com a rígida divisão de áreas de atuação (produção - gestão, produção - projeto);

6. uma mudança na política de recursos humanos, coerente com a perda da importância relativa da noção de posto de trabalho, de cargos associados aos postos, e de tarefas predefinidas relativas a postos e a cargos dados;

7. a procura de um novo sistema de gestão econômica da produção e da empresa que supere os problemas colocados pela contabilidade gerencial analítica e pela modelagem corrente, integrando gestão "física" da produção (volumes, prazos, qualidade etc.) e gestão econômico-financeira;

8. sistemas tecnológicos avançados, caracterizados por um nível elevado de integração e flexibilidade, baseados em automação microeletrônica e redes de computadores.

Fonte: Salerno, 2008.

6.1.2 Estudo do método

Adam Smith inseriu significativamente a teoria da divisão de tarefas ou divisão do trabalho e a preocupação com o controle (rotina e eficiência) do trabalho entre os operadores. Por outro lado, a administração científica preocupava-se com o modo como o trabalho era executado. Isso proporcionou vantagens e desvantagens. Vejamos no Quadro 6.3.

Quadro 6.3 – Vantagens e desvantagens da divisão de tarefas

Vantagens	Desvantagens
• aprendizado mais rápido; • automação mais fácil; • maior rapidez na execução dos trabalhos; • aumento no volume de produtos manufaturados; • redução do trabalho não produtivo.	• monotonia; • estresse e cansaço físico; • doenças ocupacionais; • baixa flexibilidade; • baixa robustez.

Fonte: Elaborado com base em Slack; Chambers; Johnston, 2009, p. 251-255.

No século seguinte, Frank e Lillian Gilbreth utilizaram esses princípios para realizar os estudos dos tempos e movimentos, o que, nas organizações, é fundamental para a padronização das atividades. Nesse contexto, é necessário ter em conta os conceitos de tempo básico e tempo padrão:

- **Tempo básico**: é o tempo para que um operador qualificado execute determinada tarefa com desempenho e siga sempre o mesmo padrão.

- **Tempo padrão**: é o tempo básico somado aos intervalos (refeição, descanso, relaxamento, *setup* e necessidades pessoais).

A fadiga é apontada como um redutor da eficiência. Para diminuir a fadiga, a proposta do casal Gilbreth era o princípio da economia de movimentos, classificados em três grupos e referentes ao corpo humano, ao *layout* do local de trabalho e ao desempenho das ferramentas e do equipamento.

Em virtude das características dos produtos e serviços oferecidos, algumas empresas dispõem de departamentos específicos para os estudos dos tempos e métodos. O processo considera os procedimentos indispensáveis à execução dos trabalhos nas UETs. Para tanto, inicia-se o estudo do tempo em três etapas:

Etapa 1: verificar e medir os tempos pertinentes a cada operação.

Etapa 2: ajustar ou normalizar o tempo de cada operação observada.

Etapa 3: definir os tempos básicos com base no cálculo das médias do tempo observado.

Seixas (2016) e Slack, Chambers e Johnston (2009, p. 256-258) afirmam que, para a implantação ser eficiente, é necessário considerar seis passos:

1. Escolher o trabalho a ser avaliado: normalmente inicia-se o processo de tomada de tempo em UETs que causem gargalos na produção.
2. Registrar os procedimentos necessários para execução das tarefas: utilizar um fluxograma (em inglês: *flowsheet*).
3. Examinar criticamente os procedimentos necessários para execução das tarefas em sua ordem de sequência: utilizar a técnica de questionamento AV/NAV.
4. Desenvolver o método mais adequado visando à praticidade e economia: utilizar os verbos *eliminar*, *simplificar* ou *combinar*.
5. Adotar o novo método: ações preventivas ou corretivas.
6. Manter o método de cronoanálises periódicas: realizar o método sempre no mesmo horário (9h00) e manter o *kaizen*.

Dessa forma, o estudo do tempo é uma técnica de observação, medição e adequação dos processos produtivos por meio do qual se estipula o *takt time* da produção, de forma a obter o tempo padrão sob condições específicas e executar uma tarefa especializada com nível definido de desempenho.

6.1.2.1 Fluxograma

Segundo Ritzman e Krajewski (2007, p. 43), um fluxograma traça o fluxo de informações, clientes, funcionários, equipamentos ou materiais em um processo. De acordo com Harrington (1993, p. 103), "Define-se fluxograma como um método para descrever graficamente um processo existente, ou um novo processo proposto, usando símbolos simples, linhas e palavras, de forma a apresentar graficamente as atividades e a sequência no processo".

Portanto, o fluxograma é um diagrama sistemático que visa representar, de forma simples e objetiva, as distintas fases de qualquer procedimento de produção, de processo ou administrativo e as relações de dependência entre eles. Os diagramas são demonstrados por uma simbologia padronizada e são constituídos por passos sequenciais.

6.1.2.2 Diagrama AV/NAV

Como explica Langley (2005), a empresa fabricante estabelece o preço do produto ou serviço com base em ações e combinações necessárias ao processo produtivo e estipula um valor que será transformado em preço de venda, conforme percebido pelo cliente.

De acordo com Seixas (2016),

> O diagrama AV – **A**grega **V**alor / NAV – **N**ão **A**grega **V**alor ao produto ou serviço é todo conteúdo produtivo, ou financeiro, ou administrativo agregado, ou seja, valor inerente ao processo, e está refletido em seu preço de venda e demanda de mercado. O objetivo deste diagrama é eliminar as atividades desnecessárias, ou seja, as que não agregam valor (NAV) e conservar e manter as que agregam valor (AV) ao cliente.

Figura 6.3 – Diagrama AV/NAV

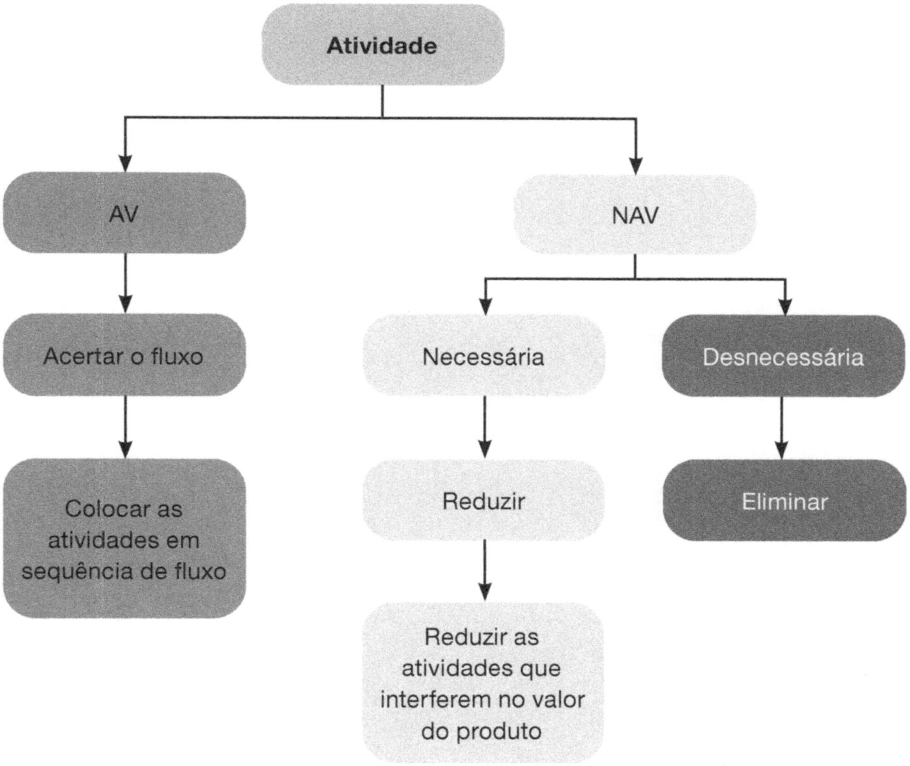

```
                        Atividade
                       /         \
                      AV          NAV
                      |          /    \
              Acertar o fluxo  Necessária  Desnecessária
                      |           |           |
              Colocar as       Reduzir     Eliminar
              atividades em       |
              sequência de fluxo  |
                              Reduzir as
                              atividades que
                              interferem no valor
                              do produto
```

Fonte: Elaborado com base em Langley, 2005; Seixas, 2016; Martins; Laugeni, 2005, p. 98-99.

Os procedimentos que agregam valor (AV) são percebidos pelo cliente, e os que não agregam valor (NAV) não o são, uma vez que são procedimentos realizados por outros setores da organização, como qualidade, manutenção, logística, financeiro, RH e planejamento, entre outros.

6.2 Ergonomia

Conforme Guérin et al. (2001), o termo *ergonomia* tem sua origem nas palavras gregas *ergon* (trabalho) e *nomos* (regras ou leis naturais). Segundo Teiger (1993), a ergonomia surgiu na Inglaterra após a Segunda Guerra Mundial.

> Ergonomia é o estudo do relacionamento entre o homem e o seu trabalho, equipamento e ambiente, e particularmente a aplicação doa conhecimentos de anatomia, fisiologia e psicologia na solução dos problemas surgidos desse relacionamento. (Iida, 2000, p. 1)

Falzon (2007) observa que, em agosto de 2000, o Conselho Científico da Associação Internacional de Ergonomia (International Ergonomics Association – IEA), em San Diego, nos Estados Unidos, estabeleceu a seguinte definição internacional de ergonomia:

Ergonomia (ou Fatores Humanos) é a disciplina científica que trata da compreensão das interações entre os seres humanos e outros elementos de um sistema, e a profissão que aplica teorias, princípios, dados e métodos, a projetos que visam otimizar o bem-estar humano e a *performance* global dos sistemas.

Os praticantes da ergonomia, **Ergonomistas**, contribuem para o planejamento, projeto e a avaliação de tarefas, postos de trabalho, produtos, ambientes e sistemas para torná-los compatíveis com as necessidades, habilidades e limitações das pessoas.

Domínios de especialização: derivada do grego *ergon* (trabalho) e *nomos* (leis) para denotar a ciência do trabalho, ergonomia é uma disciplina inicialmente orientada aos sistemas e que modernamente se estende por todos os aspectos da atividade humana. Ergonomistas, em sua prática profissional, devem ter uma compreensão abrangente da amplitude de seu papel, que é, com a Ergonomia, promover uma abordagem holística do trabalho, na qual considerações de ordem física, cognitiva, social, organizacional, ambiental e de outros aspectos relevantes devam ser levados em conta. Ergonomistas frequentemente trabalham em domínios de aplicação ou setores particulares da economia, tais como transportes e controle de processos. Entretanto, os domínios de aplicação não são mutuamente exclusivos e evoluem constantemente. Novos domínios são criados e antigos tomam novas direções.

Através da disciplina, os domínios de especialização representam profundas competências em atributos humanos específicos e características das interações humanas entre si e destes com os sistemas, quais sejam:

Ergonomia Física – no que concerne às características da anatomia humana, antropometria, fisiologia e biomecânica em sua relação com a atividade física. Os tópicos relevantes incluem postura no trabalho, manuseio de materiais, movimentos repetitivos, distúrbios musculoesqueléticos relacionados ao trabalho, projeto de postos de trabalho, segurança e saúde.

Ergonomia Cognitiva – no que concerne aos processos mentais, tais como percepção, memória, raciocínio e resposta motora, conforme afetam interações entre seres humanos e outros elementos de um sistema. Os tópicos relevantes incluem carga mental de trabalho, tomada de decisão, *performance* especializada, interação homem-computador, *stress* e treinamento conforme estes se relacionam aos projetos envolvendo seres humanos e sistemas.

Ergonomia Organizacional – no que concerne à otimização dos sistemas sociotécnicos, incluindo suas estruturas organizacionais, políticas e processos. Os tópicos relevantes incluem comunicações, gerenciamento de recursos de tripulações (CRM – domínio aeronáutico), projeto de trabalho, organização temporal do trabalho, trabalho em grupo, projeto participativo, ergonomia comunitária e trabalho cooperativo, novos paradigmas do trabalho, cultura organizacional, organizações em rede, teletrabalho e gestão da qualidade.

Fonte: IEA, 2008, p.3.

6.2.1 Estudo do posto de trabalho

Conforme Iida (2000), os dois tipos básicos de postos de trabalho são o taylorista ou tradicional – fundamentado nos princípios de economia dos movimentos – e o ergonômico – baseado na análise biomecânica (avaliação do movimento humano) da postura e na comunicação e no convívio entre as pessoas, o sistema e o ambiente de trabalho.

6.2.1.1 Análise taylorista (tradicional)

Segundo Iida (2000, p. 4), o enfoque do estudo taylorista está voltado para os movimentos físicos do ser humano, ou seja, uma série de princípios de economia de atividades e de suas cronoanálises a fim de se obter a melhor mobilidade com o menor tempo gasto.

Para se identificar o melhor método, o estudo é desenvolvido em um laboratório de engenharia de métodos (LEM), no qual há distintos equipamentos, materiais e dispositivos necessários para a execução das tarefas, os quais ficam dispostos em posições convenientes e fundamentadas em critérios científicos ou, ainda, em melhores práticas *benchmarking* e em conhecimentos tácitos. De acordo com Iida (2000, p. 146-148), esse processo envolve três etapas:

1. Elaborar o método pretendido, onde os analistas devem:
    I. Estabelecer o objetivo da operação.
    II. Detalhar as diferentes possibilidades para se obter o objetivo da operação.
    III. Escolher o melhor método que alcance o objetivo proposto.
    IV. Testar essas possibilidades.
2. Preparar, registrar e implantar o método padrão em toda fábrica. Para tal, deve-se:
    I. Descrever um procedimento operacional padronizado do método.
    II. Elaborar um croqui esquemático do arranjo físico da UET, detalhando as respectivas dimensões das peças, dispositivos, ferramentas e máquinas.
    III. Listar os riscos ambientais (iluminação, calor, gases, poeiras) conforme a NR-9 – RISCOS AMBIENTAIS (Atual: Programa de Controle Médico de Saúde Ambientais – PPRA) conforme os respectivos grupos de riscos, que podem influenciar no desempenho.
3. Determinar tempo padrão (tempo necessário para executar o trabalho usando o método padrão, incluindo os tempos necessários para *setup*, necessidades fisiológicas dos operadores, horário de descanso, alimentação etc.).

Quadro 6.4 – Fundamentos de economia de movimentos

I. Uso do corpo humano
1. As duas mãos devem iniciar e terminar os movimentos no mesmo instante.
2. As duas mãos devem ficar inativas ao mesmo tempo.
3. Os braços devem mover-se em direções opostas e simétricas.
4. Devem ser usados movimentos manuais mais simples.
5. Deve-se usar quantidade de movimento (massa x velocidade) ajudando o esforço muscular.
6. Deve-se usar movimentos suaves, curvos e retilíneos das mãos (evitar mudanças bruscas de direção).
7. Os movimentos "balísticos" ou "soltos" são mais fáceis e precisos que os movimentos "controlados".
8. O trabalho deve seguir uma ordem compatível com o ritmo suave e natural do corpo.
9. As necessidades de acompanhamento visual devem ser reduzidas.
II. Arranjo do posto de trabalho
10. As ferramentas e materiais devem ficar em locais fixos.
11. As ferramentas, materiais e controles devem localizar-se perto dos seus locais de uso.
12. As peças acabadas devem localizar-se na mesma sequência de uso.
13. As peças acabadas devem ser retiradas por gravidade.
14. Materiais e ferramentas devem localizar-se na mesma sequência de uso.
15. A iluminação deve permitir uma boa percepção visual.
16. A altura do posto de trabalho deve permitir o trabalho de pé, alternando com trabalho sentado.
17. Cada trabalhador de dispor de uma cadeira que possibilite uma boa postura.
III. Projeto das ferramentas e do equipamento
18. As mãos devem ser substituídas por dispositivos, gabaritos ou mecanismos acionados por pedal.
19. Deve-se combinar a ação de duas ou mais ferramentas.
20. As ferramentas e os materiais devem ser pré-posicionados.
21. As cargas, no trabalho com os dedos, devem ser distribuídas de acordo com as capacidades de cada dedo.
22. Os controles, alavancas e volantes devem ser manipulados com alteração mínima da postura do corpo e com a maior vantagem mecânica.

Fonte: Iida, 2000, p. 147.

6.2.1.2 Análise ergonômica (biomecânica ocupacional)

Segundo Iida (2000, p. 83), a biomecânica ocupacional é uma ciência que se preocupa "com as interações físicas do trabalhador, com o seu posto de trabalho, máquinas, ferramentas e materiais, visando reduzir os riscos de distúrbios musculoesqueléticos". Esse aspecto ergonômico propicia o desenvolvimento de UETs que simplifiquem os esforços biomecânicos e cognitivos, proporcionando ao operador uma boa postura no ambiente de trabalho, o que lhe permite a realização das tarefas com conforto, eficiência e segurança, além de eliminar tarefas altamente repetitivas.

No Brasil, existe a Associação Brasileira de Ergonomia (Abergo, 2019), instituição sem fins lucrativos cujo objetivo é "o estudo, a prática e a divulgação das interações das pessoas com a tecnologia, a organização e o ambiente, considerando as suas necessidades, habilidades e limitações".

Segundo Dul e Weerdmeester (2004), os princípios mais importantes da biomecânica para a ergonomia são:

- conservar pesos próximos ao corpo;
- manter as articulações em uma posição neutra;
- evitar curvar-se para a frente;
- evitar inclinar a cabeça;
- evitar torções de tronco;
- evitar movimentos bruscos que produzam picos de tensão;
- alternar posturas e movimentos;
- restringir a duração do esforço muscular contínuo;
- prevenir a exaustão muscular;
- introduzir pausas curtas e frequentes.

Iida (2000, p. 83-86) observa que, para podermos entender a diferença entre os tipos de trabalho, devemos observar algumas situações:

- Todo **trabalho estático** requer concentração contínua de alguns músculos para manter-se em uma determinada posição, ou seja, altamente fatigante e por isso deve ser observado e avaliado, as pausas devem ser mais constantes, assim como as mudanças de postura, visando o relaxamento e alívio das tensões musculares, exemplo: trabalho em pé.
- Todo **trabalho dinâmico** permite que haja alternância entre contrações e relaxamentos dos músculos para fazer um determinado ofício, exemplo: serrar, soldar, ajustar etc.

As posturas básicas do corpo humano, seja em trabalho, seja em repouso, são deitada, sentada e em pé.

Quadro 6.5 – Distribuição de partes do corpo em função do peso total

Parte do corpo	Porcentagem do peso total	Exemplo para peso de 70 kg
Cabeça	6% a 8%	5 kg
Tronco	40% a 46%	30 kg
Membros superiores	11% a 14%	8 kg
Membros inferiores	33% a 40%	27 kg

Fonte: Elaborado com base em Iida, 2000, p. 84.

Características da posição deitada:

- É a postura mais adequada para o repouso e a recuperação da fadiga.
- Impede que ocorram tensões musculares.
- Existe liberdade de fluxo sanguíneo em todas as partes do corpo.
- Elimina as toxinas dos músculos que provocam a fadiga.
- Há menor consumo energético, aproximando-se do metabolismo basal.

Características da posição sentada:

- O peso do corpo todo é acomodado pela pele e pelos músculos que cobrem o osso ísquio (nádegas).
- Exige laboração muscular do dorso e do ventre.
- O consumo de energia é 3% a 10% maior que na posição deitada.
- A postura moderadamente inclinada para a frente é menos cansativa que a totalmente ereta.
- O assento deve permitir as mudanças na postura, a fim de diminuir o cansaço.

Características da posição em pé:

- Concepções inadequadas nas máquinas, nos apoios, nos assentos ou nas estações de trabalho forçam o trabalhador a adotar posturas inadequadas.
- É demasiadamente fatigante, pois o trabalhador permanece com a musculatura envolvida na execução do trabalho de forma mais estática.
- O coração enfrenta mais dificuldades em bombear o sangue para as extremidades do corpo.
- Os trabalhos em pé em geral são dinâmicos e menos cansativos que os trabalhos estáticos ou com pouca movimentação.

Quadro 6.6 – Posturas essenciais do corpo humano em relação às áreas de risco de dores e doenças provocadas por posturas inadequadas

Postura	Risco de dores
Em pé, sem se movimentar	Pés e pernas (varizes), região lombar
Sentado ereto, sem apoio das costas	Músculos extensores das costas
Sentado, assento muito alto	Joelho, pescoço, região lombar, pés e batata da perna
Sentado, assento muito baixo	Ombros e pescoço
Braços estendidos	Ombros, escápulos superiores e braços
Tronco inclinado para a frente, posição parada	Região lombar, músculos da espinha eretora, deterioração dos discos intervertebrais da região lombar
Qualquer posição paralisada	Musculatura envolvida

Fonte: Elaborado com base em Iida, 2000, p. 84-85.

Como pode ser observado, as situações biomecânicas incorretas trazem sérias consequências ao corpo. Desse modo, Couto (1995) descreve dez situações de esforços estáticos mais comuns:

9. Trabalhar com o corpo fora do eixo natural (vertical).
10. Manter cargas pesadas com os membros superiores.
11. Trabalhar habitualmente compensando o corpo sobre um dos pés, enquanto o outro aperta um pedal.
12. Trabalhar como os braços acima do nível dos ombros.
13. Trabalhar com os braços abertos.
14. Transportar, manusear ou levantar cargas pesadas.
15. Manter esforços estáticos de pequena intensidade, porém durante um grande período de tempo.
16. Trabalhar sentado, sem utilizar o apoio para o dorso, sustentando o tronco com o esforço estático dos músculos das costas.
17. Trabalhar sentado ou em pé, sem apoio para o antebraço, sustentando-o pela ação dos músculos dos braços.
18. Trabalhar em pé e parado.

Portanto, a postura ideal para a execução de um trabalho deve permitir a flexibilidade postural. O trabalhador deve andar por alguns momentos e alternar a posição sentada ou em pé, evitando a postura estática (em pé ou sentada). Porém, há posturas excepcionais, o que exige pausas de recuperação ou rotatividade dos trabalhadores a cada 2 horas, a cada 4 horas ou a cada dia.

Figura 6.4 – Exemplo de postura correta para cada situação no trabalho

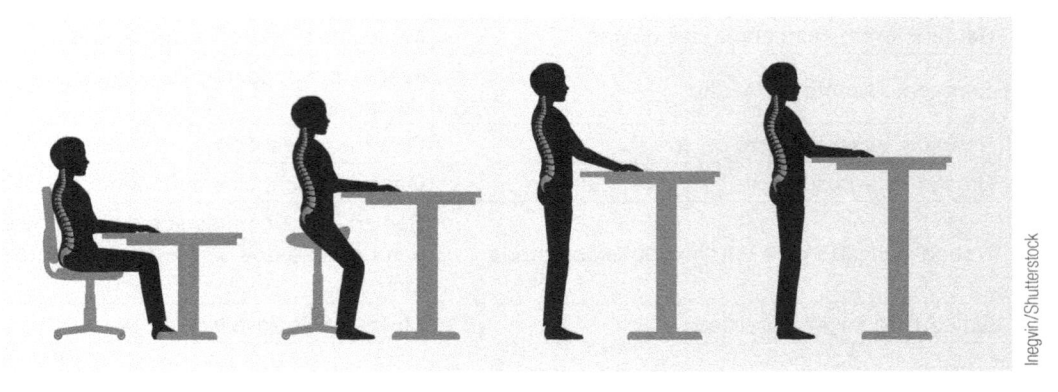

6.2.1.3 Projeto do posto de trabalho

Conforme Iida (2000, p. 146-170), o projeto da UET está relacionado ao planejamento das instalações produtivas, e a análise ergonômica ocorre em três níveis.

1. **Projeto do macroespaço**: no *layout*, são estabelecidas as dimensões (metragens) de cada departamento e das áreas de apoio (estoques, movimentação, apoio de pessoal, utilidades, manutenção etc.). Nesse nível, são definidos os *inputs* e os *outputs* de transformação da matéria-prima em produtos, bem como a posição dos operadores, das máquinas e dos equipamentos, além de estudos do ambiente geral de trabalho, observando aspectos como iluminação, temperatura, ruídos, organização do trabalho em horários, turnos e equipes e sistemas de transporte, entre outros elementos.

2. **Projeto do microespaço**: o foco está na ergonomia da UET e inclui o operador em seu ambiente de trabalho, compreendendo as máquinas e os equipamentos que serão utilizados, bem como aspectos ergonômicos.

3. **Projeto detalhado**: são estabelecidos os projetos e a seleção dos instrumentos de informação e de controle da produção.

Figura 6.5 – UETs

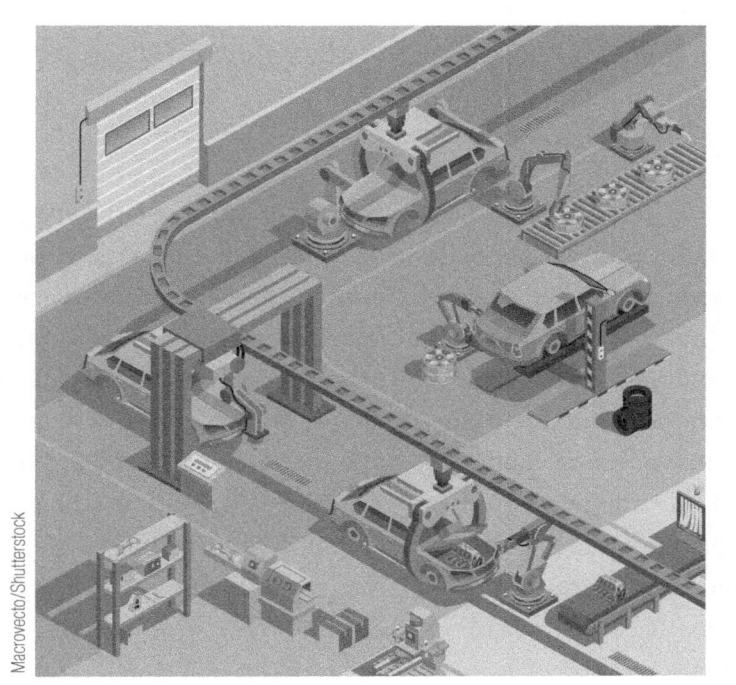

6.3 *Empowerment*

As ideias de Taylor levaram os administradores durante a década de 1920 a analisar as melhores práticas para a execução de determinado trabalho. As tomadas de decisão eram sempre feitas pelos administradores e as tarefas eram realizadas pelos trabalhadores de forma submissa. Na década de 1960, o trabalho passou a ter outro efeito, tornando-se mais enriquecedor e flexível. Na década de 1970, havia um interesse industrial na participação dos trabalhadores e, na década de 1980, as inovações envolviam os trabalhadores em ambientes de qualidade, no desenvolvimento de equipes e nos benefícios compartilhados. Essa característica da extensão de autonomia do trabalho denomina-se *empowerment* e também pode ter o significado de dar ao trabalhador o poder ou a autoridade para fazer modificações no trabalho em si, desenvolver trabalhos autogeridos, semiautônomos ou interferir no modo como ele é realizado.

O *empowerment* está baseado nos conceitos culturais das empresas, nas formas de gerenciamento da qualidade total (*total quality management* – TQM) e na gestão de recursos humanos (*human resource management* – HRM). Segundo Juran e Gryna (1993, p. 12, tradução nossa), o TQM consiste em "um sistema de atividades direcionadas para o consumidor, dando poder aos funcionários, aumentando rendimentos e reduzindo custos". Para Goetschi e Davis (1994, p. 157, tradução nossa), está centrado "na ajuda que os funcionários podem dar uns aos outros dentro da empresa". Slack, Chambers e Johnston (2009) afirmam que o *empowerment* pode ser incorporado às tarefas em diferentes níveis:

- **Envolvimento de sugestão**: é o poder dado à pessoa para colaborar oferecendo sugestões de melhoria. No entanto, não lhe é dada a liberdade para efetivar as propostas

- **Envolvimento do trabalho**: é o poder dado à pessoa para alterar o modo de realizar uma tarefa, observando as limitações e a ocorrência de impactos existentes nas demais áreas da organização.

- **Alto envolvimento**: é o poder dado à pessoa para tomar decisões estratégicas e operacionais e definir produtos, tecnologias e *layout* de produção para o melhor desempenho da organização.

6.4 Trabalho em equipe

Hackman e Oldham (1976) propõem que no trabalho em equipe estão envolvidos os seguintes aspectos:

- **Variedade de habilidades**: a atividade a ser realizada exige inúmeras capacidades e competências do trabalhador no momento da execução de tarefas diversificadas.
- **Identidade da tarefa**: uma parte da atividade a ser realizada exige resultado tangível.
- **Significância da tarefa**: a atividade estabelece relações na vida ou no trabalho de outras pessoas.
- **Autonomia**: a atividade propicia independência nas tomadas de decisão para planejar o melhor método de execução de uma tarefa.
- *Feedback*: a atividade exige uma retroalimentação do desempenho do trabalho executado.

Segundo Slack, Chambers e Johnston (2009), as abordagens comportamentais, bem como as abordagens sociotécnica e japonesa, mencionam como elementos fundamentais para o aumento da produtividade:

- **Alargamento do trabalho**: trata-se da ampliação da quantidade de tarefas que o mesmo trabalhador executa a fim de que o trabalho seja diversificado sem aumentar o nível de dificuldade para seu desempenho.
- **Enriquecimento do trabalho**: incluem-se as tarefas que abrangem tomadas de decisão, obtendo-se maior domínio sobre as atividades a serem realizadas.

Marx (2010) assinala que o trabalho em equipe para o chão de fábrica pode ser classificado em:

- **Grupos enriquecidos**: constituem uma organização grupal com relativa autonomia e que está fortemente baseada no conceito de responsabilização e polivalência na gestão local.
- **Grupos semiautônomos**: surgiram sob a influência da abordagem sociotécnica da Volvo a partir da década de 1970. Neles, há metas de produção e objetivos organizacionais e individuais.

A configuração das equipes pela Toyota, a partir da década de 1960, era caracterizada por grupos enriquecidos, cujas atividades eram controladas pela supervisão e que tinham autonomia, participação e atribuições restritas. Para muitos autores, essa forma de organização recebeu o nome de *toyotismo*. Para Marx (2010), os grupos semiautônomos são denominados *volvismo*:

> Os grupos semiautônomos possuem maior autonomia para solução de problemas, maior flexibilidade nos sistemas de trabalho, maior espaço para negociação e decisão, maior absorção das funções de manutenção e controle, maior capacidade de crescimento profissional e o *empowerment* (participação ativa dos empregados com autonomia na tomada de decisões. (Marx, 2010, p. 11)

O revezamento no trabalho, ou seja, a troca periódica de funções entre os trabalhadores, visa restringir a monotonia e aumentar a habilidade dos funcionários, facilitando a melhoria contínua no mapeamento de processos, na adequação das máquinas para maior produtividade e nas substituições em caso de emergência.

6.5 Trabalho flexível

O trabalho flexível está baseado na abordagem sociotécnica, isto é, na integração entre os requisitos do sistema técnico e as capacitações do sistema social, e segue os princípios dos grupos semiautônomos do volvismo. Essa mudança fez com que a percepção do mundo atual levasse em consideração a vida social, familiar e profissional e fossem observadas formas alternativas de organização, novas atitudes de trabalho e tecnologias de ponta. As empresas ficaram mais competitivas em virtude de o público consumidor ser mais exigente e ter voz ativa para contribuir com o sucesso ou o fracasso da corporação ou do produto.

Portanto, os aspectos mais significativos do trabalho flexível podem ser descritos como:

- **Flexibilidade de habilidades**: permite ao trabalhador adaptar-se a muitas tarefas diferentes.

- **Flexibilidade de tempo**: permite trabalhar somente uma parte do tempo ou por períodos de demanda.

- **Flexibilidade de localização**: o trabalhador pode desempenhar suas funções em qualquer lugar onde possa se comunicar com o restante da empresa.

Segundo Ciocoiu, Nau e Gruninger (2001) e Uschold e Gruninger (1996), o trabalho flexível apresenta algumas demandas nas organizações. A seguir, são listadas as dez principais demandas tanto na manufatura como nos serviços.

- **Demanda 1 – Habilidade de visualizar e conceituar de forma inteligente**: visualizar e conceituar todas as possibilidades necessárias para a análise de requisitos, de ferramentas de avaliação de desempenho, da manufaturabilidade e comportamento dos materiais, de modo que se possam avaliar diferentes cenários de produto e processo, a fim de otimizar os processo e satisfazer as necessidades do consumidor.

- **Demanda 2 – Análise de custo e risco orientada por requisitos**: ambiente organizacional baseado em modelos detalhados (produto e processo), no qual o cliente é introduzido no sistema produtivo (voz do cliente) por meio da alimentação de requisitos (preferências de usuários específicos) no processo de análise de custo do projeto, na fabricação e nos fatores de risco do negócio.

- **Demanda 3 – Produto inteligente**: modelo de produto integrado, completo e inteligente, muito além do que já foi desenvolvido, com grande escopo de trabalho, capaz de direcionar todas as aplicações subsequentes. Esse modelo dissemina, gerencia e alcança todos os domínios de conhecimento em seus requisitos, conceitos e detalhamento, sendo direcionado para todas as etapas do ciclo de vida do produto.

- **Demanda 4 – Planejamento e projeto de produto com base em conhecimento**: fatores direcionadores padronizados para capturar, manter e gerenciar o conhecimento com qualidade, bem como desenvolver métodos e estruturas para o planejamento e o projeto de produto. É necessário o acesso de dados nos sistemas de informação, capazes de desenvolver automaticamente produtos e processos que representem a aplicação do melhor e mais recente conhecimento no ambiente competitivo.

- **Demanda 5 – Processos universais**: modelos virtuais de processos interoperáveis, precisos e universais, antes de se comprometer com a produção física. São desenvolvidos e ajustados virtual e interativamente para a manufaturabilidade, a interoperabilidade, a confiabilidade, a lucratividade, a capabilidade, a sustentabilidade e a qualidade.

- **Demanda 6 – Integração total das funções da organização**: integração das informações compartilhadas, flexíveis, transparentes e completas das visões de negócio, a fim de garantir a infraestrutura necessária para a interoperabilidade de dados de forma mais eficiente, ubíqua e não ambígua para a realização do produto e de suas funções operacionais na empresa.

- **Demanda 7 – Modelo de rede de fornecedores**: criação, com grande agilidade e adaptabilidade, de um perfil de fornecedores em todos os aspectos da empresa, capaz de rapidamente entregar bens e serviços necessários, obedecendo aos padrões de negócio e técnicos estabelecidos. Esse modelo deve ser baseado nos requisitos corretos, de modo que promova segurança e proteção em toda a organização, além de fornecer apoio às necessidades de dados e informações ao projeto e ao produto.

- **Demanda 8 – Documentação virtual completa do produto**: conjunto completo e ao mesmo tempo flexível de informações virtuais de todo o ciclo de vida do produto, com dados técnicos conforme planejado, projetado, construído e utilizado. Serve para comunicar a definição de modelo do produto e realizar a gestão de dados de processo.

- **Demanda 9 – Sistemas operacionais baseados em modelos**: sistemas operacionais baseados em modelos de processo e equipamentos tão completos, precisos, cientificamente comprovados e integrados com modelos de produto que possam ser utilizados para analisar, gerenciar, monitorar e controlar as operações, bem como implementar a automatização de tomadas de decisão e de respostas, além de manter os processos produtivos funcionando.

- **Demanda 10 – Força de trabalho flexível bem treinada**: força de trabalho flexível capacitada para ser inovadora, ágil, bem treinada e capacitada para o projeto, cuja manufatura está baseada em modelos globais de competitividade. A mentalidade e a capacitação técnica dos funcionários, baseada em reconhecidos testes de proficiência quanto a habilidades de manufatura e em certificações associadas para diferentes especialidades, resultam em sistemas criativos que utilizam a melhor tecnologia para guiar e confirmar a execução de tarefas e levar a empresa ao crescimento econômico.

■ Síntese

Neste capítulo, abordamos o projeto e a organização do trabalho, bem como os princípios gerais do projeto em produtos e serviços, formado por diversos elementos que, quando agrupados, determinam as tarefas a serem desenvolvidas pelos trabalhadores e permitem que os catorze princípios de Deming possam ser aplicados a qualquer organização. Vimos que a administração científica preocupava-se com o modo como o trabalho era executado, enquanto a divisão do trabalho de Adam Smith estava concentrado no controle (rotina e eficiência) do trabalho entre os operadores, proporcionando vantagens e desvantagens. Discutimos a importância de as organizações padronizarem as atividades para que seja possível o estudo dos tempos e movimentos. Para realizar essa padronização, é possível utilizar o fluxograma, que é um diagrama sistemático usado na produção, no processo e no setor administrativo e busca traçar as relações de dependência do processo, assim como o diagrama AV/NAV.

Tratamos o tema da ergonomia e descrevemos os tipos de postos de trabalho: o taylorista ou tradicional, com os princípios de economia dos movimentos, e o ergonômico, com a análise biomecânica e a avaliação do movimento humano, ou seja, que considera a postura, a comunicação, o convívio entre as pessoas e o ambiente de trabalho. Vimos que o projeto da unidade de estação de trabalho (UET) está relacionado ao planejamento das instalações produtivas e à colaboração ergonômica por meio do projeto do macroespaço, do projeto do microespaço e do projeto detalhado.

Examinamos as ideias de Taylor e as propostas de inovação e participação dos trabalhadores em ambientes de qualidade, no desenvolvimento de equipes e nos benefícios compartilhados. Essa característica da extensão de autonomia do trabalho, denominada *empowerment*, destaca o empenho do trabalhador e transfere para ele parte do controle gerencial de seu trabalho.

O trabalho em equipe valoriza o comprometimento com o grupo, bem como a variedade de habilidades, a identidade da tarefa, a significância da tarefa, a autonomia e o *feedback*. As abordagens comportamentais, bem como as abordagens sociotécnica e japonesa, mencionam os elementos fundamentais para o aumento da produtividade: o trabalho em equipe, o alargamento e o enriquecimento do trabalho.

Por fim, vimos que o trabalho flexível, baseado nos princípios da abordagem sociotécnica dos grupos semiautônomos do volvismo, apresenta aspectos significativos, como a flexibilidade de habilidades, de tempo e de localização. O trabalho flexível tem como principais características a habilidade de visualizar e conceituar de forma inteligente, a análise de custo e risco orientada por requisitos, o planejamento e projeto de produto com base em conhecimento, os processos universais, a integração total das funções da organização, o modelo de rede de fornecedores, a documentação virtual completa do produto, os sistemas operacionais baseados em modelos e a força de trabalho flexível e bem treinada.

■ Questões para revisão

1. Quais são os princípios mais importantes da biomecânica para a ergonomia?
2. Algumas empresas dispõem de departamentos específicos para os estudos dos tempos e métodos. Para a implantação ser eficiente, quais são os seis passos a serem adotados?

3. Um dos aspectos mais importantes do projeto do macroespaço, do projeto do microespaço e do projeto detalhado é:
   a. o arranjo físico e os fluxos.
   b. a prototipagem rápida e o projeto final.
   c. estabelecer o objetivo da operação.
   d. o diagrama AV/NAV.
   e. realizar ações preventivas ou corretivas.

4. Os três níveis de *empowerment* (extensão de autonomia do trabalho) são:
   a. projeto do macroespaço, projeto do microespaço e projeto detalhado.
   b. referentes ao corpo humano, ao *layout* do local de trabalho e ao desempenho das ferramentas e do equipamento.
   c. verificar e medir os tempos pertinentes a cada operação, ajustar ou normalizar o tempo de cada operação observada e definir os tempos básicos com base no cálculo das médias do tempo observado.
   d. envolvimento de sugestão, envolvimento do trabalho e alto envolvimento.
   e. flexibilidade de habilidades, flexibilidade de tempo e flexibilidade de localização.

5. O trabalho flexível está baseado em princípios como:
   a. crescimento profissional e *empowerment*.
   b. requisitos do sistema técnico e capacitações do sistema social.
   c. responsabilização e polivalência na gestão local.
   d. otimização e satisfação do consumidor.
   e. comunicação da definição de modelo do produto e realização da gestão de dados de processo.

■ Questões para reflexão

1. Explique como o diagrama AV/NAV pode ser utilizado em um processo de fabricação de parafusos.

2. Descreva os três níveis do projeto de uma unidade de estação de trabalho (UET), ou seja, do projeto do macroespaço, do projeto do microespaço e do projeto detalhado.

3. Explique a diferença entre as posturas básicas (deitada, sentada e em pé) do corpo humano durante o trabalho ou em repouso.

[para concluir...]

Nesta obra, vimos que a administração da produção e serviços orienta toda a atividade organizacional. Ela esteve presente, de forma rudimentar, desde os tempos remotos, quando o ser humano já desenvolvia habilidades produtivas, e nas primeiras atividades manufatureiras. Na atualidade, é fundamental em empresas que apresentam como característica principal a modernidade das máquinas automatizadas.

A administração da produção é importante para que as empresas possam se manter competitivas no mercado e engajar a produção com os objetivos e as estratégias da dinâmica organizacional. Assim, cada gestor de produção estabelece metas sociotécnicas relevantes e estipuladas para cada processo e, por meio da administração estratégica, mantém o bom relacionamento entre os setores da empresa, como recursos humanos produção, qualidade, logística, *marketing* e manutenção, a fim de que haja um envolvimento com o mercado e com o cliente.

[referências]

AAKER, David A. **Administração Estratégica de Mercado**. 5ª eEd. Porto Alegre: Bookman, 2001.

ABERGO – Associação Brasileira de Ergonomia. **Quem somos**. Disponível em: <http://www.abergo.org.br/internas.php?pg=quem_somos>. Acesso em: 16 out. 2019.

AKAO, Y., **Introdução ao desdobramento da qualidade**. Tradução de Zelinda Tomie Fujikawa e Seiichiro Takahashi. Belo Horizonte: Fundação Christiano Ottoni, 1996.

ANDRADE, J. C. et al. Aplicação da análise SWOT para identificar oportunidades para o desenvolvimento econômico e social. In: ENCONTRO LATINO-AMERICANO DE INICIAÇÃO CIENTÍFICA, 13., 2008; ENCONTRO LATINO-AMERICANO DE PÓS-GRADUAÇÃO, 9., 2008, Cruzeiro. **Anais**... Cruzeiro: Universidade do Vale do Paraíba; São Paulo: Faculdade de Tecnologia do Estado de São Paulo, 2008.

ARAUJO, L. C. G. de. **Organização, sistemas e métodos e as tecnologias de gestão organizacional**. São Paulo: Atlas, 2011.

BARNEY, J. B. Firm Resources and Sustained Competitive Advantage. **Journal of Management**, n. 17, v. 1, p. 99-120, 1991.

BCG – BOSTON CONSULTING GROUP. Industry 4.0: **The future of productivity and growth in manufacturing industries**. BCG Perspectives, 2015. Disponível em: <https://www.bcgperspectives.com/content/articles/engineered_products_project_business_in dustry_40_future_productivity_growth_manufacturing_industries/>. Acesso em: 13 maio 2017.

BEAUMONT, N.; SCHRODER, R.; SOHAL, A. Do Foreign-Owned Firms Manage Advanced Manufacturing Technology Better? **International Journal of Operations & Prodction Management**, Caulfiel East, v. 22, n. 7, p. 759-771, 2002.

BILHIM, J. F. **Gestão estratégica de recursos humanos**. 4. ed. Lisboa: Ed. da Universidade Técnica de Lisboa, 2009.

BOGAN, C. E.; ENGLISH, M. J. **Benchmarking**: aplicações práticas e melhoria contínua. São Paulo: Makron Books, 1994.

BORDA, M. **Layout**. Florianópolis: Insular, 1998.

BORODIN, N. **Machine Design**. Moscow: MIR Publishers,1988.

BRAGA, N. O processo decisório em organizações brasileiras. **Revista de Administração Pública**, Rio de Janeiro, v. 21, n. 3, p. 35-57, jul./set. 1987.

BURCHER, P.; LEE, G. Lessons for Implementing AMT: Some Case Experiences with CNC in Australia, Britain and Canada. **International Journal of Operations & Prodction Management**, Victoria, v. 19, n. 5-6, p. 515-526, 1999.

CAGLIANO, R.; SPINA, G. Advanced Manufacturing Technologies and Strategically Flexible Production. **Journal of Operations Management**, Milan, v. 18, n. 2, p. 169-190, 2000.

CAMPOS, V. F. **Controle da qualidade total (no estilo japonês)**. Nova Lima - MG: INDG Tecnologia e Serviços Ltda, 2004.

_____. **TQC**: Controle de qualidade total (no estilo japonês). 8. ed. Belo Horizonte: EDG, 1999.

CHEN, I. J.; SMALL, M. H. Planning for Advanced Manufacturing Technology: a Research Framework. **International Journal of Operations & Production Management**, v. 16, n. 5, p. 4-24, 1996.

CIOCOIU, M.; NAU, D. S.; GRUNINGER, M. Ontologies for Integrating Engineering Application. **Journal of Computing and Information Science in Engineering**, v. 1, n. 1, p. 12-22, Mar 2001.

COLENSO, M. **Kaizen Strategies for Improving Team Performance**: How to Accelerate Team Development and Enhance Team Productivity. London: Prentice Hall, 2000.

CORRÊA, H. L.; GIANESI, I. G. N.; CAON, M. **Planejamento, programação e controle da produção:** MRP II/ERP – conceitos, uso e implantação. São Paulo: Atlas, 1997.

COSTA, L. S. S.; CAULLIRAUX, H. M. (Coord.). **Manufatura integrada por computador**: sistemas integrados de produção – estratégia, organização, tecnologia e recursos humanos. Rio de Janeiro: Campus, 1995.

CRAIG, John J. ***Introduction to Robotics - Mechanics and Control***. 3rd Edition. Pearson Education International. Upper Saddle River, NJ, 2005.

COUTO, H. A. **Ergonomia aplicada ao trabalho: o manual técnico da máquina humana**. Vol 1. Belo Horizonte: Ergo Editora, 1995.

CURY, A. **Organização e métodos**: uma visão holística. 7. ed. São Paulo: Atlas, 2000.

DAMAZIO, A. **Administrando com a gestão da qualidade total**. Rio de Janeiro: Interciência, 1998.

DAVIS, M. M.; AQUILANO, N. J.; CHASE, R. B. **Fundamentos da administração da produção**. 3. ed. Porto Alegre: Bookman, 2001.

DAYCHOUM, M. **40 ferramentas e técnicas de gerenciamento**. 3. ed. Rio de Janeiro: Brasport, 2007.

DEMING, W. E. **Elementary Principles of the Statistical Control of Quality**, JUSE, 1950.

DEMING, W. E. **Qualidade**: a revolução da administração. Rio de Janeiro: Marques-Saraiva, 1990.

DRUCKER, P. F. **A organização do futuro**. 2. ed. São Paulo: Futura, 1997.

____. **Management**: Tasks, Responsibilities, Practices. London: Butterworth-Heinemann, *1973*.

____. **The Practice of Management**. New York: Harper and Brothers, 1954.

DUL, J.; WEERDMEESTER, B. **Ergonomia prática**. 2. ed. São Paulo: Blucher, 2004.

ERICKSEN, P. D.; STOFLET, N. J.; SURI, R. Manufacturing Critical-Path Time (MCT) – The QRM Metric for Lead Time. **QRM Technical Report**, Apr. 2007. Disponível em: <https://qrm.engr.wisc.edu/index.php/research/mct4/48-publications/manufacturing-critical-path-time-mct>. Acesso em: 16 out. 2019.

FALZON, P. **Ergonomia**. São Paulo: E. Blucher, 2007.

FAYOL, H. **Administração industrial e geral**. 10. ed. São Paulo: Atlas, 1989.

FEIGENBAUM, Armand V. **Quality Control: Principles, Practice and Administration**. McGraw-Hill, New York, 1951.

FLEURY, A.; FLEURY, M. T. L. **Aprendizagem e inovação organizacional**: as experiências de Japão, Coreia e Brasil. 2. ed. São Paulo: Atlas, 1997.

FREEMAN, E. **Strategic Management**: a Stakeholder Approach. Boston: Pitman, 1984.

GAITHER, N.; FRAZIER, G. **Administração da produção**. Tradução de J. C. B. dos Santos e P. G. Martins. São Paulo: Pioneira, 2001.

GAITHER, N.; FRAZIER, G. **Administração da produção e operações**. Tradução de José Carlos Barbosa. 8. ed. São Paulo: Pioneira-Thomson Learning, 2002.

GERWIN, D.; KOLODNY, H. **Management of Advanced Manufacturing Technology**: Strategy, Organization and Innovation. New York: J. Wiley & Sons Inc., 1992.

GIDDENS, A. **Sociologia**. Tradução de Ronaldo Cataldo. Porto Alegre: Artmed, 2004.

GILBRETH, F. B.; GILBRETH, L. M. G. Classifying the Elements of Word: Methods of Analyzing Work into Seventeen Subdivisions. **Management and Administration**, v. 7, n. 8, p. 151-154, Aug. 1924.

GODOY, A. F. et al. Inserção de tecnologias avançadas de manufatura no interior de São Paulo: um estudo de caso. In: XXI ENCONTRO NACIONAL DE ENGENHARIA DE PRODUÇÃO, 21., Salvador. **Anais**... Salvador, 2001.

GOETSCHI, D. L.; DAVIS, S: **Introduction to Total Quality Control**. New York: Macmillan, 1994.

GOLDRATT, E. M. Computerized Shop Floor Scheduling. **International Journal of Production Research**, v. 26, n. 3, p. 443-455, 1988.

GROOVER, M. P. **Automation, Production Systems and Computer-Integrated Manufacturing**. 2. ed. New Jersey: Prentice Hall, 2001.

GUÉRIN, F. et al. **Compreender o trabalho para transformá-lo**. São Paulo: E. Blucher, 2001.

HACKMAN, R. J.; OLDHAM, G. R. Motivation Through the Design of Work: Test of a Theory. **Organization Behavior and Human Perfonmance**, v. 16, n. 2, p. 250-279, 1976.

HARRINGTON, J. **Aperfeiçoando processos empresariais**. São Paulo: Makron Books, 1993.

_____. **Computer Integrated Manufacturing**. New York: Industrial Press, 1973.

HAYES, R. H., WHEELWRIGHT, S. C. **Restoring Our Competitive Edge-Competing Through Manufacturing**. New York: J. Wiley & Sons, 1984.

HILL, T. J. **Manufacturing Strategy**: Text and Cases. 2. ed. Boston: R. Irwin, 1993.

HOBSBAWM, E. **The Age of Revolution**: Europe 1789-1848. New York: Vintage Books, 1996.

HOUAISS, A. **Dicionário Houaiss da língua portuguesa**. Rio de Janeiro: Objetiva, 2009.

IEA – International Ergonomics Association. Definição internacional de ergonomia. **Ação Ergonômica**: Revista da Associação Brasileira de Ergonomia, v. 3, n, 2, p. 3, set. 2008. Disponível em: <http://www.abergo.org.br/revista/index.php/ae/article/view/61/58>. Acesso em: 16 out. 2019.

IFR – International Federation of Robotics. Disponível em: <https://ifr.org/>. Acesso em: 16 out. 2019.

IIDA, I. **Ergonomia**: projeto e produção. 6. ed. São Paulo: E. Blücher, 2000.

ISHIKAWA, K. **Controle de qualidade total à maneira japonesa**. Rio de Janeiro: Campus, 1993.

ISO – International Standard Organization. **ISO 10218-1:2011** Robots and robotic devices — Safety requirements for industrial robots — Part 1: Robots. Abr. 2011. Disponível em: https://www.iso.org/standard/51330.html. Acesso em: 04 nov. 2019.

JONSSON, P. An Empirical Taxonomy of Advanced Manufacturing Technology. **International Journal of Operations & Prodction Management**, Vaxjo, v. 20, n. 12, p. 1 446-1 474, 2000.

JURAN, J. M.; GODFREY, B. A. **Juran's Quality Handbook**. 5. ed. New York: McGraw-Hill, 1999.

JURAN, J. M.; GRYNA, F. M. **Quality Planning and Analysis**. New York: McGraw-Hill, 1993.

KALPAKJIAN, S.; SCHMID, S. R. **Manufacturing Engineering and Technology**. Upper Saddle River: Prentice Hall, 2001.

KEPNER, C. H.; TREGOE, B. B. **O administrador racional**. São Paulo: Atlas, 1981.

KIEF, H. B.; WATERS, T. F. **Computer Numerical Control**. New York: Macmillan/McGraw-Hill, 1992.

KIM, S.; MABIN, V. J.; DAVIES, J. The Theory of Constraints Thinking Processes Retrospect and Prospect. **International Journal of Operations & Production Management**, v. 28, n. 2, p. 155-184, 2008.

KOTLER, P. **Administração de marketing**. 10. ed. São Paulo: Prentice Hall, 2000.

LANGLEY, G. J. et al. **The Improvement Handbook**: Models, Methods and Tools for Improvement. API, 2005.

LAVILLE, A. **Ergonomia**. Tradução de Márcia Maria Neves Teixeira. São Paulo: EPU, 1977.

LEAN ENTERPRISE INSTITUTE. **Léxico Lean**: glossário ilustrado para praticantes do pensamento lean. 4. ed. São Paulo: Lean Institute Brasil, 2011.

LEITE, R. L.; DINIZ, A. M. F. Estudo do arranjo físico: o caso do gargalo de produção na manufatura de máquinas de costura. SIMPÓSIO DE ENGENHARIA DE PRODUÇÃO, 13., 2006, Bauru. **Anais**... Bauru, 2006. Disponível em: <https://www.researchgate.net/publication/303633787_Estudo_do_arranjo_fisico_o_caso_do_gargalo_de_producao_na_manufatura_de_maquinas_de_costura>. Acesso em: 16 out. 2019.

LIKER, J. K. **O modelo Toyota**: 14 princípios de gestão do maior fabricante do mundo. Porto Alegre: Bookman, 2006.

MARQUIS, B. L.; HUSTON, C. J. **Administração e liderança em enfermagem**: teoria e prática. Porto Alegre: Artmed, 2010.

MARTINS, P. G.; LAUGENI, F. P. **Administração de produção**. São Paulo: Saraiva, 2005.

MARX, R. **Trabalho em grupo e autonomia como instrumentos de competição**. 2. ed. São Paulo: Atlas, 2010.

MAYER, R. R. **Administração da produção**. São Paulo: Atlas, 1992.

MAXIMIANO, A. C. A. **Introdução à Administração**. 5ª. Ed. São Paulo: Atlas, 2000.

_____. **Teoria geral da administração**: da revolução urbana à revolução digital. São Paulo: Atlas, 2008.

McEWEN, M.; WILLS, E. M. **Bases teóricas para enfermagem**. Tradução de Ana Maria Thorell. 2. ed. Porto Alegre: Artmed, 2011.

MEIRELES, M. **Ferramentas administrativas para identificar, observar e analisar problemas**: organizações com foco no cliente. São Paulo: Arte & Ciência, 2001.

MERLI, G. **Comakership**: a nova estratégia para o suprimento. Rio de Janeiro: Qualitymark, 1994.

MILLER, R. K. Automated Guided Vehicles and Automated Manufacturing. **Society of Manufacturing Engineers**, Dearborn, Michigan, 1987.

MIRANDA, R. L. **Qualidade total**: rompendo as barreiras entre a teoria e a prática. 2. ed. São Paulo: Makron Books, 1994.

MITROFANOV, S. P. **Scientific Principles of Group Technology**. Washington: National Library for Science and Technology, 1966.

MONTGOMERY, C. A.; PORTER, M. E. **Estratégia**: a busca da vantagem competitiva. Rio de Janeiro: Campus, 1998.

MORAIS, D. F. et al. Estudo para viabilização da automação de uma célula de usinagem de bielas automotivas, com a implementação da robótica: estudo de caso. **Revista Eletrônica Multidisciplinar Facear**, Araucária, v. 1, ano 3, fev. 2014.

MOREIRA, D. A. **Administração da produção e operações**. 4. ed. São Paulo: Pioneira, 1999.

____. **Administração da Produção e Operações**. 5. ed. São Paulo: Pioneira, 2004.

____. **Administração da produção e operações**. 2. ed. São Paulo: Cengage Learning, 2008.

MOURA, Eduardo C. **As sete ferramentas gerenciais da qualidade**: implementando a melhoria contínua com maior eficácia. São Paulo: Makron Books, 1994.

MUTHER, R. **Systematic Layout Planning**. 2. ed. Boston: Cahners Books, 1973.

MUTHER, R.; HALES, L. **Systematic Layout Planning - A total system of layout planning**. 4th Ed. Marietta, GA, USA: MIRP - Management & Industrial Research Publications, 2015.

MUTHER, R.; WHEELER, J. D. **Planejamento simplificado de layout**. São Paulo: IMAM, 2000.

MUYA, M.; PRICE, A. D. F.; THORPE, A. Contractors' Supplier Management. **Proceedings of a Joint Triennial Symposium**, Cape Town, v. 2, p. 632-640, sept. 1999.

NEUMANN, C. **Gestão de sistemas de produção e operações**: produtividade, lucratividade e competitividade. São Paulo: Elsevier Brasil, 2013.

NYMAN, L. R. **Making Manufacturing Cells Work**. Dearborn: American Society of Manufacturing Engineers, 1992.

OLIVEIRA, D. P. R. **Planejamento estratégico**: conceitos, metodologias e práticas. 10. ed. São Paulo: Atlas, 1996.

____. **Planejamento estratégico**: conceitos, metodologias e prática. 28. ed. São Paulo: Atlas, 2010.

PANDE, P. S.; NEUMAN, R. P.; CAVANAGH, R. R. **Estratégia Seis Sigma**: como a GE, a Motorola e outras grandes empresas estão aguçando seu desempenho. Rio de Janeiro: Qualitymark, 2001.

PARANHOS FILHO, M. **Gestão da produção industrial**. Curitiba: InterSaberes, 2007.

PARSONS, T. **Structure and Process in Modern Societies**. New York: Free Press, 1960.

PAZZINATO, A. L.; SENISE, M. H. V. **História moderna e contemporânea**.15. ed. São Paulo: Ática, 2008.

PINE, B. J. **Personalizando produtos e serviços**: customização maciça. São Paulo: Makron Books, 1994.

PIRES, S. R. I. **Gestão estratégica da produção**. Piracicaba: Unimep, 1995.

PLATTS, K. W. et al. Evaluating Manufacturing Strategy Formulation Process. **International Journal of Production Economics**, n. 46, p. 233-246, 1996.

PLATTS, K. W., GREGORY, M. J. **A Manufacturing Audit Approach to Strategy Formulation in VOSS**. International Journal of Operations & Production Management, Vol. 10, Iss 9, 2010, pp. 5 - 26.

PONSIGNON, F.; SMART, P. A.; MAULL, R. S. Service Delivery System Design: Characteristics and Contingencies. **International Journal of Operations & Production Management**, v. 31, n. 3, p. 324-349, 2011.

PORTER, M. E. **Competição**: estratégias competitivas essenciais. 3. ed. Rio de Janeiro: Campus, 1998.

_____. **Competitive Advantage**: Creating and Sustaining Superior Performance. New York: Free Press, 1985.

_____. **Estratégia competitiva**: técnicas para a análise de indústrias e da concorrência. Rio de Janeiro: Elsevier, 2004.

PORTER, M. E.; MILLAR, V. How Information Gives You Competitive Advantage. **Harvard Business Review**, v. 63, n. 4, p. 149-160, 1985.

RAHMAN, S. Theory of Constraints: a Review of the Philosophy and its Applications. **International Journal of Operations & Production Management**, v. 18, n. 4, p. 336-355, 1998.

REZENDE, D. A.; ABREU, A. F. **Tecnologia da informação: integrada a inteligência empresarial**. São Paulo: Atlas, 2002.

RIBEIRO, R. V. **Teorias da administração**. Curitiba: Iesde, 2007.

RITZMAN, L. P.; KRAJEWSKI, L. J. **Administração da produção e operações**. São Paulo: Prentice Hall, 2007.

RIVIN, E. **Mechanical Design of Robots**. New York: McGraw-Hill, 1988.

ROCHA, R. P. **Estado da arte da robótica móvel em Portugal**. Coimbra: Universidade de Coimbra/Instituto de Sistemas e Robótica, 2000.

ROSÁRIO, J. M. **Automação industrial**. São Paulo: Baraúna, 2009.

ROSSETTI, J. **Contabilidade Social**. 7ª Ed. São Paulo: Atlas, 1994.

RUSSELL, S.; NORVIG, P. **Inteligência artificial**. 3. ed. Tradução de Regina Célia Simille. Rio de Janeiro: Campus, 2013.

SALERNO, M. S. **Projeto de organizações integradas e flexíveis**: processos, grupos e gestão democrática via espaços de comunicação-negociação. São Paulo: Atlas, 2008.

SAMBASIVARAO, K. V.; DESHMUKH, S. G. Selection and Implementation of Advanced Manufacturing Technologies: Classification and Literature Review of Issues. **International Journal of Operations & Production Management**, Nova Deli, v. 15, n. 10, p. 43-62, 1995.

SAMPSON, S. E., FROEHLE, C. M. Foundations and Implications of a Proposed Unified Services Theory. **Production and Operations Management**, v. 15, n. 2, p. 329-343, 2006.

SANDIN, Paul E. *Robot Mechanisms and Mechanical Devices Illustrated*. New York: McGraw-Hill, 2003.

SCHEER, A.-W. **CIM**: evoluindo para a fábrica do futuro. Rio de Janeiro: Qualitymark, 1993.

SCHIAVICCO, L.; SICILIANO, B. **Robotica industriale**: modellistica e controllo di manipolatori. Milano: McGraw-Hill, 1995.

SCHRODER, R.; SOHAL, A. S. Organizational Characteristics Associated with AMT Adoption: Towards a Contingency Framework. **International Journal of Operations & Production Management**, Victoria, v. 19, n. 12, p. 1270-1291, 1999.

SCHWAB, K. **A Quarta Revolução Industrial**. São Paulo: Edipro, 2016.

SCIESZKO, J. L. Projeto de robôs. Notas de aula de curso de graduação em Engenharia Mecânica EE-UFRJ, Rio de Janeiro, 1988.

SEERING, W. P.; SCHEINMAN, V. Mechanical Design of an Industrial Robot. In: NOF, S. Y. (Ed.). **Handbook of Industrial Robotics**. New York: J. Wiley & Sons, 1985. Cap. 4.

SEIXAS, E. S. **Seis Sigma**. Maringá: Cesumar, 2016.

SENAI – Serviço Nacional de Aprendizagem Industrial. **Organização e normas II**: técnico em plásticos. São Paulo: Senai, 1999.

SENGE, P. M. **A quinta disciplina**: arte e prática da organização que aprende. 21. ed. Rio de Janeiro: BestSeller, 2006.

SHEWHART, W. A. **Economic Control of Quality of Manufactured Product.** Mihuawkee American Society for Quality, 1980.

SHINGO, S. **O sistema Toyota de produção do ponto de vista da engenharia de produção.** Tradução de Eduardo Shaan. Porto Alegre: Bookman, 1996.

SILVA, J.; PENNA, J. B. D. **História geral.** São Paulo: Companhia Editora Nacional, 1972.

SLACK, N. The Importance-Performance Matrix as a Determinant of Improvement Priority. **International Journal of Operations & Production Management**, v. 14, n. 5, p. 59-75, 1994.

SLACK, N.; LEWIS, M. **Estratégia de operações.** Porto Alegre: Bookman, 2009.

_____. **Vantagem competitiva em manufatura**: atingindo competitividade nas operações industriais. São Paulo: Atlas, 1993.

SLACK, N. et al. **Gerenciamento de operações e de processos**: princípios e práticas de impacto estratégico. Porto Alegre: Bookman, 2013.

_____. **Administração da Produção** (Edição Compacta). São Paulo: Atlas, 2006.

SLACK, N.; CHAMBERS, S.; JOHNSTON, R. **Administração da produção.** 2ª Ed. São Paulo: Atlas, 2002.

_____.**Administração da produção.** São Paulo: Atlas, 2009.

SMALL, M. H. Planning for Advanced Manufacturing Technology: a Research Framework. **International Journal of Operations & Production Management**, Tennessee, v. 16, n. 5, p. 4-24, 1995.

SMALL, M. H.; YASIN, M. M. Advanced Manufacturing Technology: Implementation Policy and Performance. **Journal of Management**, Tennessee, v. 15, n. 4, p. 349-370, 1997.

SMITH, A. **A riqueza das nações.** Lisboa: Fundação Calouste Gulbenkian, 1776.

_____. A. **A riqueza das nações.** São Paulo: Nova Cultural, 1996.

SOUZA, A. F.; ULBRICH, C. B.L. **Engenharia Integrada por computador e sistemas CAD/CAM/CNC**, princípios e aplicações. 2ª Ed. Revisada e ampliada. Artliber Editora, São Paulo, 2013.

SOUZA, E. K.; MACHADO, F. O. Gestão da qualidade e suas práticas: estudo de caso em Caruaru/PE. **Ingepro – Inovação, Gestão e Produção**, v. 3, n. 10, out. 2011.

SOUZA, R. A. de. **Análise da qualidade do processo de envase de azeitonas verdes através de algumas ferramentas do controle estatístico de processo.** 102 f. Dissertação (Mestrado em Engenharia da Produção) – Universidade Federal de Santa Catarina, Florianópolis, 2003. Disponível em: <https://repositorio.ufsc.br/xmlui/handle/123456789/86487>. Acesso em: 16 out. 2019.

STAIR, R. M. **Princípios de sistemas de informação**: uma abordagem gerencial. Rio de Janeiro: LTC, 1998.

TARAPANOFF, K. (Org.) **Inteligência organizacional e competitiva**. Brasília: Ed. da UnB, 2001.

TAYLOR, F. W. **Princípios da administração científica**. São Paulo: Atlas, 1995.

____. **Principles of Scientific Management**. New York: Harper & Row, 1911a.

____. **Shop Management**. New York: Harper & Row, 1911b.

TEIGER, C. L'approche ergonomique: du travail humain à l'activité des hommes et des femmes au travail. **Éducation Permanente**, v. 116, n. 3, p. 71-96, 1993.

TUBINO, D. F. **Manual de planejamento e controle da produção**. São Paulo: Atlas, 2006.

USCHOLD, M.; GRUNINGER, M. Ontologies: Principles, Methods and Applications. **Knowledge Engineering Review**, v. 11, n. 2, p. 1-69, Feb. 1996.

WARNECKE, H. J.; SCHRAFT, R. D.; WANNER, M. C. Mechanical Design of Robot System. In: NOF, S. Y. (Ed.). **Handbook of Industrial Robotics**. New York: J. Wiley & Sons, 1985. p. 44-79.

WEINERT, K.; GUNTERMANN, G. Usinagem de superfícies complexas. **Máquinas e Metais**, São Paulo, v. 36, n. 411, p. 50-60, abr. 2000.

WELCH, J. **Jack definitivo**: segredos do executivo do século. Rio de Janeiro: Elsevier, 2001.

WERKEMA, Maria C. C. **Lean Seis Sigma** – Introdução às Ferramentas do Lean Manufacturing. Série Seis Sigma, v. 4. Werkema Editora, Belo Horizonte, 2006.

WICKHAM, C. **The Inheritance of Rome**: Illuminating the Dark Ages 400-1000. New York: Penguin Books, 2009.

WILSON, M. **Automation System Components**. Implementation of Robot Systems, 39–73. 2015.

WOMACK, J. P.; JONES, D. T.; ROOS, D. **A máquina que mudou o mundo**. Rio de Janeiro: Campus, 1992.

WOMACK, J. P.; JONES, D. T. Beyond Toyota: How to Root Out Waste and Pursue Perfection. **Harvard Business Review,** p.140-158. Sept-Oct 1996.

WOOD JUNIOR, T. Fordismo, toyotismo e volvismo: os caminhos da indústria em busca do tempo perdido. **Revista de Administração de Empresas**, São Paulo, v. 32, n. 4, p. 6-18, set./out. 1992.

YANAZE, M. H. **Gestão de marketing e comunicação**: avanços e aplicações. 2. ed. São Paulo: Saraiva, 2011.

[respostas]

Capítulo 1

■ Questões para revisão

1. Taylor é considerado até os dias atuais o pai da administração científica, pois para ele a administração deveria ser tratada como uma ciência. Sua teoria centra-se no método para que o trabalho seja mais eficiente; a ênfase recai nas tarefas e e estudam-se os recursos humanos envolvidos (as pessoas).

   Jules Henri Fayol é o fundador da teoria clássica da administração. Ela está centrada na organização (empresa) geral; a ênfase recai na estrutura estudam-se a administração e a direção da empresa (as empresas).

2. Eliminar o tédio e o sentimento de repressão e promover um alto grau de automação.

3. c

4. b

5. d

Capítulo 2

■ Questões para revisão

1. Estratégia de produção, projeto de produtos e serviços, sistemas de produção, arranjos produtivos, ergonomia, estudo de tempos e movimentos, planejamento da produção, planejamento e controle de projetos.

2. Função *marketing*: é responsável por anunciar ao mercado os produtos e serviços fornecidos por uma empresa, gerando pedidos de compra e venda desses por parte dos clientes e usuários.

   Função pesquisa e desenvolvimento (P&D): é responsável por criar novos produtos e serviços ou modificá-los para que sejam gerados novos pedidos por parte dos clientes e usuários.

   Função de produção: é responsável por satisfazer as necessidades e os anseios dos clientes e usuários por intermédio da produção e da entrega de produtos e serviços.

3. d
4. e
5. b

Capítulo 3

■ Questões para revisão

1. Liderança participativa da alta administração; existência de um planejamento estratégico; utilização adequada do *benchmarking*; delineamento dos fatores pesquisados; bom desempenho no gerenciamento do processo; aproveitamento dos treinamentos e desenvolvimento dos recursos humanos; aplicação de ferramentas analíticas, estatísticas e programas de qualidade; dados reais nas informações e análises; foco nos clientes, no mercado e nos lucros; acompanhamento, gerenciamento e treinamento dos fornecedores.

2. Devem ser considerados: foco no cliente, envolvimento com a estratégia do negócio, retorno financeiro, defeitos crônicos, recursos disponíveis proporcionais, tempo de duração do projeto e problemas mensuráveis.

3. d
4. a
5. c

Capítulo 4

■ Questões para revisão ─────────────────────────

1. Essa decisão compete ao nível estratégico. As razões estão relacionadas aos seguintes aspectos:
   - alto custo de mudança de *layout* em atividades difíceis e de longa duração;
   - interrupção da produção já em andamento para a realização da mudança física e criação ou adaptação de uma linha alternativa para continuar produzindo os itens da linha oficial que está em processo de mudança física;
   - necessidade de expansão da capacidade produtiva;
   - elevado custo operacional;
   - introdução de nova linha de produtos;
   - melhoria do ambiente de trabalho;
   - máquinas menores e mais modernas;
   - *input* (localização dos insumos, fluxos confusos e longos, estoques de materiais) e *output* (entrega do produto);
   - redução de filas de espera de produtos;
   - mudança de operações inflexíveis para operações flexíveis;
   - o que e como a empresa vai produzir.

2. Os principais objetivos estão voltados à produtividade, à economia de espaço, à redução dos custos e à segurança dos trabalhadores.

3. d

4. b

5. e

Capítulo 5

■ Questões para revisão

1. As AMTs não se atêm apenas ao elemento humano, ao *hardware* e ao *software*, e sim integram as filosofias organizacionais e têm como objetivo a melhoria contínua e a eficiência dos processos produtivos por meio da utilização de *softwares*, *hardwares* e técnicas de gerenciamento da manufatura.

2. Vantagens:
    - Existe flexibilidade de operação, isto é, fabricam-se peças com geometrias complexas em alta produtividade, com boa precisão dimensional e boa repetibilidade.
    - Normalmente, o custo de ferramentas é menor.
    - Apresentam dispositivos eletrônicos de autoajuste, o que facilita a calibração da máquina.
    - O tempo de *setup* e usinagem é menor.
    - A programação do CNC é rápida e armazenada eletronicamente, podendo ser recuperada facilmente.
    - A prototipagem rápida.
    - Não depende de operador habilidoso.

    Desvantagens:
    - A máquina é bem mais cara.
    - O custo de manutenção é maior.

3. b
4. c
5. a

Capítulo 6

■ Questões para revisão

1. Os princípios são:
   - manter as articulações em uma posição neutra;
   - conservar pesos próximos ao corpo;
   - evitar curvar-se para a frente;
   - evitar inclinar a cabeça;
   - evitar torções de tronco;
   - evitar movimentos bruscos que produzam picos de tensão;
   - alternar posturas e movimentos;
   - restringir a duração do esforço muscular contínuo;
   - prevenir a exaustão muscular;
   - introduzir pausas curtas e frequentes.

2.
   1. Escolher o trabalho a ser avaliado: normalmente, inicia-se o processo de tomada de tempo em UETs que causem gargalos na produção.
   2. Registrar os procedimentos necessários para a execução das tarefas: utilizar um fluxograma (em inglês: *flowsheet*).
   3. Examinar criticamente os procedimentos necessários para a execução das tarefas em sua ordem de sequência: utilizar a técnica de questionamento AV/NAV.
   4. Desenvolver o método mais adequado visando à praticidade e economia: utilizar os verbos *eliminar*, *simplificar* ou *combinar*.
   5. Adotar o novo método: ações preventivas ou corretivas.
   6. Manter o método de cronoanálises periódicas: realizar o método sempre no mesmo horário (9h) e manter o *kaizen*.

3. a
4. d
5. b

[sobre o autor]

Emerson da Silva Seixas é graduado em Gestão da Produção Industrial (2008) e licenciado em Matemática (2018) pelo Centro Universitário Internacional (Uninter). É especialista em Engenharia da Produção (2009) e Formação de Docentes (2015), também pelo Uninter, e mestrando em Engenharia Mecânica e Materiais pela Universidade Tecnológica Federal do Paraná (UTFPR). Tem mais de vinte anos de experiência nas áreas de manutenção para indústrias de bebidas, processos de usinagem e gestão da qualidade para indústrias de fundição de alumínio (autopeças, sistemistas e montadoras de veículos). É instrutor de *blaster* pirotécnico e de mineração há mais de 25 anos.

Iniciou a carreira como docente no Uninter em 2013. No ano seguinte, orientou o aluno Alex Sandro de Almeida França na categoria Empreendedorismo, e ambos venceram o 10º Prêmio Santander Universidades (2014). Em 2015, foram aos Estados Unidos para realizar um curso/simpósio de empreendedorismo na Babson College (Boston). Em 2016, foi convidado a escrever um livro sobre Seis Sigma pela Unicesumar, onde fez a graduação em Engenharia da Produção. Em 2017 e 2018, foi professor orientador auxiliar de iniciação científica da Escola Superior Politécnica Uninter.

Atualmente, é professor tutor e ministra aulas para o curso de Gestão da Produção Industrial nas modalidades a distância e semipresencial, bem como para o curso de graduação em Engenharia de Produção da Escola Superior Politécnica Uninter na modalidade presencial.

Os papéis utilizados neste livro, certificados por instituições ambientais competentes, são recicláveis, provenientes de fontes renováveis e, portanto, um meio **responsável** e natural de informação e conhecimento.

Impressão: Reproset
Fevereiro/2023